Herwartz

Dieter Weidmann

Klassiker
des modernen
Wohn-Designs

Dieter Weidmann

Klassiker
des modernen
Wohn –
Designs

Stühle

Tische

Hocker

Sessel

Sofas
Leuchten
Liegen

Betten

und viele
Einrichtungsideen

Mit Bezugsquellen,
Hinweisen auf
Nachbauten
und Markt- und
Sammlerpreisen

Südwest

10 EINFÜHRUNG

Sitzmöbel

22 STÜHLE & HOCKER

52 SESSEL

78 SOFAS & BÄNKE

Die Sitzgelegenheit hat für den Menschen symbolhafte Bedeutung: Sie zeigt die gesellschaftliche und berufliche Position ihres Benutzers oder gibt Auskunft über dessen Autorität. Während der Hocker das bloße Sitzen ermöglicht, baut der Stuhl den Komfort aus; im Sessel findet das Sitzen dann seinen höchsten Ausdruck an Repräsentation und Bequemlichkeit.

Inhalt

Liegemöbel

90 BETTEN & LIEGEN

Während Designer vor dem Entwerfen von Betten eher zurückschrecken, zeigen sie eine deutliche Vorliebe für Liegen. Dieses Möbelstück versinnbildlicht noch am ehesten das Design um seiner selbst willen. In diesem Bereich werden ständig neue Ideen geboren.

Stellmöbel

100 TISCHE
120 SCHRÄNKE & REGALE

Die gestalterischen Möglichkeiten von Tischen und Schränken sind eher reduziert, da hier die Funktion die Form bestimmt. Während Beistelltische das Interesse der Designer in den 30er Jahren weckte, wurden Regale als zu designende Objekte erst in den 60er und 70er Jahren wieder aktuell, obwohl Le Corbusier sich schon sehr viel früher für mobile, beliebig kombinierbare Elemente interessierte.

Inhalt

Beleuchtung

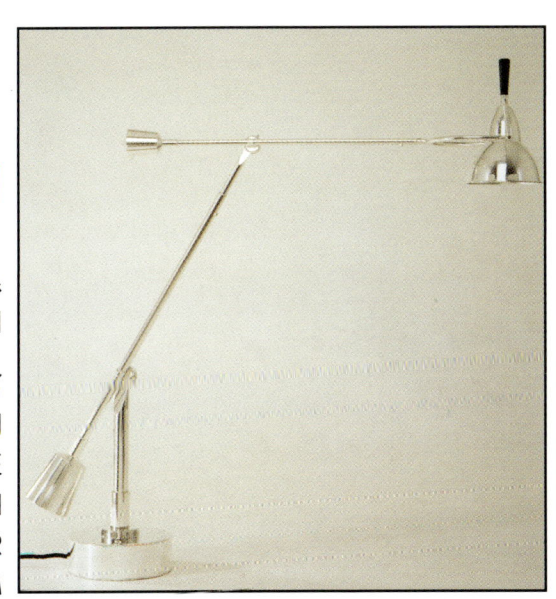

134 STEH-, WAND- & HÄNGELEUCHTEN

166 ÜBERBLICK
168 ADRESSEN
169 AUSGEWÄHLTE BIOGRAFIEN
177 REGISTER
180 IMPRESSUM

Einführung

Obwohl die Möbelindustrie jedes Jahr eine unübersehbare Zahl an neuen Möbeln und Lampen ins Rennen um die Gunst des Publikums wirft, ist doch vieles, was sich da als schick und prächtig anbietet, mehr Schein als Sein und mehr Kitsch als Kunst. Im Grunde sind es gar nicht so viele und immer wieder die gleichen Stücke, die aus der Flut der Angebote herausragen, die sich im Laufe der Zeit bewährt und als echte Klassiker etabliert haben: Klassiker, die jeder kennt oder kennen sollte und auf die man getrost zurückgreifen kann. Das vorliegende Buch möchte auf ebenso gründliche wie amüsante Weise einen Einkaufsführer für moderne Einrichtung, einen wohlsortierten Überblick über die echten und wirklichen Klassiker und zugleich einen geschichtlichen Überblick über die Entwicklung moderner Möbel und Lampen liefern.

Der Klassiker per se – zumindest, was Architektur angeht: der Tempel der Athene auf der Akropolis. Die ausgewogenen Proportionen verleihen dem riesigen Bauwerk eine ungeahnte Leichtigkeit der optischen Erscheinung.

Was ist ein Klassiker?

Klassiker sind das Gegenteil von modischen Eintagsfliegen. Aus dem Gewimmel der Aktualitäten und Gestrigkeiten von Morgen ragen sie heraus wie Felsen in der Brandung. Klassiker haben sich im Lauf der Zeit bewährt und als unverzichtbar herausgestellt. Sie bieten Sicherheit und Orientierung in Zeiten der Wirrungen und Wandlungen.

Klassiker gibt es in den verschiedensten Bereichen: in der Musik (Mozart, Brahms), in der Literatur (Shakespeare, Wieland, Schiller, Joyce), im Film („Casablanca", „Vom Winde verweht"), im Radsport (Tour de France, Giro d'Italia) und im Rennsport (Paris–Monte Carlo), im Fußball (Inter Mailand gegen Real Madrid), in der Gastronomie (Sauerbraten, Wiener Schnitzel), im Konditoreiwesen (Sachertorte, Linzer Torte), in der Bekleidung (Jeans, Trenchcoat) oder in der Bildhauerei (griechische Skulptur des 5. und 4. Jahrhunderts v. Chr., Michelangelo) und der Malerei (Raffael, da Vinci). In der Unterhaltungsmusik nennt man sie Evergreens oder einfach Oldies but Goldies („Yesterday", „Roll over Beethoven").

Klassiker sind Vorbilder und werden eifrig nachgeahmt. Auf jeden Klassiker kommen meist Hunderte von Imitationen. Klassiker setzen Maßstäbe und prägen Traditionen. Es gibt Zeiten, in denen man auf Klassiker setzt (Klassizismus), und Zeiten, in denen man auf sie pfeift (Gotik, Rokoko, Jugendstil). Klassiker sterben nicht, auch wenn sie nicht immer gleich lebendig sind. Doch Totgesagte leben länger. Wie der Phönix aus der Asche haben Klassiker die Gabe, sich immer wieder zu erneuern und in neuem Licht zu erstrahlen.

Nicht jede Zeit bringt Klassiker hervor. Aber Klassiker stammen auch nicht nur aus den Zeiten, die man gemeinhin klassisch nennt. So bezeichnet man die griechische und römische Antike als klassisch, in der Musik die Zeit zwischen 1760 und 1810, und in der deutschen Literaturgeschichte wendet man den Begriff in der Regel nur auf Goethe und Schiller an. Nach solch strengen Vorgaben wäre Shakespeare genausowenig ein Klassiker wie ein Caspar David Friedrich, ein Mendelssohn oder ein Picasso – ganz zu schweigen von den in diesem Buch besprochenen Möbeln.

Klassiker zeichnen sich in der Regel durch Einfachheit der Form aus, erfüllen ihren Zweck bzw. ihre Zielsetzung in vorbildlicher und praktisch nicht zu verbessernder Weise und halten die ideale Mitte zwischen dem Zuviel und dem Zuwenig.

Was sind moderne Einrichtungs-Klassiker?

◆ Alles, was von den großen Meistern entworfen wurde.

◆ Entwürfe vor allem der 20er und 30er Jahre, die heute wiederaufgelegt, reediert werden.

◆ Jedes Stück, das über zehn Jahre produziert wird.

◆ Jedes Stück, das in Büchern abgebildet ist und noch zu kaufen ist.

◆ Das, was Autoren als Klassiker bezeichnen.
◆ Objekte, die ständig neu definiert, uminterpretiert und neu ausgegraben werden.
◆ Gegenstände, die einem immer irgendwie bekannt vorkommen, weil man ihnen schon in verschiedensten Abwandlungen und Variationen begegnet ist.
◆ Gegenstände, die sich original nennen dürfen, weil sie gegenüber unberechtigten Kopien die Erlaubnis des Entwerfers und die Rechte an dem Entwurf besitzen.
◆ Kunstobjekte, die zwar (von Ausnahmen abgesehen) nicht limitiert und signiert, aber dennoch authentisch sind.

Finnische Architektur der Moderne. Das Lebensgefühl unserer Kultur ist in ansprechende Formen umgesetzt, der Bau repräsentiert, ohne gigantomanisch zu wirken. Ob er ein Klassiker wird, muß sich noch zeigen.

Ein Klassiker des Möbeldesigns: ein Einrichtungsentwurf des Jugendstilkünstlers Josef Hoffmann. Obwohl der Entwurf eindeutig ein Kind seiner Zeit ist, hat er bis heute nichts von seinem ästhetischen Wert eingebüßt.

Geschmack

Guter Geschmack ist das, was jeder einzelne dafür hält. Und über Geschmack läßt sich bekanntlich nicht streiten, denn Geschmäcker sind verschieden, guter Geschmack mithin eine Fiktion. In der Praxis stellt sich allerdings heraus, daß gewisse Gegenstände geschmacklich schneller veralten bzw. sich als Geschmacksirrtum erweisen als andere: Man kann sie nach einiger Zeit „nicht mehr sehen". Während es Objekte gibt, die auf den ersten Blick recht gefällig aussehen, mit der Zeit aber rasch an Attraktivität einbüßen – wie viele Arten von modischen Neuheiten –, gibt es auch solche, die erst im Lauf der Zeit ihre Qualitäten offenbaren.
In der Tat ist man bei der Beurteilung solcher Eigenschaften durchaus auf Kompetenz und Erfahrung angewiesen.
Gerade im Bereich der Einrichtung führen Informationsmängel oft zu bedauerlichen Fehlkäufen. So kommt es häufig vor, daß ein neuer Modetrend zu einem Einrichtungskauf verleitet. Die Möbelindustrie verdient, und der Kunde fühlt sich – zumindest einige Zeit – unwohl in seinen eigenen vier Wänden. Unbedenklich sind auf jeden Fall Design-Klassiker, die sich im Laufe von Jahrzehnten bewährt haben, oder solche Möbel, von denen Experten meinen, daß sie sich zu Design-Klassikern entwickeln. Doch auch hier gilt, daß nicht alles zu jedem gleich

gut paßt. Die Beschreibungen zu den Abbildungen sollen helfen herauszufinden, was einen eher anspricht und was nicht.

Less is more

„Less is more", sagte Mies van der Rohe und meinte damit, daß man durch Verzicht auf Ornament und überflüssigen Zierat zu einer klareren Form und damit zu mehr gestalterischer Dichte gelangen könnte. Er sagte es auf englisch, weil er, der letzte Direktor des Bauhauses, vor den Nazis in die USA hatte fliehen müssen. Allerdings nahm die Moderne diese Aussage nur allzu wörtlich. Anders als vorausgegangene Kunstepochen neigte sie zur Radikalisierung. Moderne Künstler und Architekten überboten sich gegenseitig geradezu im Weniger. In der bildenden Kunst war man schließlich bei monochromen Bildern und Kunstwerken, die lediglich als Konzepte existierten, angelangt. Was intellektuell zu durchaus interessanten Neuansätzen führte, erwies sich in der praktischen Anwendung, etwa der Architektur, als Katastrophe. Die ornamentale Abmagerungskur wurde in den 60er und 70er Jahren so lange fortgesetzt, bis die Städte und Bauwerke vor lauter ästhetischer Auszehrung nur noch als monoton gereihte, abwechslungslose Strukturgerippe dastanden und Verödung und grenzenlose Langeweile verbreiteten. Wie beim menschlichen Gewicht gibt es neben einem Zuviel auch ein Zuwenig, so daß „less is more" nur in einem ganz bestimmten Bereich stimmt. Wäre es anders, könnte z. B. der Barcelona-Stuhl von Mies selbst kein Klassiker sein. Würde man diesen weiter abspecken, wäre das nach dieser Theorie eine Verbesserung. Das aber ist bis heute nicht gelungen. So hat, wie so oft, der Künstler Mies durch seine (vor allem frühen!) Werke seine Dogmen selbst ad absurdum geführt!

Geometrisch und organisch

Der moderne Stil ist gekennzeichnet durch seinen Verzicht auf ornamentale Ausschmückung und die Reduktion auf das Strukturgerüst, also die reine Form. Diese selbst wird zur Trägerin des künstlerischen Ausdrucks.

Am Beginn des 20. Jahrhunderts steht die organisch gewellte, geschmeidig gebogene Form des Jugendstils – gleichsam als Protest gegen den historischen, überwiegend architektonisch geprägten, d.h. tendenziell geometrischen Formenschatz des Historismus, der das ganze 19. Jahrhundert geprägt hatte.

Wiederum gegen das Wuchern wellenlinig-organischer Formen setzte schon bald nach 1900, zuerst im schottischen Glasgow und von dort nach Wien und die Wiener Werkstatt übertragen, eine geometrisierende Gegenbewegung ein, die in den 20er Jahren in dem Art deco bzw. im Funktionalismus des Bauhauses gipfelte. Hier konnten die Formen nicht eckig und spitz genug sein, metallisch kalt und möglichst konstruktiv. An dieser Phase läßt sich auch ablesen, wie ein funktionaler Aspekt zum ästhetischen wird: Am Anfang stand die Suche nach praktikablen Gegenständen, am Ende eine ästhetische Norm.

Als Gegenbewegung oder Weiterentwicklung, wie immer man es sehen will, folgte darauf, insbesondere in den USA, die sogenannte Stromlinienform, die bald als allgemeiner Stil vor allem die Haushaltswaren dominierte. Auch wenn ein Bügeleisen oder ein Wassertopf keine windschnittige Form zu haben brauchte, so fanden die Hausfrauen doch bald heraus, daß diese Formen ohne Verwinkelungen und Ecken gut in der Hand lagen und vor allem leicht zu reinigen waren. Nach dem Zweiten Weltkrieg wurde diese organische Form auch in Europa populär und entwickelte sich in Deutschland zur Nierentischkultur, in der das Kleinbürgertum sich den so entkanteten und entschärften Formen der Moderne öffnete. Besonders erfolgreich waren in dieser Zeit die skandinavischen Designer und Möbelhersteller, deren bodenständige, handwerklich ausgerichtete Formenwelt mit dem modernen Stil besonders gut harmonierte.

Mit den 60er Jahren kam ein frischer Wind nicht nur in die Gesellschaft, sondern auch in die wieder rationalistischer und geometrischer ausgerichtete Welt des Designs, wenngleich man nun in den 70ern eine Synthese von Futurismus und organischer Kuscheligkeit zu erzielen suchte und grundsätzlich die Kanten der in serielle Rasternormen eingepaßten Formen abrundete.

Große Entwürfe leben oft von einfachen Mitteln, etwa der zugrundeliegenden geometrischen Struktur. So kann der rechte Winkel (unten) genauso zum Gestaltungsmerkmal werden wie der bewußte Verzicht darauf (rechts Wallfahrtskirche Ronchamp von Le Corbusier).

Damit aber war der Anfang zu einer neuen Entwicklung gelegt, in der runde, organische und eckig-geometrische Formen wieder zu einer komplexeren Gesamtform verbunden werden durften. Vereinzelte Reminiszenzen an die Werte des Geometrismus verbreiteten noch etwa der High-Tech, doch ist die Wiedergeburt der organischen Formen unübersehbar.

Das Direktionszimmer im Dessauer Bauhaus (entworfen von Walter Gropius, siehe auch Entwurf auf Seite 12) war Zentrum und Fixpunkt eines geometrisch vereinfachten, traditionalistischen Designs.

Stilphasen

Die folgende Gliederung gibt nur grob schematisiert die einzelnen Phasen wieder.
◆ Erste Hälfte des 19. Jahrhunderts: Biedermeier.
◆ Zweite Hälfte des 19. Jahrhunderts: Historismus. Die Formen der Geschichte von Gotik bis Klassizismus werden wieder aufgenommen. Einsprengsel von Reformbewegungen wie Philip Morris in England.
◆ Ca. 1895–1905: Jugendstil mit weichen, organisch fließenden Formen ohne historische Bezüge.
◆ Ab 1900: Sachliche Gegenbewegung zum Jugendstil. Streng geometrisch reduzierter, monumentalisierter „Spätjugendstil".
◆ 1920–1935: Art deco
◆ 1919–1933: Bauhaus-Zeit. Neben den eleganten und ornamentalen Formen des Art deco stehen die sachlich zurückhaltenden, geometrisch vereinfachten Formen des Bauhauses (in Deutschland wie Italien wird die Richtung auch Rationalismus genannt). Auch in Frankreich, England und den USA wenden sich viele Designer nach 1925 vom ornamentalen Art deco ab und dem neuen, funktionalistischen und vereinfachten Stil zu.
◆ 30er Jahre: Stromlinienform, insbesondere in den USA.
◆ 40er Jahre: Allgemein stilistische Gegenbewegung zum Art deco, Tendenz zu einfachen, zugleich aber traditionelleren und etablierteren Formen.
◆ 50er Jahre: Popularisierung des Stromlinienstils und des Modernismus auch in Europa. Gegenbewegung zu den kantig-geometrischen Formen des Rationalismus und des Bauhauses. Biomorph geschwungene Formen in naturbelassenem Holz. In Deutschland Nierentischzeit. Vorherrschaft des skandinavischen Designs.
◆ 60er Jahre: Popzeitalter. Aufbegehren der Jugend. Schrille Farben und modernistische, vielfach futuristische Formen.

Der Höhepunkt zweier Schulen: Während der Jugendstil in seiner Hochphase in blumig-ornamentalen Formen schwelgte (links: Victor Hartas 1898 erbautes Wohnhaus in Brüssel, seit 1969 Museum), brach danach die Zeit der strengen Winkel an.

◆ 70er Jahre: Jugendliches Styling in künstlichen Farben mit abgerundeten Ecken. In den 60er und 70er Jahren dominiert international das italienische Design.
◆ 80er Jahre: Abkehr von der funktionalistischen Strenge. Wiederkehr des exklusiven Überschwangs der 20er Jahre. Das Designjahrzehnt mit überbordenden formalen Experimenten, Effekten und breiter kommerzieller Verwertung. Everything goes: Memphis, High-Tech, Minimalismus, Postmoderne.
◆ 90er Jahre: Abkehr vom Designeffekt. Bevorzugung sachlicherer Formen und Rückkehr zu Klassikern und historischen Vorbildern.

Eindrucksvolles Beispiel der Postmoderne in Deutschland: die Staatsgalerie in Stuttgart, erbaut von dem englischen Stararchitekten James Stirling.

Länder

Österreich ist vor allem für seinen geometrisch eleganten Jugendstil (Wiener Werkstätte) berühmt und hat interessanterweise wieder wichtige Beiträge zur Postmoderne geliefert.

Deutschland ist ein Land der Gegensätze. Neben Expressivität stehen extreme Sachlichkeit, Ingenieurstugenden und Rationalismus. Mit diesem Streben nach Funktionalität und Massenproduktion hat Deutschland den Internationalen Stil entscheidend mitgeprägt.

Frankreich hat bis in das Art deco für einen kleinen, exklusiven Markt gearbeitet und im Zeitalter des Modernismus zeitweilig den internationalen Anschluß verloren. Spätestens mit Stardesignern wie Philippe Starck hat es sich auf der Bühne der führenden Designnationen zurückgemeldet.

Italien erlebte nach dem Zweiten Weltkrieg ein Wirtschaftswunder und katapultierte sich mit seinem großen kreativen Potential an die Spitze der Designnationen.

Japan erlebte nicht nur wirtschaftlich im 20. Jahrhundert eine Erfolgsstory ohnegleichen. Auch in der Architektur und im Design setzen sich japanische Tugenden wie Formreduktion und Perfektion zunehmend durch.

Skandinavien ist geprägt von einer handwerklichen Struktur, bodenständiger, an traditionellen Vorbildern anknüpfender Formgebung und seinem Holzreichtum. Vor allem ab den 50er Jahren erlebte skandinavisches Design bedeutende Erfolge.

England mit seiner Tradition für sachliche Möbel öffnete sich früh dem Modernismus, behielt aber einen eigenständigen, kühlen, bisweilen zu Exaltiertheit neigenden Stil bei. Vor allem in letzter Zeit machen britische oder in England lebende Designer von sich reden.

Die USA zogen wie im Filmgeschäft die Talente aus aller Herren Länder an sich, die mit der Zeit als Lehrer für eine im Land nachwachsende Designergeneration sorgten. Insbesondere Emigranten aus Nazi-Deutschland wirkten an der Schaffung des Internationalen Stils mit. In der Nachkriegszeit war der Einfluß amerikanischen Designs in Europa besonders groß.

Funktion

Das Zauberwort der Moderne heißt Funktion. Sie wurde als Allheilmittel der Gestaltung angepriesen. Diese Marotte leitete sich von den Ingenieurbauten des ausgehenden 19. Jahrhunderts ab, wie etwa dem Eiffelturm, die viele im nachhinein gegenüber den historischen und überladenen Prachtbauten als schöner empfanden. Daraus zog man den Schluß, daß alles, was funktional sei, auch schön sei. Der Funktionalismus war geboren. Man baute nun Häuser und Möbel so, daß sie funktional aussahen. Aus dem sachlichen Zweck wurde ein Stil. Die Funktion wurde dabei oft zweitrangig.
Darüber hinaus saß der Funktionalismus einem weiteren verhängnisvollen Irrglauben auf. Wörtlich bedeutet der Begriff nämlich nur, daß ein Gegenstand gut funktioniert. In seinem allgemeinen Gebrauch aber meint er, daß ein Gegenstand mit maschinellen Mitteln rationell herzustellen sei. Funktional und rationell ist also für den Funktionalismus das gleiche! Daß aber ein Gegenstand, der leicht herzustellen ist, auch gut funktioniere, ist nur manchmal richtig. So hat die moderne Wohnarchitektur mit ihren Trabantensiedlungen, die Le Corbusier entwickelte, nie wirklich funktioniert. Und folgt man diesem

Ein wichtiges architektonisches Material der Moderne ist Glas. Durch Metallkonstruktionen abgestützt, ermöglicht es, riesige, lichtdurchflutete Räume zu schaffen (Gebäudekomplex „Fondbygningen", Oslo).

Dogma, wäre alles, was billig produziert wird, z.B. sämtliche Plastikartikel der 70er Jahre, nicht nur funktionstüchtig, sondern auch schön. Womit wir wieder beim Geschmack wären. Ein weiterer Irrtum des Funktionalismus war, zu glauben, daß sich Möbel und Gebäude im rein vordergründigen Gebrauchszweck erschöpfen. Ein Sessel sollte aber z.B. auch Bequemlichkeit und Behaglichkeit ausströmen – und nicht nur dem bequemen Sitzen dienen.

Material

Eine wichtige Rolle bei der Entwicklung des modernen Designs spielt das Material. Während man noch am Ende des 19. Jahrhunderts und bis weit ins 20. Jahrhundert hinein an traditionellen Materialien festhielt, begeisterten sich die russischen Konstruktivisten für die Welt der Maschinen und die neuen Materialien Stahl und Glas. Auch am Bauhaus schlug man diese Richtung ein. Die Stahlrohrstühle verstießen mit ihrem skeletthaften Aussehen, das sie eher für Krankenhäuser und Fabriken als für Wohnzimmer geeignet erscheinen ließ, gegen traditionelle Vorstellungen von Komfort und Repräsentation und führten zu regelrechten Glaubenskriegen. Jedoch war der Finne Alvar Aalto mit der Kälte des Materials nicht einverstanden und experimentierte lange, bis er mit Schichtholz zu analogen Formergebnissen gelangte. Mies van der Rohe hatte dafür allerdings wenig Verständnis: „Nun, Alvar Aalto lebt in einem tiefen Wald", soll er über seinen berühmten Kollegen gesagt haben.

In der Nachkriegszeit begann dann die große Zeit des Kunststoffs. So wurde nun etwa das Prinzip des Freischwingers in den neuen Werkstoff übersetzt und dabei eine gänzlich neue, dem Material angepaßte Form gefunden. Auch hier kam es übrigens zu gewissen Rückübersetzungsphänomenen, indem Eames für einen Plastikstuhl ein Drahtgeflechtmodell baute und von diesem zu seiner berühmten Metallstuhlserie angeregt wurde.

Für die Polstermöbelherstellung hatte die Entwicklung des Schaumstoffs enorme Auswirkungen. Früher hatte man Polster mit Springfedern oder mit Pferdehaar gefüllt. Nun entstanden ganze

Mit den Fagus-Werken gelang dem jungen Walter Gropius eine Inkunabel des modernen Fabrikbaus. Unter Verzicht auf historische Vorbilder, entwickelte er für die modernen Materialien, Glas, Stahl und Beton, ihre zukunftsweisende Formgebung.

Das Bauhaus war die wohl wichtigste Schule des deutschen Designs. Das Gebäude in Dessau, 1926 von Walter Gropius entworfen und gebaut, stand nach dem Krieg lange leer. Erst im Zuge der von Ulbricht eingeleiteten Rehabilitierung konnten ab 1989 wieder regelmäßige Seminare stattfinden. Heute bietet das Bauhaus neben einer Sammlung wieder Akademie- und Werkstattbetrieb.

Wohnlandschaften nur aus Schaumstoff. Heute haben die neuen Materialien ihren aufreizenden Charakter weitgehend verloren, und die Designer benutzen, was ihnen für ihren Zweck besonders geeignet erscheint. Natürlichen Materialien kommt dabei im Zusammenhang des neuen ökologischen Bewußtseins eine besondere Bedeutung zu. Allerdings scheint hier noch nicht letzte Klarheit darüber zu herrschen, ob man nun lieber Plastikstühle entwerfen soll, wie Starck vorschlug, um keine Bäume fällen zu müssen, oder lieber Holzstühle, um keinen Kunststoff verwenden zu müssen.

Die Meister

Die zehn wichtigsten Designer sind:
- Josef Hoffmann
- Marcel Breuer
- Mies van der Rohe
- Le Corbusier
- Eileen Gray
- Alvar Aalto
- Charles Eames
- Arne Jacobsen
- Ettore Sottsass
- Philippe Starck

Möbeldesign ist im Gegensatz zum Handwerk ein ausgesprochen elitärer Bereich. Was ein Gestalter entwirft, wird zum Teil millionenfach produziert und muß von entsprechend vielen Menschen „ertragen" werden. Wenn sie auch nicht immer ökonomisch besonders erfolgreich sind, so sind sie doch über lange Zeit oder nach langer Zeit wieder auf dem Markt präsent und wirken stilbildend für andere, die davon zehren.

Der größere Teil der herausragenden Möbeldesigner waren Architekten (Mies, Alto, Jacobsen, Hoffmann). Andere kamen vom Design zur Architektur, wie Eileen Gray, Marcel Breuer, Ettore Sottsass oder Philippe Starck. Herausragende Möbeldesigner, die nichts mit der Architektur zu tun haben, sind eher in der Minderzahl und am ehesten noch im Lampendesign zu finden. Und es findet eine ständig fortschreitende Spezialisierung statt, was angesichts der technischen Entwicklung auch notwendig ist. Andererseits ist dieser Hang zum Spezialistentum auch eine Fehlentwicklung. Michelangelo war nicht nur Maler und Bildhauer, sondern auch Zeichner, Architekt, Kleiderentwerfer und sogar Dichter. Und in allen Bereichen hat er Hervorragendes geschaffen. Vielleicht ist das u. a. ein Charakteristikum der Entwerfer von Klassikern: ihre Universalität!

Schulen

Eine wichtige Rolle in der Entwicklung des Designs des 20. Jahrhunderts spielen eine Handvoll Designschulen. An Berühmtheit alle anderen überstrahlt dabei das Bauhaus, das nur 14 Jahre existierte, bevor die meisten seiner Lehrer emigrieren mußten und gerade dadurch den Internationalen Stil kreierten. Weniger bekannt ist das Wichutema, jene Moskauer Kunstschule des russischen Konstruktivismus, die wichtige Ideen und Grundlagen des Bauhauses vorwegnahm. Unter Stalin verschwand sie dann hinter dem Eisernen Vorhang von der Bildfläche.
Zuvor war es in Wien die Werkkunstschule gewesen, die in der Zeit vor dem Ersten Weltkrieg das Design nachhaltig bestimmte. Die tragende Gestalt war hier Otto Wagner.
In den 30er Jahren war es vor allem die Schule von Cranbrook, an der sich wichtige Leute des Designs trafen und die Entwicklungslinien zusammenliefen. Eliel Saarinen, ein aus Finnland stammender Architekt, leitete sie wie ein Patriarch.
Nach dem Krieg übte in Deutschland vor allem die Hochschule für Gestaltung in Ulm einen nachhaltigen Einfluß aus. Allerdings war in ihrer streng rationalistischen und spröden Einstellung ihr Einfluß auf das Einrichtungsdesign weit weniger stark als auf das Industriedesign.
In Italien, wo staatliche Institute traditionsgemäß eher schwach sind, stellt sich die Situation ganz anders dar. Eine wichtige Rolle spielten hier die einzelnen Designergruppen, die mittelständischen Betriebe, die vielen Zeitschriften und private Ausbildungsorganisationen wie die Domus-Schule. Gio Ponti und später Ettore Sottsass haben hier als große Vorbilder und Anreger gewirkt, obwohl sie nicht als Lehrer in der Sicherheit einer staatlichen Institution aufgehoben waren.

Marianne Brandt gehörte zu den profiliertesten Metallgestalterinnen des Bauhaus. Für ihre Metallgefäße wie dieses Teekännchen, werden auf internationalen Auktionen heutzutage Spitzenpreise gezahlt.

Museum of Modern Art

Zweifellos die einflußreichste Instanz des modernen Designs stellt das Museum of Modern Art in New York dar. Die – kurz Moma genannte – Institution hat im Laufe der Zeit eine bedeutende und prestigeträchtige Sammlung aufgebaut. Jeder Gegenstand, der dort vertreten ist, hat damit die höchste Auszeichnung erreicht, die für Design in dieser Welt zu erreichen ist. In unmittelbarer Nachbarschaft zu den Meisterwerken der bildenden Kunst werden hier die Klassiker des modernen Designs entsprechend ihrer Bedeutung gewürdigt und präsentiert.

Doch das Museum war nicht nur retrospektiv tätig, sondern griff mit Wettbewerben und Ausstellungen zu aktuellen Trends direkt und wirkungsvoll in die laufende Produktion ein und förderte nachhaltig junge Designer.

Frauen

Grundsätzlich sind Architektur und Design ein von Männern beherrschtes Geschäft. Dennoch gab es einige wenige Frauen, die zum Teil in ihrer Bedeutung erst in den letzten Jahren erkannt worden sind. Schon länger bekannt ist, daß die beiden Topdesigner sich zweier begabter Frauen bedienten: Mies van der Rohe arbeitete mit Lilly Reich zusammen, und Le Corbusier griff auf die Mithilfe von Charlotte Perriand zurück, die später auch als eigenständige Designerin zu Ehren kam.

Weit mehr als ein einfaches Museum: Das Museum of Modern Art in New York ist eine Institution, was die Pflege moderner Kunst und modernen Designs angeht – und sein Urteil ist Gesetz!

Erst spät wurde das Genie von Eileen Gray voll gewürdigt. Vor ihrer Tätigkeit als Möbeldesignerin und Architektin schuf sie kunstvolle Lackparavents, wie diesen Block-Wandschirm um 1925.

Lange ein Schattendasein fristete dagegen eine Frau, die heute zu den bedeutendsten Möbeldesignerinnen überhaupt gezählt wird: Eileen Gray. Die irische Aristokratin war von geradezu krankhafter Schüchternheit und Zurückhaltung und verfügte so gar nicht über die notwendige Charakterdisposition, um ihre Werke zu propagieren. Zum Glück wurde sie alt genug, um ihren zweiten Karriereschub noch zu erleben – der letztlich kam, indem ihre Entwürfe für sich selbst sprachen. Sie ist im eigentlichen Sinne eine Künstlerin der Reeditionen, denn wirklich nennenswerte Auflagen ihrer Entwürfe hatte es früher nicht gegeben.

Eine andere Frau, die in ein ansonsten rein männlich dominiertes Terrain eingebrochen ist, war Marianne Brandt. Ihre Arbeiten aus Metall gehören heute zum Begehrtesten, was je im Bauhaus entworfen wurde.

Namen

Eines der schwierigsten Kapitel der Design-Klassiker ist die Namengebung. Entsprechend dem avantgardistischen Ideal der abstrakten Kunst und der Ingenieurspusseligkeit des Funktionalismus war es nicht nur in den 20er Jahren üblich, Designobjekte mit Kombinationen aus Ziffern und Zahlen zu benennen. Dies ist besonders bei ganzen Produktfamilien zumindest naheliegend, wenn auch von zweifelhaftem Erinnerungswert. Glücklicherweise haben sich zumindest bei den berühmteren Objekten mit der Zeit „Spitznamen" eingebürgert, die sich auch Laien merken können – wie etwa beim Barcelona-Stuhl von Mies van der Rohe.
Nicht nur im Design, sondern auch in der Namengebung beschritten die Italiener dankenswerterweise in der Nachkriegszeit neue Wege. Sie nannten ihre Entwürfe nun Tizio, Servomuto oder Carlino. So sind auch weniger zahlen- und kombinationsfeste Zeitgenossen in der Lage, sich über bestimmte Stücke problemlos zu verständigen. Manchen Modellen wurde ihr Name erst bei der Reedition verliehen, wie dem berühmten Wassily von Marcel Breuer, der den Maler Wassily Kandinsky als Namenspatron erhielt, weil dessen Wohnung am Bauhaus zuerst mit diesem Stuhl ausgestattet worden sei.

Justiz

Wie alle vervielfältigbare Kunst hat auch das Design die Unterstützung der Justiz bitter nötig. Bereits Albrecht Dürer hatte unter der unerwünschten und geschäftsschädigenden Imitation seiner Graphiken zu leiden und versuchte sich dagegen mit behördlicher Unterstützung zur Wehr zu setzen. Im Druckwesen entsprach ein sogenanntes Privileg des jeweiligen Herrschers dem, was man heute ein Copyright nennen würde. Ganze Industriezweige wie der Film oder die Musikindustrie wären heute ohne Copyright undenkbar. Produktpiraterie macht Markenprodukten weltweit zunehmend das Leben schwer. Mächtige Institutionen wie die Güfa, Gema oder VG Bild achten auf die Einhaltung von Copyrights im Bereich von Bild, Text und Ton.
Während hier die Sachverhalte teilweise offensichtlich sind, ist es im Bereich des Designs nicht immer einfach, sie juristisch adäquat zu bewerten. Was ist eine unerlaubte Kopie, was eine Uminterpretation, was eine Hommage oder einfach ein ähnlicher Entwurf der gleichen Zeit? Grundsätzlich gilt, daß künstlerische Entwürfe über eine längere Zeit, in Deutschland bis 80 Jahre nach dem Tod des Künstlers, Rechtsschutz genießen. In anderen Ländern ist die Praxis teilweise anders. Der Designer oder seine Rechtsnachfolger können dieses Recht an Dritte übertragen, also etwa eine Firma autorisieren, die dann als einzige berechtigt ist, ein bestimmtes Möbel zu produzieren. Der Kunde hat damit die Gewähr, daß das Objekt den Absichten und Vorstellungen seines Schöpfers entsprechend hergestellt wird.
Immer wieder kam es diesbezüglich zu Prozessen, von denen der um den Freischwinger von Mart Stam besonders bekannt wurde. Das Gericht entschied schließlich, daß Mart Stam das alleinige Recht am Prinzip des Freischwingers zustünde und daß auch Entwürfe von Marcel Breuer, die Stams einfachen Rohentwurf eindeutig verbesserten und weiterentwickelten, unter dessen Namen zu laufen hätten – und das tun sie bis heute zur allgemeinen Verwirrung auch.
Die Justiz ist hier nicht immer in der Lage, dem komplexen und differenzierten Sachverhalt adäquat Rechnung zu tragen. So ist es z. B. in gewissen

Die Stuttgarter Weißenhofsiedlung, von Mies van der Rohe geplant und von diversen Avantgarde-Architekten ausgestattet, war ein Musterbeispiel des Funktionalismus. Die verschiedenen Häuser sollten Modelle des modernen Wohnens anbieten.

Ländern möglich, den Musterschutz durch Änderung geringfügiger Details zu umgehen. Auch ist die Gerichtsbarkeit nur bedingt in der Lage, die berechtigten Interessen der autorisierten Hersteller gegen Billigkopien zu schützen. Als Kunde sollte man sich allerdings unter keinen Umständen zum Komplizen einer solchen illegalen Schattenwirtschaft machen, die anderen Firmen die werktreue Pflege der Klassiker überläßt, um selbst mit billigen Imitationen den Rahm abzuschöpfen. Heute ist es im Möbelhandel eine allgemeine Redewendung, daß mit den Kopien der Kopien das eigentliche Geld verdient wird. Auch bei Design-Klassikern handelt es sich um Markenprodukte, die einen Ruf zu verlieren haben und sich entsprechend anstrengen, während der, der Kopien kauft, selber schuld ist, wenn er Verfälschtes und Minderwertiges erwirbt.

Politik

Daß Design politische Aussagen trifft, ist eine weitverbreitete Meinung. In der Regel wird dabei das Klischee vertreten, daß abstrakt-geometrisches Design demokratische Gesinnung ausdrückt, traditioneller ausgerichtete Formen eine eher reaktionäre bzw. faschistoide Einstellung.

Doch Kunst ist in der Regel sehr viel komplexer und vielschichtiger, als es das schwarzweiß gestrickte Weltbild monomaner Kunstideologen erlaubt. So schreibt Merve Eisinger in ihrem lesenswerten Buch „Stühle": „Anders als die maßgeblichen Kulturfunktionäre im Dritten Reich sah Mussolini gerade in dem martialisch anmutenden kühlen Glanz von Stahl und Chrom das angemessene Stilmittel, um dem neuen totalitären Staatswesen auch künstlerisch Ausdruck zu verleihen. Eine ganze Reihe von Künstlern, besonders die Futuristen, arbeiteten bestens mit dem Faschismus zusammen."

Auch wenn man Mussolinis Architekturvorhaben als plumpen, ins Repressiv-Gigantomanische verkehrten Abklatsch der Antike erkennt: Aufgrund der komplexen Vielschichtigkeit künstlerisch gestalteter Formen kann das gleiche Möbel in verschiedenen Besetzungszusammenhängen auftauchen. Was

Den spielerischen Umgang mit Copyrightfragen betrieb Andy Warhol. Markenartikel werden zum künstlerischen Produkt, wie sein Bild „Cambell's Soup Can 1." (1969) zeigt.

dann in welche Schublade rutscht, ist nicht selten genug historischer Zufall. Bekanntes Beispiel in diesem Zusammenhang dürfte Giuseppe Terragni sein, der in den Jahren 1932 bis 1936 die Casa del Fascio, die Parteizentrale der italienischen Faschisten, baute und ausstattete. Seine größten Aufträge verdankte er dem Regime Mussolinis und dessen übertriebenem Repräsentationsbedürfnis. Sein Stuhl Lariana (siehe Seite 35) ist, dieser dunklen Herkunft unbeschadet, ein großer Wurf – und im Gegensatz zu den architektonischen Elaboraten der Ära immer noch reizvoll. Anzumerken ist dem Design immer eine gewisse Grundhaltung, ein gewisser Zeitgeist. So ist der Sacco gewiß nicht ein Möbelstück, das einem Zeitgeist mit hohem Repräsentationsbedürfnis und restriktivem Verhaltenskodex gemäß wäre, sondern es entstammt den 60er Jahren mit der rebellierenden Jugend und dem kollektiven Zwang zum Nonkonformismus. Grundsätzlich gilt: Je besser gestaltet Möbelstücke sind, desto wertfreier und zeitgeistneutraler sind sie. Design-Klassiker zeichnen sich gerade dadurch aus, daß sie für sich Bestand haben, in sich stimmen und nicht nur eine gerade aktuelle Mode- oder Zeitgeistströmung verkörpern. Die kurzatmigen Erfolge der politisch instrumentalisierten bzw. modischen Formgebung und der lange Atem der Klassiker sind zwei Paar Stiefel. Man sollte wieder dazu übergehen, Politik und Design nicht zu vermengen und zwischen guter und schlechter Politik und zwischen gutem und schlechtem Design, nicht aber zwischen politisch korrektem und nicht korrektem Design zu unterscheiden!

Wo der Faschismus beeindruckende Klassiker schaffen wollte, brachte er nur beängstigende Gigantomanie hervor. Seine Rückbeziehung auf die griechische und römische Architektur wollte antike Größen vereinnahmen und war nie in der Lage, den ästhetischen und menschlichen Gehalt dieser Kultur in seinen Bauten zu reproduzieren.

Reeditionen

Die Geschichte der Reeditionen hängt zusammen mit dem Ebbe-und-Flut-Prinzip des internationalen Zeitgeistes, der im Abstand von gut 30 Jahren die Richtung wechselt. Die Design-Klassiker der 20er Jahre hatten das Pech, zu den letzten Ausläufern einer Flut avantgardistischer Strömungen der ersten drei Jahrzehnte des Jahrhunderts zu gehören, denen nur allzubald eine vehemente Ebbe folgte, die alles Avantgardistische und Experimentelle energisch bekämpfte. Die dieser Zeitgeistschwankung parallel laufenden Vorgänge in Deutschland und von dort ausgreifend in Europa taten das Ihrige, um diese frühen Klassiker vom Markt verschwinden zu lassen bzw. ihre Etablierung zu verhindern. Darüber hinaus hatten es Metallprodukte in Kriegszeiten schwer. So wurden Warren McArthurs Aluminiumstühle in den USA zugunsten der Flugzeugindustrie eingeschmolzen, und an eine Neuproduktion war natürlich nicht zu denken. Dennoch gab Knoll in den USA noch zu Kriegszeiten die erste Reedition der Möbel von Mies van der Rohe heraus, der sich in den USA gerade zum Designpapst des Internationalen Stils mauserte – welcher ursprünglich ein deutscher Stil gewesen war. In den 60er Jahren kam es dann zu einer regelrechten Reeditionswelle, die, wie sollte es anders sein, im designverrückten Italien ihren Ausgang nahm. Zeitweise war die Präsenz der Klassiker so dominant, daß zeitgenössische Designer sich in Aktionen und ironischen Kommentaren dagegen zur Wehr setzten. Was einstmals subversiv war und entsprechend angefeindet wurde, wurde nun zur etablierten Kultur, zum normsetzenden Beispiel guten Geschmacks. Während die 60er und 70er Jahre auf die Bauhaus-Möbel als Ausdruck des Rationalismus zurückgriffen, war in den 80er Jahren ein Trend zum Eleganteren, Raffinierteren und mitunter auch zur weniger funktionalistischen Prinzipienstrenge festzustellen, was etwa auch Eileen Gray und Josef Hoffmann zu neuen Ehren brachte. Hatte man vordem das Art deco als minderwertige Zeitgenossin des Funktionalismus angesehen, so tendierte man nun dazu, die Sache umzudrehen. Man schätzte nun die Bauhaus-Objekte nicht, weil sie funktionalistisch waren, sondern weil sie den Chic des Art-deco-Zeitalters in zurückhaltender Strenge verkörperten und sich wohltuend gegen die Monotonie des zeitgenössischen Stylings absetzten. Auch die Postmoderne hatte zu historischen Rückbesinnungen und Umwertungen geführt. So wurde das Biedermeier wieder populär, Gußeisen von Schinkel reediert und Shaker-Mobiliar allenthalben nachgebaut. Handwerk statt Technik hieß nun die Devise, wobei ironischerweise die „technischen" Designobjekte von einst heute meist in teurer Handwerksarbeit angefertigt werden müssen.

Preise

Die Preise für Design-Klassiker sind (mit wenigen Ausnahmen im Bereich der Massenproduktion) in der Regel höher als die vergleichbarer Nicht-Klassiker. Umgekehrt sind sie aber auch niedriger als ambitionierte Repräsentationsstücke neureichen Protzbedürfnisses. Nach den Jahrzehnten der Massenfabrikation und Wegwerforgien kommt man zu der Einsicht zurück – die es etwa schon im Biedermeier gegeben hat –, daß Gutes einfach, aber Einfaches gut gemacht sein sollte. Für jedes Ding gibt es so etwas wie den notwendigen Aufwand. Unterschreitet man diesen, wird es Ramsch, überschreitet man ihn, wird es Protz. Ein gutes Ding wird auch durch Goldauflagen oder Zierleisten nicht besser. Wird bei seiner Herstellung allerdings geschludert, wirkt sich dies auf den Eindruck verheerend aus. Ein Jeans-Klassiker ist kein teures Kleidungsstück, aber eben nicht so billig wie eine Ramschhose. Umgekehrt ist sie aber allemal schöner als das Ergebnis entsprechender Bemühungen von Designern, Jeans zu veredeln. Ein weiterer Grund für die verhältnismäßig hohen Preise von Design-Klassikern, vor allem wenn es sich um Reeditionen handelt, ist, daß es sich hierbei um Entwürfe handelt, die oft in früheren Jahren entstanden und sich auf den damaligen Stand der Technik beziehen. Im Interesse der Authentizität läßt sich ein solcher Entwurf produktionstechnisch nicht einfach modernisieren. Das aber führt zu Kostensteigerung, da vieles in Handarbeit ausgeführt werden muß. Außerdem sind die Stückzahlen, die viele Klassiker erreichen, nicht so groß, als daß man hier von einer Massenproduktion sprechen könnte. Man hat es hier mit durchaus exklusiven Stücken zu tun.

Doch sollte man eines bedenken: Klassiker sind Stücke, die man viele Jahre lang täglich um sich hat. Der Schmerz über den momentan vielleicht hoch erscheinenden Preis vergeht, aber der ästhetische Genuß, von diesen Dingen umgeben zu sein, bleibt bestehen und wird sogar von Tag zu Tag noch größer. Nicht nur bei Schuhen gilt: Die teuersten erweisen sich im Endeffekt als die billigsten.

Ein Klassiker besticht durch Form, Funktion, Ornament – auf alle Fälle ragt er aus der Masse der Gebrauchsgegenstände ohne ästhetischen Wert heraus. Deshalb ist er in der Regel auch kein Eintagsbestseller, sondern wird über Jahrzehnte hinweg immer wieder gekauft.

Reeditionen von Design-Klassikern haben ihren Preis: Eine handwerklich mangelhafte Fertigung oder billiges Material würde den originalen Entwurf vergewaltigen und entwerten.

Das Teeservice von Wilhelm Wagenfeld aus den 30er Jahren wurde später nur in den Formen modernisiert und dem Zeitgeschmack angepaßt.

Es gibt kaum ein symbolhafteres und bedeutungsreicheres Objekt als den Stuhl: Ob Thron, einfacher Hocker, Sessel, Schaukelstuhl oder Schleudersitz – er signalisiert Autorität, zeigt die gesellschaftliche oder berufliche Position seines Benutzers. Zwar blieben die Grundfunktionen immer erhalten, aber im Laufe der Zeit erlebten die Sitzgelegenheit und ihre Gestaltung einen tiefgreifenden Wandel. So findet ein Thron nur noch in bestimmten Gesellschaften symbolische Verwendung, während der Schreibtischstuhl auf wissenschaftlicher Basis ständig weiterentwickelt wurde, um sich seiner spezifischen Funktion und damit dem menschlichen Körperbau optimal anzupassen. Der Stuhl ist also ein verläßlicher Indikator des sozialen und ökonomischen Kontextes.

Gerade im Design des 20. Jahrhunderts entfalten sich seine Bedeutungs- und Funktionsebenen. So wurde bei angespannter Wirtschaftslage die Gestaltung eher auf Funktionalität und Beständigkeit ausgerichtet, während in Zeiten relativen Wohlstandes Tendenzen zu übersteigerten Formen, ornamentalen Ausschmückungen und ausgefalleneren Materialien zu beobachten sind.

Ob einem Stuhl dauerhafter Erfolg beschieden ist, hängt von der Verbindung von Ästhetik und Funktionalität ab und natürlich nicht zuletzt vom Herstellungsaufwand. Ein weiteres Kriterium ist aber auch, inwieweit das Design den Geist seiner Entstehungszeit getroffen hat oder diesem gar vorausgeeilt ist.

Zeitlos elegant wirkt das nebenstehende Ensemble Side Chair mit Dining Table von Eliel Saarinen. Es entstand 1929/30 für das Saarinen-Haus.

STÜHLE & HOCKER Sitzmöbel

Sitzmöbel STÜHLE

Objektname Kaffeehausstuhl Modell 214
Entstehungsjahr 1859
Designer Michael Thonet
Material Dampfgebogenes Buchenholz, Sitz aus Rohrgeflecht
Maße/cm H 84 / B 43 / T 52 / SH 46
Firma Thonet Frankenberg
Preis Ca. 550 DM
Motto Der Kaffeehausstuhl

Der Urahn der Designerstühle wurde von allen Designern des 20. Jahrhunderts bewundert, verehrt und in der Ausgewogenheit seiner klassisch lichten Form wohl kaum jemals erreicht. Er ist heute so jung und universell wie damals, weder durch die Stahlrohrmöbel noch das Plastik wirklich angefochten, auch wenn Thonet selbst sich schon sehr früh der Stahlrohrmöbel annahm (siehe Seite 31). Es war weniger ein entwerferischer Impuls, der zu der typischen Form der Thonet-Stühle geführt hatte, sondern ein neuartiges technisches Verfahren, mit dem es Thonet gelang, Buchenholzstäbe unter Wasserdampf und Druck in jede gewünschte Form zu biegen und diese Einzelteile dann mit einfachen Schraubverbindungen zu einem Möbelstück zusammenzufügen. In Teile zerlegt, wurden diese Stühle damals weltweit verschickt. Was IKEA ein ganzes Jahrhundert später als eigene Unternehmensphilosophie reklamierte, basiert also in Wirklichkeit auf einem sehr viel älteren Prinzip. Der Erfolg des Modells gab seinem Erfinder recht. Zwischen 1859 und 1914 wurde der Kaffeehausstuhl 40 Millionen Male hergestellt – zum Stückpreis von anfangs 8,50 Mark. Der technische Fortschrittsgedanke des 19. Jahrhunderts beeinflußte aber auch Produktionszweige, die klassischerweise handwerklich geprägt waren – wie eben die Möbelherstellung. In dem Bestreben, einfache, praktische und dennoch wohlausgewogene Formen mit rationalisierten Produktionsabläufen zu verbinden, wurden Thonets Stühle ein ganz großer Wurf.

Nicht nur bei den Verbrauchern waren Thonet-Möbel überaus geschätzt, sondern interessanterweise auch bei avantgardistischen Designern. So verwandte Le Corbusier etwa bei seiner Ausstattung des Pavillons auf der Weltausstellung in Paris von 1925 Thonet-Möbel. Allerdings darf nicht übersehen werden, daß die heute so geschätzten einfachen Formen des umfangreichen Thonet-Katalogs schlichte Gebrauchsmöbel waren, während das repräsentative Angebot aus dem Biegeverfahren an ornamentaler Verschnörkelung herausholte, was herauszuholen war. Mit Thonet begann die Geschichte des modernen Designs. Und wie so oft in der weiteren Geschichte kamen bereits am Anfang auch die Vollendung und ein voll ausgereiftes Prinzip, das allenfalls variiert, aber nicht grundlegend verbessert werden konnte. Es gibt mittlerweile etliche Nachbauten — so mit Polstersitz und -rücken und einen Bürostuhl auf Drehgestell, der einen ovalen Einsatz in der Lehne aufweist.

Objektname Modell 209
Entstehungsjahr 1900
Designer Thonet
Material Dampfgebogenes Buchenholz, Sitz aus Rohrgeflecht
Maße/cm H 75 / B 54 / T 57 / SH 46
Firma Thonet Frankenberg
Preis Ca. 850 DM
Motto Der schönste Thonetstuhl

STÜHLE Sitzmöbel

Otto Wagner, der langjährige Wiener Stadtbaumeister, schuf mit der Wiener Postsparkasse, die heute noch weitgehend im Originalzustand erhalten ist, seinen wohl bedeutendsten Bau. Im Zeitalter von Fin de siècle und Jugendstil, die mit Ornamenten um Aufmerksamkeit rangen, gelang Wagner hier ein sachlich zurückhaltendes Ensemble, zu dem auch berühmte Möbelentwürfe gehören. Diesem Stuhl wurde das Thonetsche Schema zugrunde gelegt: Mit einfachen, gebogenen Bugholzteilen wird das tragende Gerüst entwickelt, in das nur die mit großen und kleinen Kreisen durchlöcherte Rückenlehne einen zurückhaltend ornamentalen Zug bringt. Wie dicht Funktion und Ornament hier zusammenwirken und wie sehr sie sich ergänzen können, ohne „zum Verbrechen" zu werden, wie der Wiener Zeitgenosse Wagners, Adolf Loos, sich ereiferte (wobei er Wagner immer ausdrücklich ausnahm, während Josef Hoffmann nicht das gleiche Glück hatte), zeigt dieser Stuhl. Er macht deutlich, daß ohne Wagner die Wiener Werkstätte, die von seinen Schülern getragen wurde, gar nicht denkbar gewesen wäre.

Objektname Postsparkassenstuhl 247
Entstehungsjahr Um 1902
Designer Otto Wagner
Material Buchenholz und Lederbezug
Maße/cm H 75 / B 57 / T 56 / SH 46
Firma Thonet
Preis Ca. 1500 DM
Motto Der Amtsstuhl-Klassiker

Objektname Stuhl Biach Interieur
Entstehungsjahr Um 1905
Designer Josef Hoffmann
Material Schwarz gebeiztes, massives Buchenholz mit verschiedenen Bezügen
Maße/cm H 71 / B 56 / T 51 / SH 47
Firma Wittmann
Preis Ab ca. 1600 DM
Motto Kreise und Kugel

Hoffmanns Möbelformen sind immer wieder von berückender Einfachheit und bezauberndem Reichtum. Seine Stärke und einzigartiges Talent sind es, Schlichtheit und Formreduktion mit ornamentaler Fülle und formaler Abwechslung zu überzeugend schönen Kompositionen zu verbinden. In diesem Stuhl dominiert das Motiv der Rundung, des Kreises bzw. der Kugel. Den Seitenlehnen sind als Füllmotiv Kreisbögen einbeschrieben, und die Zwickel der Stuhlbeine werden von Kugeln überbrückt. Dies ist eine jener eigenwilligen Hoffmannschen Erfindungen, in denen sich Zweckrationalität – die Kugeln dienen der statischen Verstärkung der Holzverbindung – und formale Exaltiertheit harmonisch und zwanglos begegnen. Diese Formelemente fügen sich in Hoffmanns Stuhl zu einer logischen Einheit, die nicht bis aufs Skelett reduziert wurde, sondern sich den spartanischen Luxus einer zurückhaltenden Ornamentik erlaubt, die zugleich stabilitätsfördernde Aufgaben erfüllt.

Sitzmöbel STÜHLE

Objektname Sessel Fledermaus (Sprossen quer)
Entstehungsjahr 1907
Designer Josef Hoffmann
Material Buche schwarz gebeizt mit verschiedenen Bezügen
Maße/cm H 74 / B 53 / T 46 / SH 47
Firma Wittmann
Preis Ab ca. 1050 DM
Motto Betonung der Horizontale

Dieser Stuhltyp ist an Entwürfe des Schotten Mackintosh angelehnt: Mackintosh hatte im Jahre 1900 Wien besucht und bei den dortigen Künstlern einen tiefen Eindruck hinterlassen. Während der „Sessel" zwei quergelegte Rückenlehnensprossen aufweist, also die Horizontale betont (wie es auch bei der Fußstrebe der Fall ist), gibt es auch eine Fassung mit senkrecht von oben nach unten durchlaufenden und die Lehne mit der unteren Verstrebung der Füße verbindenden Stäben, die nun die Vertikale betont und dem Stuhl ein überraschend anderes Gepräge verleiht. Der Fledermausstuhl war Teil eines ganzen Ausstattungsprogramms, das Josef Hoffmann zusammen mit der Wiener Werkstätte für das Kabarett „Fledermaus" im Jahr 1907 anfertigte. Obwohl viele dieser Teile zum Besten gehören, was die Wiener Werkstätte je hervorbrachte, mußte die „Fledermaus" bereits 1913 der „Femina", einem Revuetheater mit Animierbetrieb, weichen.

Der Stuhl ist einfach und doch charakteristisch, eingängig und doch eigenwillig, funktional und gleichzeitig originell, zurückhaltend und zugleich ausgesprochen prachtvoll. Er verzichtet auf Ornamentik und bietet dennoch einen dekorativen Anblick. Unübersehbar stand die Arbeit Michael Thonets Pate für diesen Stuhl, der an die bekannten Bugholzmöbel erinnert. Und in der Tat wurde er auch damals in der Werkstätte der Gebrüder Thonet produziert. Extravagant und funktionell zugleich sind die runden Kugeln an den Beinansätzen, die dem Möbel ein markantes Aussehen verleihen und zugleich der Stabilisierung dienen. Folgerichtig finden wir als Ornamentmotiv durchgehend runde Formen: in der Perforation der Rückenlehne, in den Polsterknöpfen und in den Kugeln. Die Originale sind heute gesuchte Stücke auf dem Antiquitätenmarkt und stehen in verschiedenen Museen, etwa im Badischen Landesmuseum in Karlsruhe.

Objektname Stuhl Purkersdorf
Entstehungsjahr 1904
Designer Josef Hoffmann
Material Buchenholz
Maße/cm H 99,5 / B 44 / T 45 / SH 47
Firma Wittmann
Preis Ca. 1600 DM
Motto Vornehme Zurückhaltung

STÜHLE Sitzmöbel

Josef Hoffmann, der führende Kopf der Wiener Werkstätte, war für seine Liebe zum Quadrat berühmt – selbst die Punkte an den Schreibmaschinen in seinem Büro waren kleine Quadrate. Dabei verwendet er hier die strenge Rasterstruktur, in die der Stuhl scheinbar gezwängt wird, durchaus spielerisch, so daß einige überraschende Abweichungen vom strengen System auftreten und dem Stuhl einen ganz eigenen Reiz verleihen. So laufen die unteren Verstrebungen der Füße in schrägem Winkel nach hinten und die Lehnenflächen nach außen in gerundeter Form vor – ein markantes Detail, das dem Stuhl seinen Namen gegeben hat. Die kubische Raumstruktur ähnelt einem Käfig, ein Kontrast zu dem weichen Lederpolster. Ein Vorläufermodell soll für den berühmten Jugendstilmaler Gustav Klimt entworfen worden sein. Der Sessel ist geometrisch streng und verspielt zugleich, einfach und doch fast selbstironisch ausladend. Das Ganze ist Handwerksarbeit auf hohem Niveau.

Objektname Eßstuhl Armlöffel
Entstehungsjahr 1908
Designer Josef Hoffmann
Material Schwarz gebeiztes Eschenholz mit Lederpolsterung
Maße/cm H 96 / B 66 / T 51 / SH 45
Firma Wittmann
Preis Ab ca. 2750 DM
Motto Stuhl für Gustav Klimt

Objektname Stuhl 601 Robie
Entstehungsjahr 1908
Designer Frank Lloyd Wright
Material Kirschholz, Sitzpolster mit Stoff oder Leder bezogen
Maße/cm H 134 / B 40 / T 45 / SH 46
Firma Cassina
Preis Ca. 2100 DM
Motto Thron der modernen Zeit

Frank Lloyd Wrights Möbel entsprechen im allgemeinen nicht dem, was man als anheimelnd und bequem bezeichnen könnte, sondern strahlen meist eine gewisse Strenge und Eigenwilligkeit aus. Bei aller handwerklichen Gediegenheit und Solidität zeugen sie von einem ausgeprägt architektonischen Denken, in dem der Kontrast von senkrechten und waagerechten Ebenen den Raum gestaltet. Eine Rückenlehne dient weniger zum Anlehnen, sondern bildet vielmehr eine Wand, die den Sitzenden abschirmt.
Frank Lloyd Wrights markante und kraftvolle Persönlichkeit war zeit ihres Lebens für Überraschungen gut. Seine Entwürfe sind aber doch – bei aller Wandlungsfähigkeit ihres Schöpfers – immer an ihrer kantigen Plastizität zu erkennen.

Sitzmöbel STÜHLE

Objektname Stuhl D 61
Entstehungsjahr Anfang der 20er Jahre
Designer El Lissitzky
Material Buchensperrholz schwarz und blau gebeizt, Rückenkissen in Leder
Maße/cm H 73 / B 57 / T 49 / SH 44
Firma Tecta
Preis Ca. 1250 DM
Motto Kein Stuhl zum Träumen

El Lissitzky verkörpert wie kaum ein anderer den Einfluß des russischen Konstruktivismus auf das Bauhaus. Er ist einer der wichtigsten Grafikdesigner des 20. Jahrhunderts, der außer in der Sowjetunion vor allem im Deutschland der 20er Jahre tätig war. Seine Architektur- und Möbelprojekte blieben jedoch überwiegend auf dem Papier. Der Sperrholzstuhl für die Hygieneausstellung in Dresden im Jahr 1930 wurde als einziger Entwurf in einigen Stücken realisiert. In gewisser Weise nimmt dieser Stuhl die gebogenen Sperrholzstühle des Charles Eames der 40er vorweg, wobei sie allerdings mehr als diese von künstlerischen Gesichtspunkten durchdrungen sind. Im Grunde ist El Lissitzkys Stuhl ein Kunstwerk, eine farbige Skulptur, auf der man auch sitzen kann. Von dem strengen, sachlichen Bauhausstil unterscheidet er sich durch seine eleganten Schrägen – eine künstlerische Eigenwilligkeit, die sich nur zögerlich den Brauchbarkeitsansprüchen des Designs für Massenprodukte unterwirft.

STÜHLE Sitzmöbel

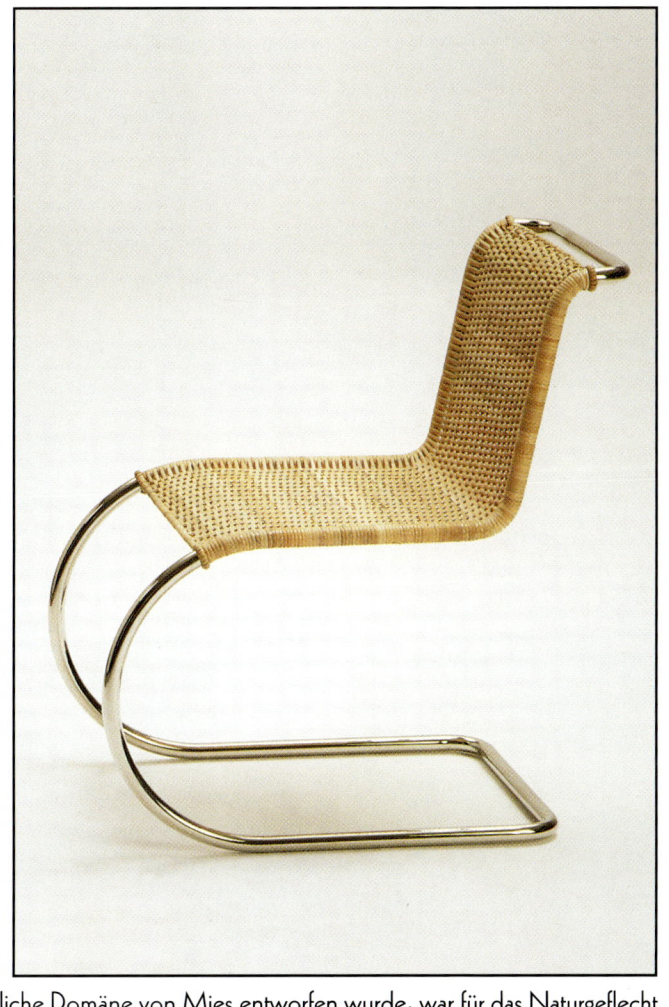

Das Modell B42 von Mies van der Rohe ist der Freischwinger in seiner einfachsten Form. Es benötigt lediglich eine einzige Stahlrohrschlaufe, die durch ihre bloße Form ein Sitzgestell im Raum ermöglicht, ein Zweck, zu dem man bis dahin immer vier, mindestens aber drei Beine für unverzichtbar gehalten hatte. Mit der aus geflochtenem Peddigrohr gearbeiteten, homogenen Sitz- und Lehnfläche wird die organisch-skulpturale Einheit betont: Somit gibt es nichts an diesem Stuhl, was nicht aus Rohr gefertigt wäre. Lediglich an zwei Stellen, weitgehend unsichtbar unter der Sitzfläche, wird dieses einfache Grundprinzip aus Stabilitätsgründen zugunsten zweier massiver Querverstrebungen durchbrochen. Während das kaltgezogene und deshalb wippende Stahlgestell als typisch männliche Domäne von Mies entworfen wurde, war für das Naturgeflecht seine langjährige Mitarbeiterin Lilly Reich verantwortlich. Die raumgreifende Konstruktion ist großzügig und elegant. Sie eignet sich eher als freistehende „Sitzskulptur" und weniger im Zusammenhang mit einem Tisch, schon gar nicht als Eßzimmerstuhl. Obwohl Mies van der Rohe wie kein zweiter die Formvorstellung des Funktionalismus geprägt hat und als „godfather" des Internationalen Stils heute eine der dominanten Gestalten des 20. Jahrhunderts darstellt, sind seine Möbelentwürfe eher ästhetisch-stilistisch ausgerichtet. Im Gegensatz zu seinem Freund Marcel Breuer, mit dem er am Bauhaus zusammenarbeitete, ließ sich Mies van der Rohe von Anfang an auf keine juristischen Ungereimtheiten ein. Er beantragte ein Patent für seinen Freischwinger, der im Gegensatz zu Mart Stams Entwurf wirklich wippte, weil er aus kaltgezogenem Stahl gefertigt wird. Demgegenüber war Mart Stams Stuhl bei Hitze gebogen und mußte sogar wegen der engen Biegungen des Metallrohrs in den Ecken steif verstärkt werden. Durch die juristische Absicherung war Mies van der Rohe gegen alle Anfechtungen gefeit; er war damals einer der wenigen avantgardistischen Designer, die an ihren Möbelentwürfen auch Geld verdienen konnten. Besonders in den ersten Jahren seines Exils war dies für ihn besonders wichtig.

Objektname Freischwinger B 42
Entstehungsjahr 1927
Designer Ludwig Mies van der Rohe
Material Vernickeltes oder versilbertes Stahlrohr mit handgeflochtenem Peddigrohr
Maße/cm H 84 / B 46 / T 63 / SH 46
Preis Ca. 700 DM
Firma Tecta
Motto Kaltgezogene Eleganz (männlich-weibliche Coproduktion)

Objektname S 33
Entstehungsjahr 1926
Designer Mart Stam
Material Gestell aus Stahlrohr, Sitz- und Rückenfläche Kernleder
Maße/cm H 86 / B 50 / T 86 / SH 46
Firma Thonet Frankenberg
Preis Ca. 1000 DM
Motto Tausendfach kopiert

Tatsache ist, daß der holländische Architekt Mart Stam beim Betrachten seines Fahrrads (die Holländer waren schon damals begeisterte Zweiradtreter) die Idee zu seinem Freischwinger hatte, bei dem auf die Hinterbeine verzichtet wurde. Und natürlich zeigte er seine ersten Zeichnungen bei einem Treffen der Weißenhofsiedlungs-Architekten herum, so daß sich auch die anderen Entwerfer flugs ans Werk machten und Stams noch sehr archaischen Urentwurf, der niemals in Serienproduktion gehen sollte, verbesserten und weiterentwickelten. Die Version, die heute von Thonet angeboten wird, erfreut sich immerhin der Anerkennung des Mannes, unter dessen Name sie läuft. Ursprünglich war Stams Entwurf mit Fittings, wie sie bei Gasrohren verwendet werden, zusammengesetzt und mußte in den sehr engen Biegungen mit Stahleinlagen verstärkt werden. Außerdem hatte der Stuhl vorn noch eine Querstrebe und eine – nicht sehr bequeme – senkrechte Rückenlehne.

Sitzmöbel STÜHLE

Objektname Freischwinger Brno
Entstehungsjahr 1929
Designer Ludwig Mies van der Rohe
Material Verchromter Federstahl, Stoff- oder Lederbezug
Maße/cm H 79 / B 58 / T 57 / SH 42
Firma Knoll International
Preis Ab ca. 1200 DM
Motto In Rot geradezu frivol

Mit wohl keinem seiner Möbelentwürfe hat sich Mies van der Rohe dem französischen Art deco so sehr angenähert wie mit diesem Stuhl. Vor allem mit rotem Bezug wirkt er vor dem Hintergrund des sachlich strengen Werks des großen deutschen Architekten, dessen Streben nach Formstrenge von vielen als Gebot zur Langeweile mißinterpretiert wurde, geradezu frivol. In dem Bemühen, zwischen Eleganz und Sachlichkeit, Anmut und formaler Konsequenz zu vermitteln, hat sich der Begründer des Internationalen Stils später eher letzterem zugewandt. In Brno (Brunn), der Stadt, die dem Stuhl ihren Namen lieh, steht auch die von Mies erbaute Villa Tugendhat, die er selbst ausstattete. 24 mit weißem Pergament bezogene Brnos standen dort allein im Eßzimmer. Beim Brno handelt es sich um kein Stahlrohrmöbel im strengen Sinn: Zwischen zwei federnden Spezialstahlbögen ist eine einfache, rechteckige, gepolsterte Rücken- und Sitzfläche eingespannt.

STÜHLE ## Sitzmöbel

Objektname S 32
Entstehungsjahr 1928/40
Designer Marcel Breuer/Mart Stam
Material Stahlrohrgestell, Holzrahmung mit Geflecht
Maße/cm H 80 / B 45 / T 57 / SH 44
Firma Thonet Frankenberg
Preis Ca. 800 DM
Motto Der Eßzimmer-Klassiker

Etwas kniffliger als beim S 33 stellt sich das Urheberrechtsproblem bei dem Modell S 32 dar, bei dem Mart Stam nun seinerseits die Weiterentwicklungen Breuers hocherfreut zur Kenntnis nahm und sich von ihnen inspirieren ließ. Der heutige Stuhl geht auf Stams Grundidee und in weiten Teilen auf Breuers Ausgestaltung zurück, läuft aber, wie oben angedeutet, aus juristischen Gründen in vielen Fällen unter Stams Namen, obwohl sich die heute produzierten Stücke eher an Breuers harmonischen Entwurf anlehnen. Klassisch ist hier der Holzrahmen mit dem Wiener Geflecht geworden. Durch seine Stabilität wurden Querverstrebungen unter dem Sitz unnötig. Das Stahlrohr ist auf das Notwendige reduziert und in seiner dienenden Funktion optisch stark zurückgenommen. Der dunkel lackierte Holzrahmen steht in elegantem Kontrast zu der ähnlich gerundeten Stahlrohrform und trennt die Stützen von der Belastungsfläche auch optisch effektvoll. Das Geflecht unterstreicht die Leichtigkeit der Gesamtkonstruktion: Damit ist dieses Möbel vielleicht das universellste unter den Stahlrohrstühlen. Daneben ist es die Stahlrohrvariation, die am ehesten Bezug auf die bürgerlichen Wertvorstellungen nimmt und ihre Ansprüche an Gemütlichkeit und Wärme bestimmt. Wo der Stuhl mit seinem Benutzer in Berührung kommt, also an Sitzfläche und Lehne, sind traditionelle Werkstoffe eingesetzt – und zwar auch optisch so dominant, daß sich ein gemäßigt modernistisches Möbel ergibt.

Objektname Armlehnstuhl D 40
Entstehungsjahr 1928/29
Designer Marcel Breuer
Material Gestell aus vernickeltem Stahlrohr, Armlehne Buche natur oder schwarz, Sitz- und Rückenlehne Eisengarn, Leder oder Naturrohrgeflecht
Maße/cm H 88 / B 53 / T 61 / SH 45
Firma Tecta
Preis Ab ca. 700 DM
Motto Rund und geradlinig

Der Lehnstuhl des berühmten Freischwingermodells — allerdings ohne Holzrahmen, sondern nur mit Rohrgeflecht und mit dem auffälligen Rundbogen, in dem auch die Armlehne frei schwingt. Demgegenüber ist die Rückenlehne als Viereckform geschlossen und innen in die Gesamtkonstruktion eingefügt. Es scheint, als hätten sich Breuer und Mies van der Rohe die Halbkreisbiegung so geteilt: Mies verwendet sie bei seinen Freischwingern vorne; Breuer bevorzugt im vorderen „Fußbereich" eine eckigere Lösung, dafür bei den Armlehnen den Halbkreis. Natürlich wirkt diese Form interessant, charaktervoll und logisch. Aber ohne die Armlehnen kommt die klassische Einfachheit des Freischwingerprinzips eindeutiger zum Tragen. Bei dem Grundprinzip, die Struktur so weit wie möglich zu reduzieren, ist es eigentlich ein Stilbruch, Armlehnen in einer relativ komplizierten Bauweise anzufügen. Dennoch eine klassische Freischwingerlösung.

Sitzmöbel STÜHLE

Objektname Rückenlehnstuhl B 40
Entstehungsjahr 1926
Designer Marcel Breuer
Material Vernickeltes Stahlrohr und verschiedenfarbige Eisengurte oder Kernleder in Weiß, Schwarz oder natur
Maße/cm H 82 / B 45 / T 51 / SH 46
Firma Tecta
Preis Ab ca. 650 DM
Motto Einfache Konstruktion

Der Stuhl nähert sich als Stahlrohrkonstruktion dem traditionellen Verständnis an, wobei vor allem Rückenlehne und hinteres Stuhlbein wieder eine Einheit bilden. Die Elastizität des Stahlmaterials wie beim berühmten Freischwinger wird nicht bemüht, zwei Streben an der Vorderseite sorgen für eine ausreichende Stabilität, die auch hinten durch die Querverbindung gewährleistet wird. Typisch für Marcel Breuer im Gegensatz zu Mies van der Rohe oder den französisch geprägten Entwerfern Le Corbusier und Eileen Gray ist dabei, daß er die Verbindungen der Stahlrohrelemente vereinheitlicht und in einfachster Weise löst. Er vermeidet arbeitsaufwendige Verschweißungen oder das Schneiden der Rohre auf Gehrung. Auch verwendet er zur Vereinheitlichung des Erscheinungsbilds bewußt nur Rohr mit dem gleichen Durchmesser, obwohl sich gerade bei den Querstreben angeboten hätte, diese dünner zu wählen. Entgegen dem französischen Formraffinement und Mies van der Rohes klassizistischer Eleganz liefert Breuer hier ein Manifest für „funktionalistische" Strenge und Rationalität der Montage.

Wie eigentlich bei allen Möbelentwürfen von Rietveld, der ja gelernter Schreiner war, treffen im Zig-Zag Formvorstellungen der abstrakten Kunst (von den De-Stijl-Künstlern propagierte vor allem Theo van Doesburg die Diagonale als elementares Gestaltungselement) und Experimente bei der Materialbehandlung aufeinander. Die Ergebnisse sind mitunter recht spektakulär. Gerade der Zig-Zag widerspricht den traditionellen, handwerklich geprägten Vorstellungen eines Stuhles, obwohl er konsequent mit dem Grundelement des Schreinerhandwerks arbeitet, dem Brett. Ebenso widerspricht er den gängigen Vorstellungen von Gemütlichkeit. Dort, wo man runde, weiche, zum Sitzen einladende Formen erwartet, stößt er mit spitzen, aggressiven Kanten in den Raum vor. Als Zugeständnis an die Stabilität wurden die spitzen Winkel innen mit Dreikanthölzern verstärkt. Auf diese Keile könnte man heute verzichten, sie prägen jedoch das Aussehen des Stuhls maßgeblich mit.

Objektname Zig-Zag
Entstehungsjahr 1934
Designer Gerrit Rietveld
Material Buchenholz natur
Maße/cm H 74 / B 37 / T 43 / SH 43 cm
Firma Cassina
Preis Ca. 1350 DM
Motto Der Freischwinger aus Holz

STÜHLE Sitzmöbel

Ein Klassiker aus Amerika mit einem ganz unverwechselbaren, kantigen, geradezu demonstrativ uneleganten Charakter. Die Stühle wurden sehr häufig für Büros, Gerichte und Bibliotheken benutzt, so daß sie schon selbst Teil dieser Institutionen geworden sind. Die Verarbeitung ist robust und aufwendig, sozusagen unverwüstlich, und sowohl in der Holzkonstruktion wie in dem nach hinten zu kippenden Mechanismus gediegen gearbeitet. Es gibt zwei Ausführungen, eine mit geschwungeneren Formen im Bereich der Arm- und Rückenlehne und eine einfachere, eckige Version, die nur etwa die Hälfte kostet. 1929 war die Jaspers Seating Company Inc. im südlichen Indiana gegründet worden. Dort hatten sich wegen des natürlichen Waldreichtums schon während des 19. Jahrhunderts deutsche Schreiner angesiedelt und ein Zentrum des handwerklichen Möbelbaus in den USA begründet. Auch die von Thonet entwickelte Dampfbiegetechnik kam hier zum Einsatz.

Objektname Jasper Stuhl 980
Entstehungsjahr 30er Jahre
Designer Werksentwurf der Jaspers Seating Company Inc.
Material Braun gebeiztes, klar lackiertes Eichenholz, Wippmechanik
Maße/cm H max. 87,5 / B 53 / T 70 / SH 42–50
Firma Zu beziehen bei Manufactum, Nr. 25524
Preis Ca. 1000 bzw. 2000 DM
Motto Der Bibliotheken-Klassiker

Sitzmöbel STÜHLE

Objektname Schichtholzstuhl Modell 69
Entstehungsjahr 1933–35
Designer Alvar Aalto
Material Birkenholz natur
Maße/cm H 70 / D 38 / B 38 / T 44 / SH 44
Firma Artek
Preis Ab ca. 400 DM
Motto Pionier der Schichtholztechnik

Etwa zur gleichen Zeit, als in Deutschland die Produktion von Stahlrohrmöbeln anlief, machte sich im holzreichen Finnland der Architekt Alvar Aalto – Jahrzehnte noch vor Charles Eames – daran, Möbel aus Schichtholz zu entwickeln, die seinen gestalterischen Vorstellungen entsprachen. Wie Thonet experimentierte er dabei mit der Holzverbiegung, wobei er jedoch nicht heißen Dampf verwendete, sondern die natürliche Feuchtigkeit des Birkenholzes ausnützte und bei den massiven Teilen eines Stammes Einschnitte anbrachte. In hydraulischen Pressen wurden Sperrholzplatten mit einem neuentwickelten, sehr starken Leim verbunden, in Form gebogen und danach auf die gewünschte Breite zugesägt. Die Ergebnisse sind beeindruckend. Was einmal lediglich zur Ausstattung von einzelnen Gebäuden, in diesem Fall der Bibliothek von Viipuri, gedacht war, gehört heute zum Einrichtungsstandard der ganzen Welt. Die Stühle sind von klassisch-moderner Anmutung, dabei aus natürlichem Material, von ebenso berückender Einfachheit wie gestalterischer Kraft. Dazu sind sie relativ günstig im Preis und ausgesprochen bequem. Mit seinen Schichtholzstühlen hat Alvar Aalto echte Klassiker geschaffen – und das, nachdem auch er anfangs mit Stahlrohrfreischwingern experimentiert hatte. Bald wandte er sich jedoch dem von ihm als freundlicher und gesunder empfundenen Holz zu – das Ergebnis gab ihm recht.

Dieser Stuhl ist etwas, was es im Weltverständnis vieler Intellektueller und Kunsthüter eigentlich nicht geben dürfte: ein modernes, hervorragend gestaltetes Designobjekt, aber von einer politisch inakzeptablen Bewegung in Auftrag gegeben. Der Stuhl wurde für den Sitzungssaal im Haus der Faschisten in Como entworfen, ein Bau, der übrigens ebenfalls zu den Inkunabeln der modernen Architektur gehört. Das Ganze ist also in doppelter Hinsicht ein Skandal. Zum einen diente es politischen Verbrechern, zum anderen widerspricht es dem Dogma, daß nur politisch hehre Zwecke auch gute künstlerische Gestaltungen hervorbringen können. Der Stuhl stellt eine originelle Variation über das Thema „Freischwinger" dar, das in den 30er Jahren von Designern in aller Welt durchgespielt wurde. Sitzfläche und Lehne sind dabei jeweils Abschlußteile einer Metallschlaufe, die, miteinander unverbunden, sich lediglich über die Stützkonstruktion annähern.

Objektname Lariana
Entstehungsjahr 1936
Designer Guiseppe Terragni
Material Inox-Stahlrohr und Buchensperrholz (natur oder lederbezogen)
Maße/cm H 93 / B 43 / T 62 / SH 47
Firma Zanotta (seit 1971)
Preis Ab ca. 900 DM
Motto Ein faschistisches Möbel!?

STÜHLE Sitzmöbel

Der erste Stuhl aus Aluminium. Er ist leicht, rostet nicht und leitet keine Wärme. Der Landi-Stuhl ist ein Vorläufer des High-Tech, der, obwohl er schon über ein halbes Jahrhundert alt ist, immer noch geradezu futuristisch anmutet. Zugleich erinnert er mit seinen 60 runden Löchern an Schweizer Käse und gibt sich damit als typisches Produkt des Landes zu erkennen. Der Entwerfer Hans Coray ist Schweizer und studierter Philosoph, sein Stuhl also sozusagen eine Abhandlung über die Idee eines Stuhls. Eine stilistische Herkunft von der Wiener Werkstätte ist nicht zu übersehen, wurde aber ins Stromlinienförmige weiterentwickelt. Der Landi-Stuhl war die Sensation auf der Schweizerischen Landesausstellung des Jahres 1939 (nach ihr erhielt er seinen Namen). Das Material war zu dieser Zeit in Europa noch gänzlich unbekannt. Auch Marcel Breuer beschäftigte sich Anfang der 30er Jahre in der Schweiz mit Aluminium und erwarb sogar ein Patent für Aluminiummöbel.

Objektname Landi-Stuhl
Entstehungsjahr 1938
Designer Hans Coray
Material Leichtmetallegierung
Maße/cm H 77 / B 53 / T 63 / SH 44
Firma Blattmann AG/Zanotta
Preis Ab 500 DM
Motto Der erste Alustuhl

Objektname China-Stuhl
Entstehungsjahr 1944–50
Designer Hans Wegner
Material Kirsche natur, Kissen mit Lederbezug
Maße/cm H 82 / B 55 / T 55 / SH 45
Firma Fritz Hansen
Preis Ca. 5000 DM
Motto Geformtes Holz

Hans Wegner, ein Däne, ist ein Handwerker von altem Schrot und Korn und dabei einer, der den formalen Nerv der 50er Jahre wie kaum ein zweiter trifft. Seine Gestaltungselemente sind biomorphe, fließende Kurven und Linien, gerundete Kanten und an Thonet erinnerndes, gebogenes Holz. Ein anderer Stuhl, dessen Rücken- und Seitenlehne mit sphärischen Kurvenverschneidungen arbeiten, wurde von John F. Kennedy geschätzt und ist als „The Chair" in die Geschichte eingegangen. Der China-Stuhl ist gegenüber den späteren Entwürfen Wegners weniger gekurvt und stärker der traditionellen Form verhaftet. Er zeigt sich damit noch als ein Produkt der kantigeren 40er Jahre. Das Design betont die Maserung und den natürlichen Wuchs des Holzes. Seinen Namen erhielt der Stuhl von dem schmalen, gewölbten Brett der Rückenlehne. Für die elegante Biegung des Holzes wurde die altbewährte Thonet-Technik der Holzverbiegung unter Dampf verwendet.

Sitzmöbel STÜHLE

Objektname Stahldrahtstuhl DKR 2 (Wire Chair)
Entstehungsjahr 1951
Designer Charles & Ray Eames
Material Stahldraht und Bezug
Maße/cm H 85 / B 49 / T 53 / SH 45
Firma Vitra
Preis Ca. 600 DM
Motto Thema mit Variationen

Charles Eames war kein Designer, dem heute dies und morgen jenes einfiel. Zeitlebens kreiste seine Arbeit um wenige Grundmotive, und seine Stühle treten, abgesehen von dem singulären Lounge Chair, jeweils in ganzen Familien auf, die sich lediglich in Details bzw. den verwendeten Materialien voneinander unterscheiden. So existiert die prinzipiell gleiche Form des Stuhls mit einer Sitzschale aus Glasfiber, mit unbepolsterter Sitzschale, mit einem flachen Polster auf der Sitzfläche und in allen diesen Variationen mit einem Untergestell aus vier verchromten Stahlrohrbeinen statt des filigranen Stahldrahtgestänges. Aber gerade in der Lösung mit dem diagonal verspannten Bezug kommt die gegenseitige Durchdringung der Bestandteile Gestell, Sitzschale und Überzug besonders logisch und grafisch eindrucksvoll zur Wirkung. Charles Eames widerlegt eindeutig die Auffassung, daß formale Reduktion gleichbedeutend mit Langeweile und Charakterlosigkeit ist.

Man sagt dem SE 18 eine klerikale Ausstrahlung nach. Ist es nur die Gewohnheit, weil er am häufigsten für Kirchenbestuhlungen eingesetzt wird, oder hat er aus berechtigten Gründen diesen Ruf erlangt? Zunächst handelt es sich um einen Stapelstuhl aus Holz. Seine Formen sind entsprechend den 50er Jahren biomorph und abgerundet. Die im Dreieck gegeneinander gewinkelten Stäbe und die körpergerecht gebogenen Schichtholzflächen ergeben einen Kompromiß aus spartanischer Strenge und einem Mindestmaß an Bequemlichkeit. Sie erinnern an jene Quadratisch-praktisch-gut-Formel, wobei dieses „gut" auch eindeutig moralisch gemeint ist. Hier präsentiert sich ein guter Stuhl für gute Menschen. Er ist ehrlich, gediegen, modern, bodenständig, praktisch und raumsparend. Mit dem Eiermann-Stuhl hat sich das Nachkriegsdeutschland der Moderne geöffnet und ist auf den Weg der Gerechten und Guten zurückgekehrt. Dennoch zweifellos ein Klassiker und ein gutes Sitzmöbel!

Objektname Klappstuhl SE 18
Entstehungsjahr 1952
Designer Egon Eiermann
Material Buche massiv und Sperrholz, natur oder schwarz lackiert, Lehne auch edelholzfurniert
Maße/cm H 77 / B 54 / T 47 / SH 43
Firma Wilde und Speith Manufactum, Nr. 25520
Preis Ca. 370 DM
Motto Ein klerikaler Klappstuhl?

STÜHLE Sitzmöbel

Natürlich ist für jeden, der in der Möbelgeschichte bewandert ist, die Form der fließend ansteigenden, in der Mitte fragil dünn wirkenden Mittelstütze keine wirkliche Neuheit, wie es im Zusammenhang mit dem Tulpenstuhl oft behauptet wird. Dieses Designelement war in verschiedenen Ausprägungen schon länger geläufig, vor allem im Biedermeier – allerdings nur für Tische, nicht für Stühle. Mit dem Material Holz ist dies aus statischen Gründen auch schwer möglich. Allerdings machte auch das Kunststoffmaterial einige Probleme und ließ sich nicht so verarbeiten, wie Saarinen es sich gewünscht hätte. Anstatt also den Stuhl nicht nur formal aus einem Guß zu gestalten, sondern auch aus einem Material, mußte er sich hier mit einer Kombination aus Kunststoff und Aluminium begnügen. Fließend weiche, geschwungene Formen zeichnen diesen Stuhl aus, mit dem Saarinen nach eigenen Angaben mit dem Wirrwarr der Stuhl- und Tischbeine gründlich aufräumen wollte.

Objektname Tulpenstuhl
Entstehungsjahr 1956
Designer Eero Saarinen
Material Kunststoffschale mit losem Sitzkissen auf beschichtetem Aluminiumgestell, starr oder schwenkbar
Maße/cm H 81 / B 51 / T 54 / SH 47
Firma Knoll International
Preis Ca. 1100 DM
Motto Sanft geschwungene Eleganz

Sitzmöbel STÜHLE

Objektname Modell 3107
Entstehungsjahr 1955
Designer Arne Jacobsen
Material Sitz Schichtholz natur oder lackiert auf verchromtem Stahlrohr
Maße/cm H 78 / B 50 / T 52 / SH 44
Firma Fritz Hansen
Preis Ca. 400 DM
Motto Der Keeler-Stuhl

Das Callgirl Christine Keeler, das in England einen Verteidigungsminister zum Rücktritt zwang, präsentierte sich der Öffentlichkeit sozusagen nur mit diesem Stuhl bekleidet. Der sphärisch geformte Stuhl war Nachfolger der populären „Ameise", bei der die Rückenlehne stärker schildförmig und mit einer signifikanten Einziehung versehen ist. Wie so viele Designobjekte ist Stuhl Nr. 3107 gegenüber der „Ameise" deutlich im Nachteil, weil er über keinen griffigen Namen verfügt. Der definitive Schichtholzstuhl des Nierentischzeitalters mit seinen sphärisch ineinanderfließenden Linienbögen und weichen, abgerundeten Formen ist stapelbar und deswegen vor allem in Kantinen, Schulungsräumen und öffentlichen Gebäuden allgegenwärtig geworden. Er bezeichnet einen Höhepunkt der Vorherrschaft des skandinavischen Designs, das für Materialgerechtigkeit, formale Zurückhaltung und organische, weich gerundete Form steht. Das Modell gewann auf der Mailänder Triennale 1957 einen Preis. Sein Geheimnis besteht in seinem ambivalenten Figurgrundverhältnis: Seine Formen sind genausogut positiv wie negativ lesbar – beim Keeler-Stuhl etwa so, als würde der Raum wie mit einer Nase in die Lehne des Stuhls hineinragen. Die komplizierte Form der Sitzfläche aus einem einzigen Stück Schichtholz kann ihre Verwandtschaft mit Anleihen von Charles und Ray Eames nicht verleugnen (siehe Seite 36).

Der Stuhl ist, wie der Name „Superleicht" andeutet, wirklich ein verblüffendes Leichtgewicht, dabei erstaunlich stabil und widerstandsfähig. Ihn allerdings, wie vorgeschlagen, aus dem vierten Stock zu werfen, um sich von seiner enormen Haltbarkeit zu überzeugen, ist nicht unbedingt nachahmenswert. Auf jeden Fall ist Gio Ponti mit diesem Stuhl ein seltenes Kunststück gelungen: einer traditionellen Form, wie sie in Italien beheimatet ist, neues, modernes Leben einzuhauchen. Ganz im Gegensatz zu den Eiche-rustikal-Orgien, bei denen Tradition immer mit plump und massig verwechselt wird, hält Ponti hier den Holzverbrauch extrem gering, der durch den dreieckigen Grundriß der Stuhlbeine noch zusätzlich reduziert wird. Besonders die schwarze Lackierung betont seinen grafischen Charakter, der seine Herkunft aus den 50er Jahren nicht verleugnet. Für Ponti war der Superleggera der Inbegriff eines Stuhls unter Rückbeziehung auf die klassische Form.

Objektname Superleggera
Entstehungsjahr 1957
Designer Gio Ponti
Material Eschenholz, schwarz oder weiß lackiert oder naturbelassen, spanisches Rohrgeflecht
Maße/cm H 83 / B 41 / T 47 / SH 45
Firma Cassina
Preis Ca. 1300 DM
Motto Leicht und unprätentiös, aber nicht stillos

STÜHLE Sitzmöbel

Charles Eames war kein Mann spontaner Einfälle, sondern ein beharrlicher Tüftler und Arbeiter. Es ging ihm weniger um den großen, künstlerischen Wurf als vielmehr um die Lösung der verschiedensten Einzelprobleme, angefangen von der Materialwahl über die Formgebung bis hin zu den Herstellungsverfahren. Daß es ihm dann aber noch gelang, all diese einzelnen, je für sich zukunftsweisenden Lösungen zu einer homogenen, künstlerischen Einheit zusammenzuschmelzen, macht ihn zum wichtigsten und einflußreichsten Stuhlentwerfer dieses Jahrhunderts. Als besonders zeitlos und heute so modern und faszinierend funktional wie am Ende der 50er Jahre hat sich die Stuhlserie aus Aluminium erwiesen, die in ihrer unaufdringlichen Eleganz in vielen Bereichen – angefangen bei repräsentativen Büros bis hin zu stilbewußten Eßzimmern – unentbehrlich geworden ist. Ein Mann ohne Mätzchen, geradlinig wie ein Ingenieur und gleichzeitig ein großer Künstler!

Objektname Alu Chair EA 107
Entstehungsjahr 1958
Designer Charles Eames
Material Hochglanz-Alugestell mit Stoff oder Vinyl
Maße/cm H 84 / B 53 / T 60 / SH 47
Firma Vitra
Preis Ca. 1800 DM
Motto Ein Stuhl, der nicht altert

Objektname	Panton-Stuhl
Entstehungsjahr	1955/67
Designer	Verner Panton
Material	PUR-Integralschaum, lackiert
Maße/cm	H 82,5 / B 48 / T 57 SH ca. 45
Firma	Vitra
Preis	Ca. 600 DM
Motto	Der Plastikfreischwinger

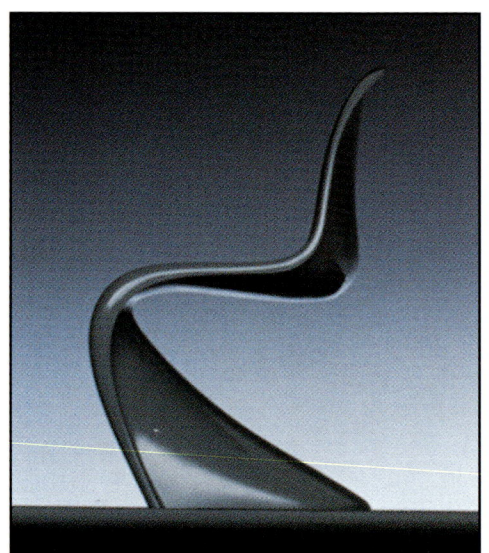

Dieser Stuhl wurde wesentlich früher entworfen als dann tatsächlich gebaut. Seine Form, die das Prinzip des Freischwingers auf Kunststoff überträgt, stand schon 1955 fest. Für die Herstellung bedurfte es dann jedoch langwieriger Bemühungen: Einen geeigneten Werkstoff zu finden war nicht ganz einfach. Der Stuhl wurde ein großer Erfolg. Doch ab 1980 verschwand er vorübergehend vom Markt, weil es Probleme mit der Haltbarkeit gab. Man tüftelte wieder, fand einen anderen Werkstoff und hat nun die Sache im Griff. Verner Panton gehört neben Arne Jacobsen zu den ganz Großen des dänischen Designs. Sein Stuhl weist formale Verwandtschaft mit Saarinens Tulpenstuhl (siehe Seite 37) auf. Das Oberteil ist in einem Guß ins Untergestell weitergeführt, während Saarinen ja auf ein Metallgestell angewiesen war. Mit seinen fließenden Formen gehört der Entwurf in die 50er Jahre, mit seiner kühnen Verwendung des Plastikmaterials und der futuristischen Anmutung ist er typisch für die 60er.

Sitzmöbel STÜHLE

Objektname	Klappstuhl Plia
Entstehungsjahr	1967/68
Designer	Giancarlo Piretti
Material	Verchromtes, lackiertes oder beschichtetes Metallgestell mit Cellidorlehnen
Maße/cm	H 75 / B 46,5 / T 50 / SH 45
Firma	Castelli
Preis	Ab 160 DM
Motto	Der Klappstuhl-Klassiker

Wenn dies auch nicht der billigste Klappstuhl ist, so doch einer der elegantesten, dabei aber leicht und bequem. Er ist ein Millionenseller und seit seiner Ersterscheinung ein Evergreen. Durch den ausgetüftelten Klappmechanismus ist es möglich, ihn problemlos auf wenige Zentimeter zusammenzulegen. Er basiert nicht auf dem herkömmlichen Prinzip der X-Form, sondern besitzt ein Gelenk, an dem drei Teile hängen. Auch wenn der Stuhl in anderen Materialien erhältlich ist: Die originale Fassung mit der durchsichtigen Kunststofflehne und Sitzfläche ist die klassische. Sie gibt dem Stuhl seine typische Leichtigkeit und Transparenz, ohne fragil zu wirken. Obwohl der Stuhl stilistisch eindeutig in die späten 60er Jahre gehört und einen gewissen futuristischen Beigeschmack nicht verleugnet, hat er sich doch über die Jahre seine Zeitlosigkeit bewahrt und ist eine runde, in sich stimmige Sache. Piretti arbeitet fest mit der Firma Castelli zusammen und achtet auf die exakte Umsetzung seiner Modelle.

Frank Gehry gehört in der aktuellen Architektenszene zu den sogenannten Dekonstruktivisten, die für ihre unkonventionellen und tektonisch überraschenden Lösungen berühmt sind. Gebaut hat er etwa das Vitra-Stuhlmuseum in Weil (wo auch sein Stuhl ausgestellt ist). Nicht weniger spektakulär sind seine Möbelentwürfe, die meist schon durch ihre ungewöhnlichen Materialien aus dem Rahmen fallen. Hier ist es tatsächlich Pappe, die, in Querschichten verleimt, ihre erstaunliche Stabilität erlangt. Das Prinzip des Freischwingers wird zu einer launig verspielten Serpentinenverschlingung. Zweifellos ein Möbel von großem gestalterischen Witz und Charakter. Bei aller formalen Kühnheit hat der Stuhl aber nichts mit bloßen Designmätzchen zu tun. Seinem Erfolg als Möbeldesigner steht Gehry nicht nur positiv gegenüber. Einmal ließ er die Produktion eines sehr erfolgreichen Kartonstuhls sogar stoppen, weil er fürchtete, sie könne seinem Ansehen als Architekt schaden.

Objektname Kartonstuhl Wiggle Side Chair
Entstehungsjahr 1969/70
Designer Frank Gehry
Material Ca. 60 verleimte Lagen Wellpappe, Abschlußkante aus Hartfaserplatte
Maße/cm H 82 / B 36,5 / T 61 / SH 43
Firma Vitra
Preis Ca. 800 DM (Auflage 100 Stück)
Motto Sitzskulptur aus Pappe

STÜHLE Sitzmöbel

Der Stuhl ist ein Vorläufer des High-Tech, jener spröden Ästhetik zu Beginn der 80er Jahre, in denen industriell vorgeformte Teile ihre kühle, serielle Ornamentik, ihre klaren schlichten Formen und ihre frappierende Konstruktion ungeschminkt entfalten durften. Spötter merken allerdings an, daß der High-Tech überraschenderweise im traditionsbewußten England dominiert, wo Modernität die Kultur nicht prägt, sondern eher als vereinzelte stilistische Geste zelebriert wird. Wie auch immer, der omk-stack ist ein Wurf, der an das Design der Stahlrohrmöbel anknüpft, sie nun aber mit beschichtetem Stahlblech, das hier als tragendes Element eingesetzt ist, verbindet. Das gelochte Blech, leicht und stabil, stammt aus der Fahrzeugindustrie. Der Stuhl hat den Vorteil der Stapelbarkeit und des geringen Gewichts. Darüber hinaus läßt er sich dank des ausgesparten Griffs in der Rückenlehne auch mit einer Hand leicht tragen.

Objektname omk-stack
Entstehungsjahr 1971
Designer Rondey Kinsman
Material Verchromtes Stahlrohr und lackierter oder kunststoffbeschichteter Preßstahl
Maße/cm H 73 / B 53 / T 50 / SH 42
Firma Bieffeplast
Preis Ca. 200 DM
Motto Vorläufer des High-Tech

Objektname Seconda
Entstehungsjahr 1982
Designer Mario Botta
Material Lackiertes Stahlrohr und gelochtes Stahlblech, Rückenlehnen weiches Polyurethan
Maße/cm H 72 / B 52 / T 58 / SH 43
Firma Alias
Preis Ca. 900 DM
Motto Entschieden gestaltet

Obwohl der Bezug des Seconda zu den Stahlrohr-Klassikern der 20er und 30er Jahre unleugbar ist, sind die stilistischen Unterschiede doch ebenso unübersehbar. Während dort die neuen Materialien der Natur des Materials entsprechend fast naiv eingesetzt wurden, herrscht hier zurückhaltender und dennoch beherrschender Gestaltungswille, der sich in spröden, aber scharf gezogenen Formen und klirrenden Kontrasten artikuliert. Dünnes Gestänge aus quadratischem Stahlrohr schneidet flankierend einen Würfel aus dem Raum. Durch runde Stäbe wird der Sitzbereich ausgezeichnet. Dabei ist die große, dunkle Rückenrolle als einfacher, klarer Kontrast gegen das eckige Gestell gesetzt. Dünn gegen dick, hell gegen dunkel, eckig gegen rund, senkrecht und waagrecht gegen diagonal: Es findet sich hier nicht ein formreduzierender Geist, sondern einer, der sich mit klaren Gegensätzen der einzelnen Gestaltungselemente vom Stylingeinheitsbrei absetzt und zu einer unübersehbaren und bewußten Geste zurückfindet. Botta versteckt sich nicht hinter Material und Funktion, sondern unterwirft diese seinem spröden, mit einfachen Formen und Kontrasten operierenden, bestechend klaren Formwillen.

Sitzmöbel STÜHLE

Objektname Quinta
Entstehungsjahr 1985
Designer Mario Botta
Material Lackiertes Stahlrohrgestell mit gestanzter Stahlblechlehne
Maße/cm H 92 / B 45 / T 55
Firma Alias
Preis Ca. 650 DM
Motto Etüde in Stahl

Wie der Seconda ist der Quinta als eine überraschende, eigenwillige Formstudie bemerkenswert. Hier unterwirft sich der Designer nicht der Funktion oder dem Herstellungsverfahren, sondern er spielt mit beidem. Die Stühle atmen den Geist der technischen Virtuosität, der bestechende Effekte abgewonnen werden. Hier herrschen eine dem Japanischen verwandte Mentalität, eine Art technischer Meditation, eine formale Stilisierung und ein Zelebrieren elementarer Verrichtungen — wie dem Sitzen. Dies sind keine Stühle zum Herumlümmeln, sondern Sitzgelegenheiten, die auf sich selbst verweisen und Haltung verlangen. In gewisser Weise ist in dem Quinta das Prinzip des Freischwingers, das auf der Elastizität von Federstahl beruht, raffiniert weiterentwickelt worden. Im Gegensatz zum Geist des Bauhauses herrscht hier ein weniger elementarer Zugang zur Technik. Es sind Objekte, die von ihrer Ausstrahlung her mit hochtechnologischen Geräten „kompatibel" sind. Gerade der Quinta, der eine bekannte Reihe von Stuhlentwürfen abschließt (vgl. Seconda, oben), ist sozusagen ein Rasserennpferd unter den High-Tech-Entwürfen und von einer hochsensiblen, fast nervösen Ausstrahlung.

STÜHLE Sitzmöbel

Der Stuhl First gilt als einer der Klassiker der Memphis-Kollektion, die im Jahr 1981 auf Anhieb internationales Aufsehen erregte und das Möbeldesign auf den Kopf stellte. Es handelt sich hier um den Ausbruch aus dem streng gewordenen Raster der Moderne, seiner technokratischen Rigidität und Anonymität – ein Zeichen der Spielfreude, der kindlichen, sich an „primitiven" Stilformen inspirierenden Formenwelt. Dabei wird mit einfachen Formen variiert, mit Scheiben, Stangen, Reifen und Kugeln. So verwandelt sich ein funktionalistischer Hocker durch Anfügung eines großen Reifens mit einer anmontierten Scheibenform und zwei schwarzen Kugeln als Armstütze(!) in ein totemistisches Wunderwerk, in dem man zudem auch halbwegs bequem sitzen kann. Aber Sitzen ist ja nicht nur etwas für das Sitzfleisch, man sitzt auch mit dem Gefühl, mit der inneren Einstellung und Haltung. Hier fühlt man sich wie ein Inkahäuptling oder ein afrikanischer Zauberer, und als ein solcher sitzt man natürlich ganz anders als ein genormter, ergonometrisch durchleuchteter Großstädter in seiner funktionalistischen Lösung. Michele de Lucchi gehört zu den schillerndsten und herausragendsten Designern Italiens der letzten Jahrzehnte. Dabei arbeitet er wie viele seiner Designerkollegen nicht nur als Entwerfer von Möbeln und Lampen, sondern ist auch als Architekt tätig. Noch während seines Studiums gründete er die Gruppe „Cavert", mit der er im Bereich der experimentellen Architektur internationales Aufsehen erregte. Als Assistent von Adolfo Natalini wurde er Mitglied der legendären Vereinigungen „Alchemia" und „Memphis"; in diesen Zusammenhängen entstand der Stuhl First. Auch mit der Lampe Tolomeo, die er zusammen mit Giancarlo Fassina entwarf (siehe Seite 164), kreierte er einen Klassiker. Anfang der 80er Jahre bedeutete die Memphis-Kollektion im Design einen wahren Ausbruch aus der Umklammerung der Formenreduktion, wie sie z. B. etwa von der Ulmer Hochschule für Gestaltung vertreten worden war. Sie läutete ein Jahrzehnt des verrückten Designs, der kindlich ausgelassenen Formspielereien und des „anything goes" ein. Heute ist dies bereits wieder selbst Geschichte.

Objektname Stuhl First
Entstehungsjahr 1983
Designer Michele de Lucchi
Material Farbig lackiertes Metall und Holz
Maße/cm H 90 / B 59 / T 50
Firma Memphis
Preis Ca. 660 DM
Motto Ausbruch aus dem Raster

Objektname Armlehnstuhl Costes
Entstehungsjahr 1982
Designer Philippe Starck
Material Schwarz lackierter Stahlrahmen, Sitzschale aus schwarz oder braun lackiertem Mahagoni
Maße/cm H 80 / B 47,4 / T 55 / SH 47
Firma Driade
Preis Ca. 820 DM
Motto Weite Sprünge mit drei Beinen

Philippe Starck ist der Star der internationalen Designergarde, einer, über den viel geschrieben und mit dessen Namen viel geworben wird. Sein Stuhl Costes ist international ein echter Renner und wird sowohl in Europa als auch in Japan und den USA gekauft. Der Stil ist minimalistisch, funktionalistisch und repräsentativ zugleich, formreduziert und elegant, ohne unbequem zu sein. Im Gegensatz zum strengen Funktionalismus wird hier eine heterogene, von manchen vielleicht als eklektizistisch empfundene Formensprache gesprochen, in der sich gegensätzliche Einflüsse verbinden: Pointierung und Reichtum zugleich. Daß die drei Beine natürlich nicht das Optimum an Stabilität bieten und der Sitzkomfort nicht mit dem Lounge Chair von Eames konkurrieren kann, ist selbstverständlich. Der Stuhl wurde ursprünglich für das Restaurant „Costes" neben dem Centre Pompidou in Paris konzipiert, und Starck wollte einfach ein Stuhlbein weniger produzieren, über das Kellner zu stolpern pflegen.

Sitzmöbel STÜHLE

Objektname Metallstuhl von Vogelsang (aus der Serie Aleph Ubik)
Entstehungsjahr 1984
Designer Philippe Starck
Material Silbergrau lackiertes Stahlrohr und Stahlblech
Maße/cm H 71,5 / B 54 / T 45,5 / SH 43
Firma Driade
Preis Ca. 600 DM
Motto Sitzen ist eine Frage der Phantasie

Starck spielt hier mit dem Motiv des Freischwingers, indem er nicht nur die Sitzfläche, sondern auch die Lehne „frei" schwingen läßt — eine launige Erfindung, wie sie für Philippe Starck typisch ist. Daß es sich hier nicht um Bequemlichkeit, sondern vielmehr um eine kontrastreiche, einfache skulpturale Idee handelt, auf der man auch sitzen kann, deutet nachdrücklich die spartanische Konzeption der Rückenlehne an. Der Stuhl wirkt aufreizend unfertig und unausgewogen, ja verdreht. Die Lehne verhindert, daß man sich in umgedrehter Richtung auf ihn setzt. Die seriöse Ernsthaftigkeit der Stahlrohrpioniere wird als Arabeske und Stilübung geradezu in ihr schieres Gegenteil verwandelt, das eifernde funktionalistische Bekennertum auf die Schippe genommen und spielerisch parodiert.

Im Gegensatz zu den Klassikern der 30er Jahre, bei denen die Möbel in ein relativ einheitliches Strukturraster eingefügt wurden, setzt Starck hier, wie viele seiner Generationsgenossen, auf kontrastreiche Formen, deren Spannung dem Hocker seinen spezifischen Reiz verleiht. Dem betont kubischen und in der Sitzfläche rechtwinklig gerasterten Gestell wird eine fragile, biegsame Lehnenkonstruktion entgegengesetzt, die ganz auf Rundbogenformen aufgebaut ist. Gleichsam als I-Tüpfelchen wachsen am Stuhlvorderbein noch zwei „Äste" heraus, die den Gegensatz von grafisch-formaler Finesse und funktionaler Rhetorik um eine überraschende Variante bereichern. Starck verkörpert wie kaum ein anderer das Design der 80er Jahre, in dem sich der elementare Einfall sozusagen in Sektlaune präsentiert und zu einem verwegenen Spiel von Einfachheit und Raffinement entwickelt (um sich am Ende in Übertreibung oder Ernüchterung wiederzufinden).

Objektname Hocker Sarapis
Entstehungsjahr 1985
Designer Philippe Starck
Material Quadratisches Profilstahlgestell mit Drahtgittersitzfläche, dunkelgrau metallic lackiert
Maße/cm H 85,5 / B 35 / T 45,5 / SH 62
Firma Driade
Preis Ca. 600 DM
Motto Es lebe der Gegensatz

STÜHLE Sitzmöbel

Das elegante Stück kombiniert in raffinierter Weise Minimalismus mit Memphis, Formreduktion mit barockem Linienschwung, Funktionalität mit elegischer formaler Geste. Auch hier wird die geometrische Strenge aufgebrochen und das Motiv der vereinten Gegensätze gespielt. Starcks Möbel wirken überraschend unkonventionell und witzig, bei aller formalen Strenge und Zurückhaltung frech und herausfordernd. Diese undogmatisch-spielerische Attitüde ist mit Sicherheit die Grundlage und das Geheimnis seines Erfolgs. Bei aller Reduktion der Form und aller Sparsamkeit der eingesetzten Mittel wird der Gegensatz zur beherrschenden und konsequent durchgehaltenen formalen Struktur, die ihre Bewährungsprobe vor der härtesten Richterin, die es gibt, allerdings noch zu bestehen hat: vor der Zeit. Mit Sicherheit werden Möbel von Starck im nächsten Jahrtausend einmal zu den begehrtesten Sammlerobjekten gehören.

Objektname Lola Mundo
Entstehungsjahr Entwurf 1986
Designer Philippe Starck (Tisch und Stuhl)
Material Zusammenklappbare Beine aus poliertem Aluminium, Sitzfläche bzw. Tischplatte aus schwarz gebeiztem Eschenholz, Stollen aus pinkfarbenem Gummi
Maße/cm H 84,5 bzw. 48,5 / B 33,5 / T 53 / SH 46
Firma Driade
Preis Ca. 2100 DM
Motto Ein „starckes" Stück

Sitzmöbel STÜHLE

Objektname S. Chair
Entstehungsjahr 1988
Designer Tom Dixon
Material Eisenrahmen mit Geflecht aus Sumpfstroh, Wigger oder einer Bespannung aus Tuch oder Leder
Maße/cm H 100 / B 52 / T 42
Firma Cappellini
Preis Ab ca. 1600 DM
Motto Neues Flechtwerk

Gewissermaßen als Kontrastprogramm zu der kühlen Verfeinerung und eisigen Ästhetik des High-Tech wenden sich Anfang der 90er die Designer wieder stärker natürlichen Materialien und urtümlichen Formen zu. Das urige, für laute Rockmusik, rüpelhaften Punk und exzentrische Spinner bekannte England bringt kraftvolle Designer hervor, deren Kreationen von mittelständischen italienischen Firmen gefertigt werden. Flechtwerk, lange Zeit bei jungen Designern mega-out, wird als Material wiederentdeckt und zu Formen einer Art Neo-Fifty verarbeitet. S. Chair interpretiert das Stuhlthema des 20. Jahrhunderts, den Freischwinger, auf eine eigene, nichttechnizistische Weise, stellt ihn auf eine runde Ringbasis und macht aus dem Stuhl eine skulpturhafte Arabeske. Die Form ergibt sich weniger aus der Funktion, sondern die Funktion, das Sitzen, unterwirft sich einem formalen Einfall, ist Teil einer stilisierten Welt, die zwischen Natur und Kultur wieder zu unterscheiden gelernt hat. Die 80er Jahre waren, darin sind sie durchaus vergleichbar mit den „wilden 20ern", ein Jahrzehnt der demonstrativen und in der Breite konsumierten Stilisierung, und es ist kein Wunder, daß in diesem Jahrzehnt das Art deco wiederentdeckt und neu belebt wurde. Doch wie in den 20er Jahren, den Zeiten der exaltierten Übersteigerung und des „anything goes", folgte auch in den 80ern auf die Party der Kater, auf die Exaltiertheit die Ernüchterung. Die Formen wurden strenger, spröder und „natürlicher".

Alvar Aaltos dreibeiniger Hocker ist eines jener Möbel, die nicht nur als Einzelstück, sondern auch gestapelt so gut aussehen, daß man sie meistens in dieser Weise abbildet. Da die Biegung der Beine gerade um ihre Dicke gegenüber der Sitzplatte übersteht, lassen sie sich bequem und fast beliebig hoch aufeinandertürmen, wobei die nebeneinandergereihten Beine – immer eins nach dem anderen um die Dicke der Sitzkonstruktion nach oben versetzt – einen interessanten Spiraleffekt ergeben. Die gleiche Idee hat der französische Künstler Armand in den 60er Jahren in seinen „Akkumulationen" wiederaufgegriffen und Serienteile zu bizarren Gebilden gestapelt. Während sich darüber die Kunstkritiker in hochgestochenen Theorien ergingen, war und ist Aaltos Hocker ein ideales Sitzgerät auch für Mehrzweckräume, in denen häufig umgeräumt werden muß. So entstand der Hocker ursprünglich zur Ausstattung der Bibliothek von Viipuri – genauso wie der Stuhl Modell 68 auf Seite 34.

Objektname Dreibeiniger Hocker Modell 60
Entstehungsjahr 1930–33
Designer Alvar Aalto
Material Birke natur
Maße/cm H 44 / D 35
Firma Artek
Preis Ab ca. 200 DM
Motto Gestapelt sieht er besonders schön aus

HOCKER Sitzmöbel

Alvar Aaltos Hocker, der zu seinen berühmtesten und erfolgreichsten Möbelstücken gehört, ist ein Manifest der gebogenen, weichen, „organischen" Form. Diese verstand sich als Antwort gegen die Tyrannei des rechten Winkels. Mit dem Material griff man wieder auf den natürlichen Stoff Holz zurück als Gegenpol zu den modernen Materialien Glas und Stahl. Zugleich aber beinhaltet dieser Hocker eine uneingeschränkte Zustimmung zur Moderne, der Vereinfachung der Form, der Abkehr vom Historismus und vom Ornament. Dabei wird allerdings die Vorstellung von Ornament nicht allzu eng gesehen, denn natürlich kann man in den fächerartig ausgeformten Übergängen der Stuhlbeine zur Sitzfläche Reminiszenzen an den Jugendstil und ornamentale Formen sehen, wie ja auch die Maserung und Oberflächenstruktur des Holzes im Sinne einer visuellen Auflockerung benutzt werden. Und der Hocker strahlt immer noch ein gediegenes handwerkliches Können aus, er ist kein Fließbandprodukt.

Objektname Hocker 600
Entstehungsjahr 1954
Designer Alvar Aalto
Material Birkengestell und furnierter Sitz aus Esche
Maße/cm H 44 / D 38
Firma Artek
Preis Ca. 950 DM
Motto Der Jugendstil läßt grüßen

Objektname Bar Stool No 1
Entstehungsjahr 1927
Designer Eileen Gray
Material Schwarz oder weiß lackierter Aluminiumfuß, schwarzer, weißer oder roter Polsterbezug aus Leder
Maße/cm H 70–85, verstellbar / D 30 bzw. 38
Firma ClassiCon
Preis Ca. 2000 DM
Motto Spartanisch einfach

Je einfacher Gegenstände sind, um so wichtiger werden gestalterische Details, Material, die Proportionen und der unmittelbare Gesamteindruck. Bei Eileen Gray ist alles auf das sorgfältigste durchdacht und abgewogen, dabei zugleich einfallsreich und originell. Filigrane Details wie das konzentrische Kreispaar in Polster und Fuß stehen gegen die spartanisch einfache Gesamtkonzeption, die sich nur auf Rotationsformen beschränkt, abgesehen von den sechseckigen Einfassung des Stahlrohrendes. Gerade bei solchen Entwürfen ist die Qualität der Verarbeitung von besonderer Bedeutung. Eileen Gray hat es wie keine andere verstanden, in der Einfachheit und formalen Reduktion Eleganz und Anmut zu erzeugen. Einfachheit war für sie kein Dogma, Reduktion kein Selbstzweck. Das macht ihre Entwürfe zwar nicht undatierbar, aber zeitlos. Sie halten den schmalen Grat zwischen Einfachheit und Dekor, zwischen Elementarität und Komplexität.

Sitzmöbel HOCKER

Objektname Drehhocker LC 8
Entstehungsjahr 1928
Designer Le Corbusier (und Team)
Material Verchromtes oder lackiertes Stahlgestell, Polsterbezug Stoff oder Leder
Maße/cm H 50 / D 47
Firma Cassina
Preis Ab ca. 1000 DM
Motto Zeichenhafter Charakter

Der kleine Bruder des Drehstuhls. Auch hier ein frappierend einfaches Prinzip: vier gebogene Stahlrohrbeine, die in der Mitte an einer Drehsäule zusammenlaufen. Das Gebilde hat etwas Tierartiges, eine Physiognomie. Es ist das besondere Talent von Corbusier und seinen Mitarbeitern, daß sie ihren Entwürfen einen jeweils sehr ausgeprägten, starken Charakter mitzugeben wußten, so daß keine Möbel entstanden, die sich verstecken oder unsichtbar machen, sondern die kraftvoll und charaktervoll dem Raum ihre Eigenart aufprägen. Heute ist das Prinzip des Drehhockers weit verbreitet. Überwiegend hat sich dabei die von Charles Eames in seinem Alu Chair EA 107 (siehe Seite 39) entwickelte, weit flacher gelagerte Sternform durchgesetzt. Aus Sicherheitsgründen wird heute das fünfzackige Standkreuz bevorzugt. Die Kippgefahr ist hier doch relativ hoch. Der LC 7 (siehe Seite 61) weist den gleichen Unterbau auf wie der LC 8, ist aber um eine elegante Lehnenkonstruktion erweitert, die aus halbkreisförmigen, wulstförmig gepolsterten Stahlrohrbögen besteht. Die Konstruktion wirkt monumental und leicht zugleich.

Eine einfache Konstruktion, in der auf zwei U-förmige Stahlrohrstücke eine querverbundene Stahlrohrstrebe aufgesteckt ist, über die dann ein Tuch gespannt wird. Zwei schmalere Streifen unten bieten eine weitere Stabilisierung. Durch die gekonnt gesetzten Proportionen und formalen Beziehungen ist dieser einfache Aufbau ästhetisch reich und komplex. Der Hocker wurde zum ersten Mal im Bad, das Le Corbusier und sein Team einrichteten, auf dem Pariser Herbstsalon 1929 öffentlich ausgestellt. Im gleichen Jahr war in Frankreich die „Union des Artistes Modernes" (UAM), eine Gruppe von Künstlern, gegründet worden, die gegen den traditionsverhafteten, in ihren Augen rückwärtsgewandten Stil opponierten, der noch die große Weltausstellung der angewandten Künste beherrscht hatte. Man plädierte für eine an den Idealen des deutschen Werkbundes und des Bauhauses orientierte, sachliche, von allem überflüssigen Ornament gereinigte Gestaltung, die auf moderne Formgebung und Materialien abheben sollte, zu dieser Zeit aber noch auf heftige Gegenwehr stieß.

Objektname Hocker LC 9
Entstehungsjahr 1929
Designer Le Corbusier (und Team)
Material Verchromtes Stahlrohrgestell mit Frottierstoffbespannung
Maße/cm H 45 / B 50 / T 36
Firma Cassina
Preis Ab ca. 550 DM
Motto Spannungsvolle Konstruktion

HOCKER Sitzmöbel

Der Ulmer Hocker ist untrennbar mit der 1951 gegründeten Hochschule für Gestaltung in Ulm verknüpft, die als Nachfolger des Bauhauses geplant war. Die Schule war zeit ihres Bestehens von Geldproblemen geplagt; an aufwendige Ausstattung war da nicht zu denken. Der Hocker war eine vielseitig verwendbare Alternative — man konnte ihn zum Sitzen in zwei Höhen, als Arbeitstischchen oder als Transportbehälter benutzen. Das spartanische Konzept und die einfache Herstellung waren weniger funktional als vielmehr als Manifest gedacht, in dem ein ganzes Glaubensbekenntnis zum Ausdruck kam: Es war die Zeit, in der alles der gerasterten Rechteckform geopfert wurde. Der Geist der Schule war strikt „rationalistisch", „wissenschaftlich" und „funktionalistisch". Alles wurde verdammt, was mit Gefühl, künstlerischer Gestaltung oder gar mit Ausdruck zu tun hatte. Selbst die Kunst wollte man damals mathematisch berechnen!

Objektname Ulmer Hocker
Entstehungsjahr 1950
Designer Max Bill, Hans Gugelot, Paul Hildinger
Material Birkensperrholz, natur oder schwarz
Maße/cm H 45 / B 40 / T 28,5
Firma Zanotta
Preis Ab ca. 650 DM
Motto Ein Hocker als Manifest

Objektname Hocker 3170
Entstehungsjahr 1953
Designer Arne Jacobsen
Material Verchromtes Stahlrohrgestell mit schichtverleimtem, formgepreßtem Furnierholz
Maße/cm H 44 / D 34
Firma Fritz Hansen
Preis Ab ca. 250 DM
Motto Schlicht und lapidar

Charles Eames hatte mit der Verbindung von formgepreßtem Schichtholz und Stahlrohrgestell angefangen, und wie letztendlich jede gute Idee setzte sich auch diese allgemein durch. Das Formgefühl der 50er verlangte offensichtlich nach der Verbindung von einfachen, weich geformten Flächen und grafischem Gestänge. Durch die ausgestellten Beine ist der Hocker gut stapelbar. Es gibt auch Varianten mit höherem dreibeinigen Gestell und einen Vierbeiner mit der Andeutung einer Rückenlehne. Es ist typisch für Arne Jacobsens Formauffassung im besonderen und das skandinavische Design der 50er Jahre im allgemeinen, daß der formale und materielle Gegensatz der Stuhlbeine aus Stahlrohr und der Sitzfläche aus Schichtholz nicht noch zusätzlich betont und inszeniert wird, wie dies in den 20er Jahren üblich war, sondern daß beide die gleiche weich fließende und „uneckige" Ausstrahlung besitzen. Die Härte des ungepolsterten Materials wird so in einer weichen Formgebung optisch aufgefangen.

Sitzmöbel HOCKER

Objektname Mezzadro
Entstehungsjahr 1959
Designer Castiglioni-Brüder
Material Buchenholz, verchromte Stahlstange, verchromter oder lackierter Metallsitz
Maße/cm H 51 / B 49 / T 51
Firma Zanotta
Preis Ca. 500 DM
Motto Duchamp läßt grüßen

Die Castiglioni-Brüder sind vor allem für ihre spielerischen und erfindungsreichen Designentwürfe bekannt und waren schon immer für eine Überraschung gut. Im Mezzadro wird eine Methode des 20. Jahrhunderts benutzt, die mit dem Namen Marcel Duchamp verbunden wird. Duchamp ist in die Kunstgeschichte eingegangen, indem er Fundstücke des täglichen Bedarfs, etwa einen Flaschentrockner, eine Schneeschaufel oder ein Pissoir, als „Ready-mades" arrangierte und als Kunst ausstellte. Auch der Traktorsitz und die Flügelschraube, die die Castiglionis beim Mezzadro benutzen, sind solche „Fundstücke". Sie sind mit einem eleganten, verchromten Federstahlwinkel und einem Stück Buchenholz zu einem witzigen, charaktervollen und dabei sogar praktischen Möbel im typischen Stil der 50er Jahre umfunktioniert worden. Ein vergleichbarer Hocker ist der von den Brüdern entworfene Sella, bei dem ein Fahrradsitz durch eine Stange mit einer unten abgerundeten Basis verbunden ist, die eine stehaufmännchenartige Beweglichkeit ermöglicht.

HOCKER Sitzmöbel

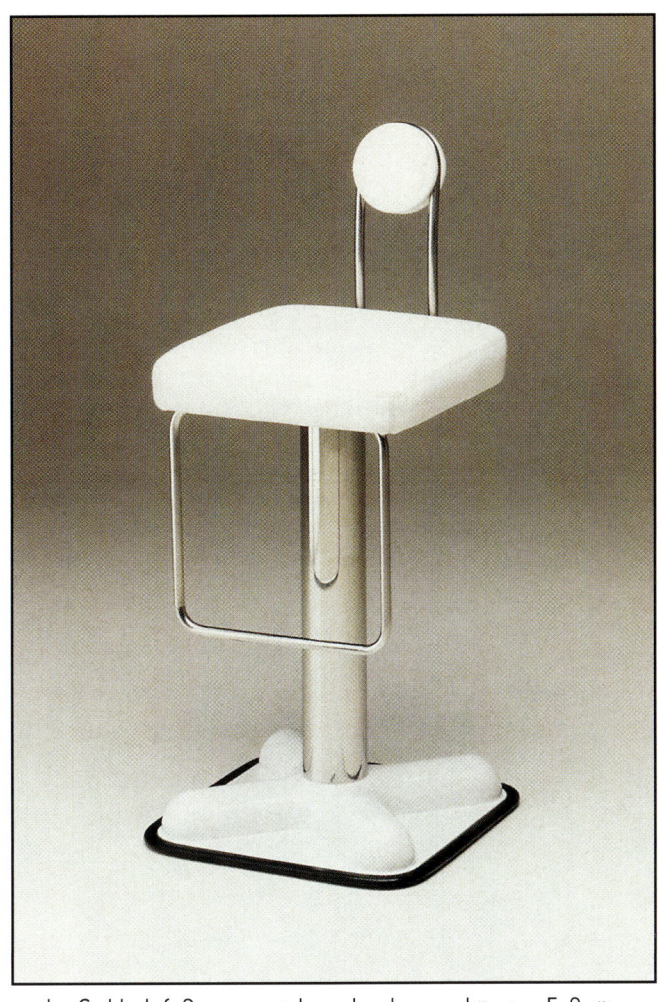

Der Birillo atmet in jedem Detail den Geist der ausgehenden 60er und beginnenden 70er Jahre. In seinem von technischen Materialien geprägten Erscheinungsbild gibt er sich betont futuristisch. Die Formen sind nicht ausschließlich funktional, sondern von einem spezifischen Styling durchdrungen, einer Eigenwilligkeit der Form, die vorwiegend auf rechteckigen Elementen beruht. Diese sind allerdings in typischer Weise an den Ecken stark abgerundet und erzeugen so einen geradezu bizarren Gegensatz zwischen künstlich und organisch, technisch und wohnlich, der in einer entsprechend kräftigen Farbgebung – je nach Modell – meist noch auf die Spitze getrieben wird. Durch seine gestalterische Qualität und seine witzigen Einfälle – wie der runden Rückenlehne, die in etwa dem Durchmesser des Stahlrohrfußes entspricht, oder der angehängten Fußstütze – ragt der Birillo weit aus dem modischen, schrillen Pril-Blumen-Styling seiner Zeit heraus und ist auch heute noch faszinierend. Doch abgesehen von der gestalterischen Qualität der Arbeiten des leider viel zu früh verstorbenen Joe Colomo wirken die meisten futuristischen Entwürfe und Einrichtungen der 60er Jahre heute merkwürdig überspannt und antiquiert. Sie sind, wie sonst wohl nur noch die Möbel des Jugendstils, zu dem auch formal durchaus Übereinstimmungen bestehen, bis in die letzte Chemiefaser mit Zeitgeist förmlich durchtränkt. Die Abkehr von traditionellen Formen, die betonte Hinwendung zum Hier und Jetzt erzeugten im Bereich der Möbel nur wenig Klassisches, was ja auch gar nicht den Intentionen entsprochen hätte. Im Bereich der Möbel blieben die 60er und 70er Jahre weitgehend Episode und sind auch heute noch unter dem Aspekt des Kultes abzuhaken. Interessant ist demgegenüber, daß im Bereich der Popmusik in ebendiesen Jahren die wirklichen Klassiker entstanden. Aber Möbel und Popsongs sind eben durchaus verschieden und gehorchen nicht den gleichen Gesetzmäßigkeiten. Colombos Entwürfe ragen insofern aus dieser Zeit heraus, da sie eigenständige Kompositionen sind, die dem neuen Material Kunststoff auch neue Formen gaben.

Objektname Birillo
Entstehungsjahr 1971
Designer Joe Colombo
Material Fieberglasfuß, Stahlgestell und Leder- bzw. Vistrampolster
Maße/cm H 107 / B 47 / T 47 / SH 77
Firma Zanotta
Preis Ca. 1900 DM
Motto Futuristische Antiquität

Der Sessel ist der große Bruder des Stuhls: Während er etwas Festliches und Feierliches ausstrahlt, verrichtet jener die Alltagsarbeit. Ein Stuhl ist sozusagen das dürre Gerüst des Sitzens, der Sessel seine voluminöse Inszenierung. Nicht zufällig ist der Sessel ein Abkömmling des Throns. Es gibt Sessel, die der Repräsentation, und Sessel, die eher der Bequemlichkeit und der Muße dienen.

Die früheren Sessel waren breitere, gepolsterte Lehnstühle, aber sie legten kein besonderes Sitzen nahe. Moderne Sessel sind meist wesentlich tiefer gelagert als Stühle, und man versinkt förmlich in ihnen. Hat man sich erst einmal niedergelassen, fällt es schwer, sich wieder zu erheben. Während Stühle eher eine grafisch-konstruktive Aufgabe darstellen, arbeiten Sessel oft mit Volumen und Raum. Nicht wenige moderne Sessel erinnern an Skulpturen, auf denen man auch sitzen kann.

Die Bandbreite der Sesselformen ist besonders groß. Es gibt solche, die kaum anders als Stühle wie spartanische Gestelle anmuten, und solche, die einen in tiefe Polster betten. Es gibt solche, in denen man in einer Ei- oder Kugelform eingehüllt wird, und solche aus zusammengeklebtem Karton. Einige Sessel haben den engen Rahmen des Design- und Möbelmetiers übersprungen und sich sogar in der Kunstgeschichte etabliert.

Die Erfindung des Schaumstoffs nach dem Krieg ermöglichte den Sesselbauern neue Gestaltungsdimensionen. Auch verwegene Klappmechanismen erzielten spektakuläre Erfolge. In letzter Zeit jedoch ist eine Rückkehr zu traditionelleren Sesselformen feststellbar. Skurrile Ausnahme ist der nebenstehende Sessel Well Tempered Chair von Ron Arad aus dem Jahr 1986/87. Er besteht nur aus gefedertem Stahl.

SESSEL Sitzmöbel

Sitzmöbel SESSEL

Objektname Willow 1
Entstehungsjahr 1904
Designer Charles R. Mackintosh
Material Schwarz gebeizte Esche, grüner oder beiger Sitzkissenbezug
Maße/cm H 119 / B 94 / T 41 / SH 39,5
Preis Ab ca. 5000 DM
Firma Cassina
Motto Ein stilisierter Baum

Der schottische Architekt und Designer Charles R. Mackintosh war ein Pionier des streng geometrisierenden Jugendstils, der später in das Art deco mündete. Er war es gewesen, der bei seinem Besuch in Wien den entscheidenden Anstoß zu dem „Quadratlstil" von Josef Hoffmann und der Wiener Werkstätte gegeben hatte. Man blieb dem Prinzip des Jugendstils, keine historisierenden Vorbilder nachzuahmen oder nur zu dulden, treu. Aber man wandte sich ab von den verschlungenen Linien und Arabesken, die auch im Möbelbau abstruse Formen angenommen und das spröde Holz zum Tanzen gebracht hatten. Das ornamentale Motiv der Rückenlehne bei Willow 1 besteht lediglich aus sich durchdringenden senkrechten und waagrechten Streifen, die eine einfache Dreieckform ausbilden. Daß es sich hier um einen stilisierten Baum handelt, kann man allenfalls ahnen. Insgesamt zeigt der Sessel schon deutlich die strengen Züge der Moderne und ist vor allem in jüngerer Zeit, die sich von der völligen Ornamentlosigkeit des Internationalen Stils verabschiedet hat, wiederentdeckt worden. Gegenüber dem floralen und botanisch ausgerichteten Geist des frühen Jugendstils ist der Stil von Mackintosh, trotz des botanischen Motivs des Baumes, durchaus architektonisch ausgerichtet. Statt der übersteigerten weiblichen Komponente ist er eher männlich gepolt und weist statt des jugendlich übersteigerten Irrationalismus auf den Geist des spröden, mehr rationalen Funktionalismus voraus.

Der Stuhl ist luftig und leicht, einfach und zurückhaltend – und dabei doch auffällig, anspruchsvoll und sehr elegant. Mit wenigen Mitteln, die jedoch pointiert eingesetzt werden, schafft es Hoffmann, nicht nur eine strenge, konsequent logische Form zu schaffen, sondern zugleich etwas höchst Dekoratives, wobei Kubus und parallele Streifen als Grundmotiv herangezogen werden. Quadratisch ist der Stuhl selbst, ein nach drei Seiten offener und mit weißen Lamellen verstrebter Kubus, in dessen Mitte die Sitzfläche durch ihre schrille Quadrierung wie mit einem Paukenschlag den wichtigsten Teil der Sitzfläche betont. Während die Seitenflächen nur gestreift sind, werden hier die Streifen überkreuzt und zu einem Schachbrettmuster übersteigert. Von den weißen Lamellen der Seiten- und Rückenumrahmung über das schwarzweiß gestreifte Kissen zu der karierten Sitzfläche finden wir eine folgerichtige, ebenso extravagante wie stilvolle Steigerung.

Objektname Purkersdorf-Stuhl
Entstehungsjahr 1903
Designer Josef Hoffmann
Material Holz mit weißem Schleiflack, Sitzfläche aus Gurten
Maße/cm H 70 / B 61 / T 61 / SH 42
Firma Wittmann
Preis Ca. 2500 DM bzw. 1500 DM (nur Holzgestell)
Motto Schönheit im Quadrat

SESSEL Sitzmöbel

Ein Kubus aus Leder, in dem alle Oberflächen – ganz gleich, ob außen oder innen – mit einem würfelförmigen Muster überzogen sind. Die an den Rändern eingezogenen, in der Mitte gewölbten Quadrate erinnern den Betrachter unwillkürlich an ein ins Dreidimensionale erweitertes Kopfsteinpflaster. Dabei ist das Design nicht nur ein Gag – die auffällige Struktur ergibt sich ganz logisch und materialgerecht aus den Verarbeitungsanforderungen des Leders. Im Gegensatz zu den alten englischen Ledersofas aber überträgt Hoffmann die quadratische Struktur der einzelnen genähten Felder auf die Gesamtstruktur des Sessels, stellt große und kleine Form in einen unmittelbaren Bezug, ohne daraus eine zwanghafte Manie zu machen. Denn neben dem Kubischen regiert – völlig zwanglos, weil durch die Materialeigenschaften bedingt – das Gewölbte, Runde, das nicht nur in den einzelnen Wölbungen der Lederkompartimente, sondern auch in den hölzernen Halbkugeln, auf denen der Sessel aufruht, zum Tragen kommt.

Objektname Fauteuil Kubus
Entstehungsjahr Um 1910
Designer Josef Hoffmann
Material Füße aus schwarz gebeiztem Buchenholz, Leder- oder andere Bezüge
Maße/cm H 72 / B 93 / T 73 / SH 44
Firma Wittmann
Preis Ab ca. 6400 DM
Motto Der genoppte Lederwürfel

Objektname Fauteuil Haus Koller
Entstehungsjahr 1912
Designer Josef Hoffmann
Material Stoffbezug mit heller Zierkordel entlang der Nähte, Füße schwarz gebeiztes Buchenholz
Maße/cm H 92 / B 93 / T 82 / SH 41
Firma Wittmann
Preis Ca. 3450 DM
Motto Ein Traum von Eleganz

Ein Traum von Eleganz und vornehmer Zurückhaltung, ein echter Klassiker. Die Form ist elegant komponiert, die Wandung weich geschwungen, die Rückenlehne effektvoll untergliedert, die Armlehnen enden in angedeuteten Voluten. Die einfachen großen Flächen kontrastieren sehr ausdrucksvoll mit der kleinteiligen, feinen Reihe der hellen Zierkordel. Der Sessel hält die für Josef Hoffmann und die Wiener Werkstätte so typische und unnachahmliche Balance zwischen plastischer Gesamtform und struktureller Untergliederung: Er wirkt einerseits wie aus einem Guß, andererseits aus mehreren, einzelnen Formstücken zusammengesetzt. Die Zierkordel betont die Grenzen dieser Formstücke, ist aber andererseits optisch durchlässig genug, um die plastische Einheit des Ganzen nicht zu zerschneiden. Gegenüber anderen Entwürfen Hoffmanns ist am Fauteuil Haus Koller die geschmeidige Verbindung von runden und rechteckigen Formen bemerkenswert.

Sitzmöbel SESSEL

Objektname Sessel Villa Gallia
Entstehungsjahr 1913
Designer Josef Hoffmann
Material Füße schwarz lackiertes Buchenholz, Stoffbezug, markante Kordel
Maße/cm H 77 / B 79 / T 71 / SH 42
Firma Wittmann
Preis Ca. 2800 DM
Motto Für jeden, der sich nicht zwischen Moderne und Tradition entscheiden kann

Einfache, geschwungene Linien und sehr pointierte Formen bestimmen das Erscheinungsbild dieses Sessels. Die Kanten sind mit einer gezähnten schwarzroten Bordüre abgesetzt, die unten herumgeführt wird. Die runde Schalenform der Lehne mündet vorn in eine ausladende Volutenandeutung, die den Pfosten des vorderen Beins verlängert. Gegen das strahlende, ins Kühle spielende Rot sind unten die schwarzen, viereckig nach unten sich verengenden, noch einmal auf Kugeln aufstehenden Beine gesetzt. Der Sessel ist zurückhaltend in der Formgebung, aber nicht ornamentlos. Hoffmann beherrschte noch die Kunst, sein Können sehr zurückhaltend, aber eben doch mit großer Meisterschaft einzusetzen, so daß sich hier formale Strenge und Reichtum, verhaltene ornamentale und plastische Kraft und jene der Wiener Werkstätte vorbehaltene Noblesse zu einem Gesamtbild von einprägsamer stilistischer und dekorativer Wirkung verbinden.

Interessanterweise ist Gerrit Rietvelds Sessel kaum als bequemes Möbel, sondern vielmehr als Kunstwerk berühmt geworden. Man erwartet, ihm weniger in einer Wohnung als vielmehr im Museum zu begegnen. Trotz seines ungewohnten und kantigen Aussehens kann man aber durchaus bequem in ihm sitzen. Zusammengebaut ist er mit den einfachsten Mitteln des Schreinerhandwerks, bei dem schlichte Vierkantleisten ohne komplizierte Verzahnung miteinander verbunden werden. Dabei hält sich der Entwurf streng an die künstlerische Richtlinie der holländischen De-Stijl-Bewegung, der

Objektname Red and Blue
Entstehungsjahr 1918
Designer Gerrit Rietveld
Material Buchenholz schwarz gebeizt bzw. farbig lackiert
Maße/cm H 86,5 / B 65,5 / T 83 / SH 33
Firma Cassina
Preis Ca. 2300 DM
Motto Eine Skulptur zum Sitzen

u. a. auch der Maler Piet Mondrian angehörte. Während der Stuhl selbst bereits 1918 entstand, bekam er seine namengebenden Farben erst einige Jahre später. Der strengen Ausrichtung in Senkrechte, Waagrechte und Schräge (letztere übrigens von Mondrian später strikt abgelehnt) entsprechen die Primärfarben Schwarz, Blau, Rot und Gelb.

SESSEL Sitzmöbel

Gropius war ein bedeutender Architekt und Ehemann Nummer drei der legendären Muse Alma Mahler – nach einem Maler (Kokoschka) und einem Musiker (Mahler) –, aber vor allem ein berühmter Lehrer und Schulleiter. Er war „Mister Bauhaus". Und dieser Sessel ist sozusagen bereits Bauhaus pur – und zwar nicht nur, weil er für das dortige Direktionszimmer entworfen worden war. Geometrie der Form, auf einen exakten Kubus und kubische Detailformen reduziert, nur aus proportionalen Spannungen und geometrischer Konstruktion lebend, dabei zeitlos faszinierend und

Objektname Sessel F 51
Entstehungsjahr 1920
Designer Walter Gropius
Material Esche schwarz gebeizt oder Buche natur, Leder oder Kavaliertuch
Maße/cm H 69 / B 69 / T 69 / SH 42
Firma Tecta
Preis Ab ca. 2200 DM
Motto Bauhaus pur

von einer fast aggressiven Ausdrucksstärke, bequem, repräsentativ, architektonisch. Ein Sessel, der sich in den gebauten stereometrischen Raum einfügt und doch zugleich in ihm behauptet. Der F 51 ist weniger berühmt als etwa der Wassily-Stuhl von Marcel Breuer und deshalb heute in seiner formalen Eigenwilligkeit und Prägnanz auch weniger gewohnt. Demnach hat er eine eigenwillige Extravaganz.

Objektname Sessel mit hochgezogenen Armlehnen
Entstehungsjahr 20er Jahre
Designer Lloyd Loom
Material Papierumwickeltes Eisendrahtgeflecht mit Holzgestell
Maße/cm H 94 / B 80 / T 65 / SH 46
Firma Manufactum, Nr. 24332
Preis Ca. 1300 DM
Eine einfachere Version ohne auskragende Lehne kostet ca. 900 DM
Motto Der klassische Sessel für Ozeandampfer

Aus der De-Luxe-Serie der 20er Jahre: Die Stühle bestehen überwiegend aus Papier! Statt Rattan oder Rohr werden Metalldrähte als tragende Elemente verwendet und mit Papier umwickelt. Diese Drähte haben den Vorteil, daß sie sich viel feiner flechten lassen als andere Materialien und nicht knarzen. Außerdem haben sie sich als außerordentlich haltbar erwiesen. Noch heute findet man viele Originalstühle aus den 30er bis 60er Jahren im Antiquitätenhandel praktisch tadellos erhalten. Das Prinzip wurde von Marshall Burns Lloyd entdeckt und entwickelt: Ein Lloyd Loom ist unverwüstlich, läßt sich problemlos lackieren und ist in verschiedenen Farben zu haben. Neben dem Typ mit oben auskragender und sich kelchartig öffnender Lehnenkonstruktion gibt es eine einfachere, zurückhaltendere Variante, bei der die oberen Ränder nur leicht nach außen gebogen sind, das Geflecht vorn etwas tiefer heruntergezogen ist und die vier Bugholzbeine nicht diagonal verstrebt sind.

Sitzmöbel SESSEL

Objektname Wassily-Stuhl
Entstehungsjahr 1925
Designer Marcel Breuer
Material Verchromtes Stahlrohrgestell, Bespannung Rindskernleder oder Segeltuch
Maße/cm H 72 / B 79 / T 70 / SH 42
Firma Knoll International
Preis Ab ca. 1600 DM
Motto Erster Stahlrohrsessel

Der Wassily, wie er seit seiner Reedition heißt, ist nach Wassily Kandinsky benannt, dem großen russischen Maler, von dem das erste abstrakte Bild der Moderne stammt und der wie Breuer am Bauhaus lehrte. Dieser Sessel bildet den glanzvollen Beginn des Eisenzeitalters im Möbelbau in den 20er Jahren. Das massive Holzgestell ersetzt er – ein Tribut an die Fahrradbegeisterung seiner Zeit – durch dünne Stahlrohrschlaufen, die Polsterung durch Leder- bzw. Tuchverspannungen, die sich gegenseitig durchdringen. Vor allem aber bildet er eine abstrakte, konstruktivistische Skulptur im Raum, die ihren Reiz aus dem Gegensatz von dünnem, farblosem, fast immateriellem Gestänge und breiten, massiv wirkenden Leder- bzw. Stoffstreifen gewinnt. Der Benutzer wird so von einem Raumkubus definiert und eingegrenzt. Zum lässigen Sitzen und Herumlümmeln ist der Sessel weniger geeignet als zum stilvollen Meditieren über Körper und Raum.

Gegenüber der deutschen Stahlrohrtradition wird sowohl bei Gray als auch bei Le Corbusier der rechte Winkel eingesetzt, der der Formgebung eine elegante Prägnanz verleiht, vor allem, wenn er in Kontrast zu den abgerundeten Kufen steht. Zum Gegensatz von relativ dünnem Stahlrohr zu der dicken Rückenlehne kommt noch die frech betonte Asymmetrie der bogenförmigen Armlehne, die förmlich zum lässigen, „nonkonformistischen" Sitzen einläd. Man kann sich aufstützen, ist aber nicht in einer Richtung fixiert – zumindest nach der linken Seite ist man in einem Viertelkreis frei beweglich. Der Stuhl entstand 1926 in Frankreich, in dem zu diesem Zeitpunkt noch große Luxustischler wie Ruhlmann die Szene beherrschten. Dies änderte sich gegen Ende des Jahrzehnts, als Stahlrohrmöbel zum Diskussionsthema Nummer eins der Salons wurden und regelrechte Glaubenskriege auslösten.

Objektname Nonconformist
Entstehungsjahr 1926
Designer Eileen Gray
Material Verchromtes Stahlrohrgestell, Polsterung mit Lederbezug
Maße/cm H 78 / B 57 / T 63 / SH 45
Firma ClassiCon
Preis Ab ca. 4150 DM
Motto Sessel für Nonkonformisten

SESSEL Sitzmöbel

Dieser Sessel ist eine der schönsten Schöpfungen von Eileen Gray, die Modernität mit Tradition in genialer Weise verbindet. Abgeleitet von den Liegestühlen auf Ozeandampfern – daher auch der Name –, gibt sich dieser Sessel zurückhaltend bescheiden und extravagant zugleich. Ein ausgeklügeltes Gestänge mit einem hängenden Sitzteil und einer beweglichen Rückenstütze ermöglicht bequemes Sitzen. Der Transat verbindet das Prinzip der Hängematte mit dem eines gepolsterten Ledersessels und einer beweglichen Lehne. Repräsentation und Funktion ergänzen sich sinnvoll und halten sich zugleich gegenseitig in Schach. Die stumpfen Materialien Holz und Leder behaupten sich zurückhaltend gegen glänzendes Metall, weiche fließende Formen gegen sperriges Gestänge. Ausgestellt wurde der Stuhl zuerst in Eileen Grays Galerie „Jean Désert", bei der die Designerin einen männlichen Namen wählte, um bei der konservativen Kundschaft Vertrauen zu wecken.

Objektname Transat
Entstehungsjahr 1926
Designer Eileen Gray
Material Lackiertes Holz mit verchromten Vebindungsrohren und verchromten Beschlägen, Polster mit gestepptem Stoff- oder Lederbezug
Maße/cm H 79 / B 55 / T 106 / SH 43
Firma Ecart
Preis Ca. 3600 DM
Motto Wie auf einem Ozeandampfer

Sitzmöbel SESSEL

Objektname Club-Klappstuhl D 4
Entstehungsjahr 1926
Designer Marcel Breuer
Material Vernickeltes Stahlrohrgestell mit Eisengarn- oder Lederbespannung
Maße/cm H 71 / B 78 / T 61 / SH 44
Firma Tecta
Preis Ab ca. 1200 DM
Motto Anlaß zur Verstimmung

Der D 4 ist gewissermaßen die Klappversion des Stahlrohrsessels Wassily (siehe Seite 58) und gegenüber diesem um die seitlich hochkant stehenden Streifen abgespeckt. Durch den Wegfall dieser weniger funktionalen als vielmehr dem Bemühen, der traditionellen Sesselform nahezukommen, zu verdankenden Bespannung konnten die beiden Streifen, die die Rückenlehne bilden, breiter ausgebildet und näher zusammengerückt werden. Der Klappstuhl D 4 führte am Bauhaus zu einiger Verstimmung, da Gropius die Meinung vertrat, daß alle hier entstandenen Entwürfe unter dem Namen des Bauhauses zu laufen hätten. Demgegenüber war Breuer der Ansicht, daß es sich bei seinen Entwürfen um sein geistiges Eigentum handele, und gründete die Firma Standard Möbel. Der dafür von Herbert Bayer entworfene Katalog stellt heute eine Sammlerrarität dar. Der Sessel erfreute sich anfangs nur geringer Nachfrage. Das ist wenig verwunderlich, denn damals benutzte man zwar Stahlrohrmöbel, allerdings nur zum Ausstatten von Kantinen und Kliniken. Für einen Sessel zum Klappen war eher weniger Bedarf. Heute hat sich das Prinzip des Klappsessels weitgehend durchgesetzt. Kaum eine Campingausstattung kommt ohne ihn aus. Doch obwohl das Bauhaus und seine Entwerfer im Bereich dieser Stahlrohrmöbel grundlegendes Terrain eroberten, sehen die wenigsten Klappmöbel der heutigen Massenproduktion so aus wie Breuers D 4. Seine kühle und distanzierte Ästhetik ist für Menschen mit eigenwilligem Geschmack.

Was immer man über die neuen Designerstars auch sagen mag, wie sehr man sie schätzen und anerkennen mag – ihre Reputation beruht nicht immer unbedingt auf der überlegenen Größe und Wucht ihrer Entwürfe, sondern eher darauf, daß sie zur richtigen Zeit am richtigen Ort waren. Das waren die Entwürfe der Heroen der klassischen Moderne zumindest mit ihren Möbelentwürfen in den seltensten Fällen. El Lissitzky ist dafür ein anschauliches Beispiel. Seine Entwürfe waren buchstäblich verschollen, vergessen und begraben. Erst durch umfangreiche Recherchen konnten alte Stücke wieder aufgefunden werden, die heute in frischem Glanz und in neuer Modernität erstrahlen. El Lissitzkys Sessel ist von verblüffender Elementarität der Form, zugleich elegant und von ansprechendem Sitzkomfort, russisch-konstruktiv, ein Stuhl wie ein Block und doch einladend und weich gepolstert, nach außen gespannt und abweisend, nach innen aber bergend und behütend.

Objektname Sessel D 62
Entstehungsjahr 1928
Designer El Lissitzky
Material Lederpolster in Sperrholzschale, Sitzkissen lose bzw. Edelstahl oder metalic grün lackiertes Aluminiumblech
Maße/cm H 71 / B 75 / T 63 / SH 44
Firma Tecta
Preis Ab ca. 2600 DM
Motto Wieder ausgegraben

SESSEL Sitzmöbel

Im Grunde handelt es sich beim LC 7 um eine Erweiterung des Drehhockers LC 8. Typisch für den Aufbau dieses Möbels ist der Gegensatz der Formen und Materialien. Darin erweist er sich als Repräsentant einer Zeit, in der diese formalen Kontraste geradezu auf die Spitze getrieben wurden. Denn hier verbindet sich maximale formale Spannung mit Einfachheit und Einheitlichkeit, und in dieser Paradoxie liegt das Geheimnis dieser Entwürfe. Gerade Linien stehen gegen Rundungen, sanfte Biegungen gegen eckige Kanten. Die runde Polsterung des Sitzes ist groß, breit und flach, die sie tragende Mittelsäule dagegen lang gestreckt und schmal. Die Tragekonstruktion der Lehne ist hell glänzend und dünn, die Rückenlehne dagegen dunkel-matt und dick. Wie bei allen Entwürfen der LC-Serie, wobei LC natürlich für die Initialen des Meisters steht, ist der konkrete Anteil der Entwerfer, sei es der hochbegabten Charlotte Perriand oder seines Schwagers Pierre Jeanneret, nicht mehr exakt auszumachen.

Objektname Drehstuhl LC 7
Entstehungsjahr 1929
Designer Le Corbusier
Material Verchromtes oder lackiertes Stahlrohrgestell mit gepolstertem Sitz und Lehne mit Stoff- oder Lederbezug
Maße/cm H 73 / B 60 / T 58 / SH 50
Firma Cassina
Preis Ab ca. 1400 DM
Motto Spartanische Bequemlichkeit

Objektname Freischwinger S 35
Entstehungsjahr 1928
Designer Marcel Breuer
Material Gestell aus Stahlrohr mit Buchenholzlehnen und Rohrgeflecht
Maße/cm H 83 / B 63 / T 83 / SH 36
Firma Thonet
Preis Ca. 2100 DM
Motto Freischwinger total

Marcel Breuer verkörpert wie kein anderer das funktionalistische Ethos der Stahlrohrmöbel, die wie Fahrräder sein sollten – einfach, leicht, billig und formschön. Beim S 35 entwickelte Breuer das Freischwingerprinzip konsequent weiter. Nur über die breit gelagerten Kufen steigen hinten die beiden Armlehnen, vorn aber die Lehnenkonstruktion empor. Der Clou dabei ist, daß diese beiden Formen zwar nicht verbunden sind, sich aber doch gegenseitig durchdringen und zu einer optisch zusammengehörigen Stuhlganzheit verbinden. Breuer schuf so eine Art virtuellen Stuhl, dessen innerer Zusammenhang aus dem traditionellen Verständnis von Statik und Konstruktion heraus nicht mehr zu verstehen ist. In diesem Stuhl ist das Prinzip des Freischwingers zu einem Kreis vervollständigt, denn auch die Armlehne ragt frei im Raum, so daß sich über die Auflagenstege am Boden die beiden Funktionen Lehne und Armstütze in gegensätzlicher Richtung aufsteigend durchkreuzen. Das Ganze ist neben funktionalen Aspekten vor allem auch eine Studie über Linien und Flächen im Raum, die sich in einem von Stahlrohren aufgespannten Kubus entfalten.

Sitzmöbel SESSEL

Objektname Sessel mit Schaukellehne LC 1
Fauteuil à dossier basculant
Entstehungsjahr 1928
Designer Le Corbusier
Material Verchromter Stahl mit Stoff oder Lederbezug
Maße/cm H 64 / B 60 / T 65 / SH 40
Firma Cassina
Preis Ab ca. 1700 DM
Motto Enorm bequem durch seine bewegliche Lehne

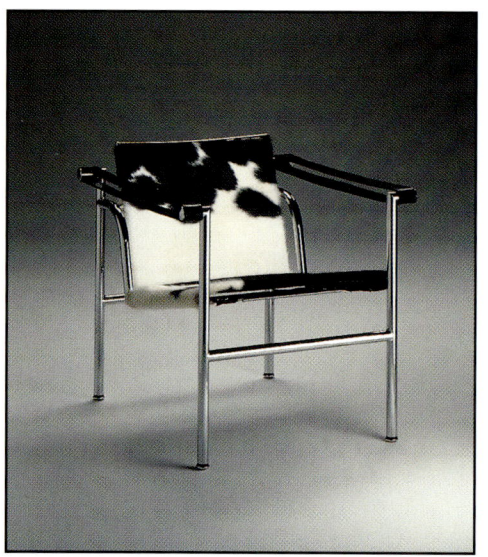

Der Sessel kann eine gewisse Ähnlichkeit mit Breuers Wassily nicht verleugnen, zeigt aber gegenüber der spröden Bauhaus-Formgebung eine dem französischen Art deco verwandte Ästhetik. Die kippbare, bequeme Rückenlehne tauchte schon bei Eileen Grays Transat auf. Die Bespannung mit Fell gibt dem Ganzen eine extravagante Note: Es trifft sozusagen kalte Technik auf warme Natur. Der LC 1 ist der erste aus einer Reihe von 15 Metallmöbeln, die Le Corbusier mit seinem Team innerhalb eines Jahres entwarf. Sie wurden alle Klassiker und gehören heute zum festen Bestandteil modernen Wohnens. Leider hat sich Le Corbusier später nicht mehr mit dem Entwerfen von Möbeln befaßt, was um so bedauerlicher ist, als hier eine seiner großen Begabungen lag, während er als Theoretiker doch eher zweifelhaften Ruhm genießt. Eines seiner Projekte, das Stadtzentrum von Paris abzureißen und durch ein paar große Kisten zu ersetzen, muß heute ins Horrorkabinett der Geschichte verwiesen werden.

Jean Prouvé war kein Schreiner und hatte mit Holz, dem traditionellen Material für Möbel, wenig am Hut. Ihn faszinierte von Anfang an das Metall, und hier besonders das Blech, dem er durch Formgebung und Falzen eine unerwartete Stabilität und Festigkeit verlieh. Prouvé stammt aus der Kunststadt Nancy, die vor allem als Zentrum des französischen Jugendstils Weltgeltung erlangte. Bereits sein Vater hatte in diesem Ambiente, dem auch ein Gallé entstammte, eine wichtige Rolle gespielt, und hier wurde Prouvé zum Schmied ausgebildet. Anfangs schuf er Schmiedearbeiten im Art-deco-Stil. Doch dann fand er die Berufung seines Lebens, aus einem technischen Material technisch gedachte, hergestellte und aussehende Möbel zu fertigen, die er nicht am Zeichenbrett entwarf, sondern in seiner eigenen Werkstatt gleich an Ort und Stelle baute. Im Gegensatz zu dem bei seinen Kollegen beliebten Stahlrohr arbeitete Prouvé mit Stahlblechen. Der D80 verfügt über ein raffiniertes Verstellsystem, das die Polsterfläche von der Sitz- in die Liegeposition bringt. Man hat das Gefühl, daß einem in diesem Sessel der Fahrtwind ins Gesicht bläst und man sich festhalten muß, um nicht herausgeschleudert zu werden.

Objektname Fauteuil de grand repos D 80
Entstehungsjahr 1930
Designer Jean Prouvé
Material Abgekantetes Stahlblech, vernickelt oder pulverbeschichtet, Leder oder Kavallerietuch, Federzug für drei Gewichtsstufen einstellbar, vorn zwei Rollen
Maße/cm H 99 / B 67 / T 110 / SH 45
Firma Tecta
Preis Ab ca. 2900 DM
Motto Sessel mit Fahrtwind

SESSEL Sitzmöbel

Ein Sessel von der Eleganz und spannungsvollen Tektonik wie ein moderner Hochleistungsbogen, von bestrickender Schönheit der Linienführung, klassisch und futuristisch zugleich, ein Sessel wie ein Katapult, in dem man sich in andere Dimensionen des Wohnkomforts versetzt. Kaum zu glauben, daß diese atemberaubend rasant und modern aussehende Sitzmaschine schon über 60 Jahre auf dem Buckel hat und 1930 zum ersten Mal gefertigt wurde. Der hier abgebildete Sessel nimmt die Formgebung der 50er Jahre vorweg und könnte auch aus den späten 80ern von Iosa Ghini, dem zum Möbelentwerferstar mutierten Comiczeichner, stammen, bei dem sich die Dynamik des Zeitgefühls besonders direkt in fließenden Linien ausdrückt. Jean Prouvé, der gelernte Schmied und große Konstrukteur unter den französischen Möbelentwerfern, zeigt sich hier bei aller konstruktiven Finesse und dem ausgeklügelten Materialeinsatz von seiner stilistisch elegantesten Seite. Hier wird der moderne Funktionalismus seinem Anspruch gerecht, daß die technisch und funktional adäquate Lösung auch die schönste darstellt.

Objektname Fauteuil metallique D 81
Entstehungsjahr 1927
Designer Jean Prouvé
Material Pulverbeschichtetes schwarzes Metallgestell mit Leder natur oder schwarz
Maße/cm H 85 / B 67 / T 95 / SH 34
Firma Tecta
Preis Ab ca. 2000 DM
Motto Atemberaubend rasant

Objektname Vanity Fair
Entstehungsjahr 1930
Designer Werksentwurf
Material Verschieden eingefärbter Lederbezug
Maße/cm H 99 / B 94 / T 91 / SH 48
Firma Poltrona Frau
Preis Ca. 5400 DM
Motto Pralle Eleganz

Ohne Unterbrechung seit 1930 wird der Art-deco-Sessel Vanity Fair hergestellt. In ihm treffen sich Formvereinfachung und Raffinement, Eleganz und fast anzügliche Frivolität: eine große Zungenform, ein großer runder Bogen, prall und gespannt, und die gleiche Rundung in den beiden Seitenlehnen, zwischen die das Sitzkissen eingezwängt ist. Das Ganze steigt von einem rechteckigen Grundriß auf, der wulstige Rand hält die Flächen des Sessels zusammen. Der Sessel bietet einen gelungenen Ausgleich zwischen breit gelagerter, rund gepolsterter Behaglichkeit und einer tulpenhaften, sich nach unten verjüngenden Schlankheit. Die handwerkliche Verarbeitung ist legendär und genügt höchsten Ansprüchen. Der Vanity Fair ist modern, aber nicht modernistisch. In glücklicher Weise verbindet er die traditionelle Grundform des Polstersessels mit dem Stilgefühl des Art deco, das er unbeschadet überlebte — und so muß man ihn zu den echten Klassikern zählen.

Sitzmöbel SESSEL

Objektname Bonaparte
Entstehungsjahr 1935
Designer Eileen Gray
Material Verchromtes Stahlrohrgestell, Polsterung mit Lederbezug
Maße/cm H 74 / B 63 / T 67 / SH 45
Firma ClassiCon
Preis Ab ca. 3500 DM
Motto Der kleine Korse

Bei so stark vereinfachten Stücken wie dem Bonaparte, der seinen Namen von dem kleinen Korsen lieh, der um 1800 Europa durcheinanderwirbelte, ist es zum einen die Gesamtidee, zum anderen aber die Gestaltung im Detail, die für die Qualität des Entwurfs wesentlich sind. Das Grundkonzept besteht darin, einen bequem gepolsterten Sessel mit dem Freischwingersystem des Stahlrohrbaus zu kombinieren. Dabei ist es allerdings allein die freischwebende Rückenlehne, die leicht beweglich federt. Der formale Reiz besteht in dem starken Kontrast zwischen dem dünnen, unwirklich erscheinenden Stahlrohrgestell, das das ganze Gewicht trägt, und den dicken, massig wirkenden Polstern, die nur der Bequemlichkeit dienen. Sowohl beim Gestell als auch bei der Polsterung ist die strenge Rechtwinkligkeit bewußt vermieden und eine ovale, stromlinienförmige Gestaltung herausgearbeitet. Interessantes Detail ist die gegensätzliche Ausrichtung der Polsternähte.

SESSEL Sitzmöbel

Eckart Muthesius lernte bei seinem Englandaufenthalt den zukünftigen Herrscher des indischen Königreichs Indore kennen, der ihn kurz darauf mit dem Bau und der Ausstattung seines Palastes beauftragte. Dabei entstand ein legendäres Art-deco-Ensemble, das heute leider vor Ort nicht mehr vorhanden ist. Die Einrichtung wurde durch eine spektakuläre Auktion in alle Welt verstreut. Eines der berühmten Stücke war dieser geradezu dekadent elegante Lesesessel mit eingebauten Lampen und Aschenbecher, der seine Herkunft von entsprechenden Eisenbahnausstattungen kaum verleugnet. Das modernistische Art deco der 30er Jahre verstand es glänzend, die Formen der aktuellen Kunst und die modernen Materialien wie verchromtes Metall und Glas zu Einrichtungen exquisiter Eleganz zu verbinden. Da das Art deco nach langer Zeit der Ächtung in den 80er Jahren ein glänzendes Comeback feierte, erlebte auch dieser spektakuläre Sessel seine Wiederauferstehung. In gewisser Weise ist Eckart Muthesius' Roter Sessel die zeitgemäße Verschmelzung eines Throns mit einem Eisenbahnsitz. Er verbindet Funktionalität mit Repräsentation, ebenso wie er stilistisch kubische und runde Formen zusammenfügt. Ein interessantes Detail: Die Rollenform der Nackenstütze wird an der Vorderseite der Kufen wiederaufgegriffen. Bei aller formalen Eleganz und Extravaganz, der strengen Stilisierung bei gleichzeitiger Üppigkeit und Breite sind es aber doch die in die Gesamtform integrierten Leselampen, die den Charakter dieses Art-deco-Klassikers prägen. Diese Lampen wirken wie die Scheinwerfer eines Autos, und zwar Scheinwerfer, die es bei den zeitgenössischen Automobilen noch gar nicht gab. Diese hatten nämlich noch durchweg tropfenförmige Scheinwerfer, die auf den Kotflügeln angebracht waren. Frappierend ist dabei vor allem der Kontrast der Materialien, in dem weiches Leder und hartes Metall bzw. Glas aufeinandertreffen. Bei aller Bequemlichkeit also auch ein Sessel, der eine gewisse aufrechte Haltung voraussetzt.

Objektname Roter Sessel
Entstehungsjahr 1931
Designer Eckart Muthesius
Material Gepolsterter Buchenholzrahmen mit Federkern auf Metallkufen, integrierte Leuchten und eingebauter Ascher, Lederbezug
Maße/cm H 95 / B 89 / T 103,5 / SH 41
Firma ClassiCon
Preis Ab ca. 14 500 DM
Motto Deutsch-indische Art-deco-Legende

Objektname Sessel 41 Paimio
Entstehungsjahr 1929–33
Designer Alvar Aalto
Material Laminiertes Birkenholzgestell mit geformtem, weiß oder schwarz lackiertem Schichtholz
Maße/cm H 64 / B 60 / T 85 / SH 33
Firma Artek
Preis Ca. 3500 DM
Motto Holz ist elastisch

Was Thonet fast ein Jahrhundert früher mit Buchenholz und heißem Dampf bewerkstelligte, schaffte Alvar Aalto mit Schichtholz und neuentwickelten Klebstoffen. Gegenüber der eckigen Ästhetik der 20er Jahre vertritt Aalto hier bereits die organischen, „stromlinienförmigen", weichen Formen der 30er Jahre. Entworfen hat er den Sessel für ein von ihm gebautes Lungensanatorium in Paimio, in dem er auch architektonisch neue Wege ging. Zur Zeit jenes Experiments wurden eben die ersten Stahlrohrmöbel in Europa konstruiert. Aalto aber widersetzte sich der Bewegung der Technisierung und Sachlichkeit; er war der Ansicht, daß organische Materialien, speziell Holz, dem Menschen eher angemessen seien – zumal einem kranken Menschen in einem Sanatorium: „Röhrenförmige Chromoberflächen sind technisch gute Lösungen, psychologisch erweisen sich diese Materialien jedoch als ungünstig für Menschen ... Nach umfassenden Versuchen mit Holz wurde ein anpassungsfähiges System gefunden zur Herstellung von Möbeln, deren Material angenehmer anzufassen war und sich für das lange, qualvolle Leben im Sanatorium besser eignete" (1940).

Sitzmöbel SESSEL

Objektname Sessel 406
Entstehungsjahr 1935–39
Designer Alvar Aalto
Material Birkenholzgestell mit Gurt- oder Rohrgeflecht oder mit gestepptem Leinen- oder Lederbezug
Maße/cm H 84 / B 60 / T 72 / SH 36
Firma Artek
Preis Ca. 1900 DM
Motto Freischwinger aus Holz

Zuerst entwickelte Thonet das gebogene Bugholz, dann kamen die Freischwinger aus Stahlrohr, und dann zog Alvar Aalto nach und entwickelte den Freischwinger aus Holz. Er verwendete dazu die Schichtholztechnik, bei der dünne Holzschichten, die einzeln leicht biegsam sind, in einer bestimmten Form verleimt werden und so ihre Krümmung behalten. Der Begeisterung der Bauhäusler für die neuen, kalten Materialien Stahl und Glas konterte Aalto mit dem natürlichen, warmen Werkstoff Holz und schuf daraus zeitlos schöne, zurückhaltend moderne Möbel. Sie weisen in ihren weichen, organischen Formen schon auf die 50er Jahre voraus, von denen sich der Sessel 406 aber durch eine gewisse formale Strenge und Kantigkeit unterscheidet. Es ist noch immer die deutlich technische Form des Stromlinienzeitalters, die mit natürlichen Materialien umgesetzt wird, im Gegensatz zu den sphärischen, allseitig gerundeten, „natürlichen" Formen des Nierentischzeitalters. Kein Wunder, daß der 406 auch heute noch aktuell wirkt und in diversen Nachbauten angeboten wird.

Obwohl dieser Sessel auf eine ziemlich lange Vorgeschichte zurückblicken kann und in seiner jetzigen Form schon in den 30er Jahren entwickelt wurde, ist er zu dem typischen Stuhl der 50er Jahre geworden. Der Entwurf ist überraschend einfach, funktionell und dabei doch zugleich so etwas wie eine abstrakte Plastik, die in ihren weichen Formen hervorragend mit dem organischen Design des Nierentischzeitalters korrespondiert, mehr noch: dieses Zeitalter prominent verkörpert. Er besteht aus einem Metallgestell, in das einfach mittels vier Laschen ein Segeltuch gezogen ist. Das Gestell besteht aus zwei zweimal winklig gebogenen Rechteckschlaufen aus Metall, die diagonal ineinander versetzt wurden. Statt des Prinzips der kubischen Raumkanten wie bei den Freischwingern finden wir hier das Grundkonzept der diagonalen Verstrebung in Reinkultur. In genialer Weise wirkt der Stuhl einfach und komplex zugleich.

Objektname   Hardoy Sessel
Entstehungsjahr   1938
Designer   Jorge Ferrari Hardoy u. a.
Material   Rundstahl und Segeltuch bzw. Rindleder
Maße/cm   H 87 / B 83 / T 75 / SH 47 cm
Firma   Stöhr
Preis   Ab ca. 1000 DM
Motto   Die Sitzhängematte

SESSEL Sitzmöbel

Die Technik des Schichtholzmöbels entwickelte Charles Eames aus Experimenten mit orthopädischem Gerät. Eames hat sich dabei weniger mit reinen Gestaltungsproblemen herumgeschlagen, die man am Zeichentisch lösen kann, sondern erwies sich immer wieder vor allem als Tüftler und technischer Entwickler, der den gesamten Herstellungsprozeß im Auge hatte und einen Stuhl vom ersten Entwurf bis zur Fertigungsreife betreute. So ergab sich hier die Form in einem hohen Maß aus den technischen und materialspezifischen Möglichkeiten. Da für das Untergestell ein wesentlich dickeres Schichtholz nötig gewesen wäre, also nicht homogen aus dem gleichen Material hätte gestaltet werden können, entschloß sich Eames zu zwei grundsätzlich verschiedenen Materialien, dem Schichtholz und dem Metallgestell. Hier trat nun das Problem der idealen Verbindung auf, das Eames mit geschweißten Gummiteilen löste — eine Technik, die seinerzeit großes Aufsehen erregte. Wie Stam, Breuer und Mies van der Rohe bei den Freischwingern sozusagen auf Anhieb die „richtige" Lösung gefunden haben, hat auch hier Charles Eames den klassischen Schichtholzstuhl bzw. -sessel entwickelt, den man sich im Grunde gar nicht anders vorstellen kann.

Objektname   Schichtholzsessel LCM
Entstehungsjahr   1946
Designer   Charles Eames
Material   Schwarze Esche auf verchromtem Stahlrohrgestell
Maße/cm   H 70 / B 57 / T 67 / SH 39
Firma   Vitra
Preis   Ca. 600 DM
Motto   Der Geist einer Epoche

Objektname Modell 421
Entstehungsjahr 1952
Designer Harry Bertoia
Material Verchromtes oder beschichtetes Rundstahlgestell mit stoffbezogenem Sitzkissen
Maße/cm H 76 / B 85 / T 42 / SH 42
Firma Knoll International
Preis Ab ca. 800 DM
Motto Die Sitzskulptur

Die Grundidee dieses Kunstwerkes ist ein plastisch verformtes, mit einer Sitzkuhle versehenes Gitter aus Stahlstäben. Heute würde man so etwas am Computer entwerfen. Bertoia arbeitete hauptsächlich als abstrakter Bildhauer, der u. a. auch mit Eisendrahtgestängen experimentierte. Der Herstellungsprozeß dieses überaus erfolgreichen und leichten Stuhles ist enorm aufwendig, da die Stäbe handgezogen und einzeln verschweißt werden müssen. Vom Standpunkt der modernen und rationellen Produktion aus ist der Entwurf also ein glatter Fehlschlag. Aber Harry Bertoias Drahtsessel ist einer der ganz großen Würfe des Möbeldesigns und prägte sein Zeitalter wie kaum ein anderer. Die plastische Grundidee ist ebenso subtil wie grundlegend, ebenso einfach wie reichhaltig. Linie, Fläche und Raum werden hier zu einem sich gegenseitig durchdringenden Kontinuum, das den Sitzenden zwanglos willkommen heißt und ihn wie eine moderne Muschel birgt. Daß Charles Eames mit seinem Drahtstuhl DKR 2 (siehe Seite 36) eine ähnliche Idee verfolgte, ist natürlich kein Zufall. Harry Bertoia war eng mit Eames befreundet und arbeitete zeitweise auch mit ihm zusammen.

Sitzmöbel SESSEL

Objektname Sessel Gilda
Entstehungsjahr 1954
Designer Carlo Mollino
Material Gestell aus gebeiztem Eschenholz, Polsterüberzug Alcantara oder Leder
Maße/cm H 70–93 / B 79 / T 85–113 / SH 39
Firma Zanotta
Preis Ab ca. 2750 DM
Motto Sitzphantasie eines Exzentrikers

Carlo Mollino war der große Außenseiter und Einzelgänger der italienischen Architektur und des Möbelbaus der 50er Jahre, ein Abenteurer und Draufgänger, der sich in Rennwägen und Flugzeugcockpits ebenso in seinem Element fühlte wie beim Entwerfen von Damenunterwäsche. Typisch für Mollino sind die biomorph geformten Bestandteile seiner bisweilen geradezu bizarren Möbel. Wir finden sie sowohl in der Stützstruktur wie auch bei den ellipsoiden Polsterkörpern. Diese haben beide eine skulpturale Ausprägung, wobei das Gestell eine eher gerüsthaft grafische, die Sitzpolsterung eine eher monolithisch-plastische Wirkung aufweist. Sie wird durch die farbliche Komposition, die zwischen Hellbraun und Dunkelgrün einen eher zurückhaltend dezenten Klang aufweist, zusätzlich akzentuiert. Obwohl Mollino ein Einzelgänger und Exzentriker war, fügen sich seine Möbel doch paradigmatisch in das Stilbild der 50er Jahre. Die Neigung der Rückenlehne ist in vier Stufen verstellbar.

SESSEL # Sitzmöbel

Der Lounge Chair ist für viele der Inbegriff von modernem Luxus und Sitzkomfort. Im Gegensatz zu Mies van der Rohes Barcelona-Sessel, an dem ein zwar repräsentativer, aber zugleich doch formstrenger und asketischer, sozusagen bekennerischer Zug zum Tragen kommt, ist es hier die pure Genießerlaune der Kenner, die auf die technischen Segnungen des 20. Jahrhunderts setzen. Trotz seiner Modernität und richtungweisenden Schalenbauweise auf Aluminiumgestell ist dieser Stuhl aus den 50er Jahren — eine Herkunft, die er kaum verleugnen kann — heute bereits ein legendärer Klassiker, sozusagen das Nonplusultra an Sitzkomfort und gepflegtem Wohnstil, auf den kein Zeitgenosse, der etwas auf sich hält, verzichten kann. Dabei ist dieser Sessel, verglichen mit dem viel schlichter aussehenden Transat Eileen Grays, durchaus als preiswert und im Gegensatz zum üblichen Kaufhausramsch als solide Kapitalanlage zu bezeichnen. Ein solches Sitzgerät vergreist nicht, verschleißt kaum, wird nicht unmodern, sondern altert in Würde und Schönheit; es ist unverwüstlich und immer vom Flair des Besonderen umweht. Gerade stilbewußte Techniker werden sich daran begeistern, denn hier wird Form wirklich aus der Funktion entwickelt. Der Sessel wurde übrigens ursprünglich für den berühmten Filmregisseur Billy Wilder entworfen. Wilder stammt aus Österreich, ließ sich aber nach 1933 in Hollywood nieder. Er liebte es nicht nur heiß, witzig, schnell und geistreich, sondern eben auch bequem. Und weil der Sessel absolut komfortabel ist und nicht nur Billy Wilder das fand, steht er heute als der Bequemlichkeits-Klassiker schlechthin da. Der einzige Konkurrent, der in den letzten Jahrzehnten auftauchte, ist der Wink (siehe Seite 74) des Japaners Kita. Charles Eames wird heute in seinem Fach zu den ganz Großen gerechnet, der sich mit dem Lounge Chair selbst ein Denkmal gesetzt hat. Obwohl er sich im Bereich des Designs fast ausschließlich auf Stühle beschränkte, war er ein überaus vielseitiger und kreativer Mensch, der z. B. auch sein heute noch immer vielbeachtetes Haus bei Los Angeles selbst entworfen hat. Nicht nur seine Möbel, der Mann selbst ist ein wahrer Klassiker.

Objektname Lounge Chair
Entstehungsjahr 1956
Designer Charles Eames
Material Untergestell Aluminium, Schalen Palisander mit schwarzem Lederpolster
Maße/cm H 85 / B 83 / T 83 / SH 38
Firma Vitra
Preis Sessel ca. 4750 DM, mit Hocker ca. 6450 DM
Motto Die Gemütlichkeitsmaschine

Objektname Sessel
Schwan 3320
Entstehungsjahr 1958
Designer Arne Jacobsen
Material Aluminium, Stahl,
Kunststoff, Stoff, Leder, Kunstleder
Maße/cm H 75 / B 74 / T 68 /
SH 38
Firma Fritz Hansen
Preis Ab ca. 2500 DM
Motto Kein häßliches Entlein

Arne Jacobsen, der große alte Mann des dänischen Designs und ein bedeutender Architekt dazu, hat eine ganze Reihe von Möbel-Klassikern entworfen, darunter den Stuhl Ameise und den formal ähnlichen Stuhl Nr. 3107 (siehe Seite 38). Hier ist die Lehnenform im Prinzip gleich, nur werden bei diesem Möbel zungenhafte Ausbuchtungen an den Seiten als Armstützen ausgestülpt, was ihm eine schwanenhafte Eleganz verleiht. Der Schwan 3320 sieht zwar nicht direkt wie ein Schwan aus, erinnert aber doch spontan in seinen wie Flügel hochgestellten Seitenlehnen und seiner noblen Haltung an dieses stolze Tier. Keineswegs jedoch wurde der Name wegen seiner Farbe gewählt — es gibt dieses Sitzmöbel in verschiedenen Überzügen, wobei nach meinem Empfinden Schwarz die plastische Wirkung besonders verstärkt. Der Fertigung des Stuhls ging eine ganze Reihe von Gipsmodellen voraus, mit denen sich Jacobsen die räumliche Wirkung des Entwurfs verdeutlichen wollte.

Sitzmöbel SESSEL

Objektname Sessel Ei
Entstehungsjahr 1958
Designer Arne Jacobsen
Material Aluminium, Stahl,
Kunststoffschale mit Schaumstoff gepolstert,
mit Stoff, Leder oder Kunstleder bezogen
Maße/cm H 107 / B 86 / T 95 /
SH 37
Firma Fritz Hansen
Preis Ab ca. 4000 DM
Motto Ohrensessel im organischen
Fifties-Look

Wie der Schwan steht auch das Ei auf einem vierstrahligen Sternfuß aus Aluminium. Der Sessel ist beliebig drehbar und läßt sich mittels seiner Kippmechanik auf das jeweilige Körpergewicht einstellen; der Fußhocker steigert noch den Sitzkomfort. Während die Vorderansicht sehr breitschultrig und höhenlastig wirkt, ist die Rückenansicht besonders elegant und skulptural. In beispielhafter Weise verkörpert der Sessel das „organische" Design der 50er Jahre, in dem man nach einem Ausgleich zwischen moderner Abstraktion und gemütlicher Häuslichkeit strebte. Die einfache, plastisch konzipierte Form läßt sich in der Vorstellung zu einem Ei ergänzen, von dem es sozusagen einen in weich fließenden Kurven herausgeschnittenen Teil darstellt. Das Spiel mit Positiv- und Negativformen ist beim Ei besonders stark entwickelt, was sich sowohl auf die Gesamtform wie auch auf die ausbuchtende und eingezogene Umrißlinie bezieht. Es wurde, wie der Schwan, für das Flughafenhotel SAS in Kopenhagen entworfen.

Der Sack, 1968 auf den Markt gebracht, ist weniger ein Sitzgerät als eine Demonstration von Lebensanschauung. Der steifen, repräsentativen, auf Pomp und Haltung ausgerichteten Lebensinszenierung wurde mit dem Sack eine jugendlich ungezwungene, zugleich moderne und konsumorientierte Weise des Sitzens gegenübergestellt. Das Sitzutensil verführt geradezu zum Herumlümmeln, zum Hinflätzen und dazu, sich seiner natürlichen Schwere hinzugeben. Der Sack ist gewissermaßen ein Möbel des modernen Schlaraffenlandes. Unkompliziert enthebt er den Benutzer aller Anstrengung ebenso wie aller Hindernisse. Sozusagen allein aus seiner inneren Trägheit und Selbstschwere bringt er sich in Fasson. Daß aber dabei doch ein „Knirschen im Gebälk" festzustellen ist und die Styroporkügelchen ein unangenehmes Geräusch verursachen, hat dem Sack zwar immerhin zu einem Kultstatus, aber nicht zu der Verbreitung verholfen, die man sich vielleicht ursprünglich erhofft hatte.

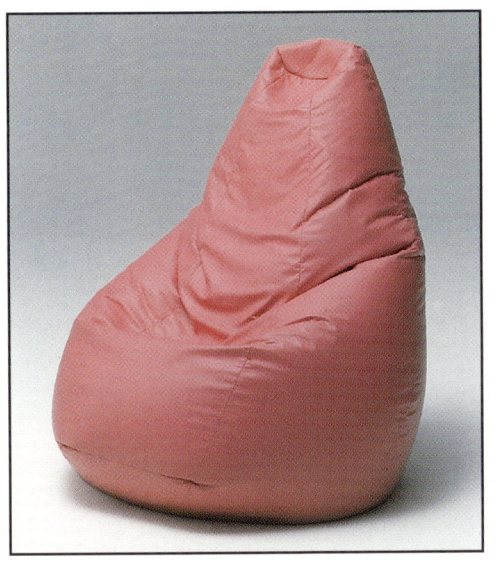

Objektname Sitzsack
Entstehungsjahr 1968
Designer Paolini Gatti, Sacco Teodoro
Material Lederbezug mit Polysterolkügelchen gefüllt
Maße/cm H 68 / B 80 / T 80
Firma Zanotta
Preis Ab ca. 650 DM
Motto Sitzsack für faule Säcke

SESSEL Sitzmöbel

Alessandro Mendini entwarf in einer ganzen Serie von Redesign die Möbel nicht selbst, sondern benutzte bereits vorhandene und veränderte bzw. erweiterte sie mit Ornamenten. Das tat er etwa bei so bekannten Ikonen der modernen Designklassik wie Marcel Breuers Wassily. Interessanterweise aber wurde der Stuhl Proust besonders bekannt. Er hat ein würfelförmiges Muster, ein Getüpfel, das sich wie Konfetti über den Stoff und über das barock ornamentierte Gestell verbreitet und ihn damit visuell entkörperlicht, ja tarnt. Der Charakter des Ausgangsmaterials wird so grundsätzlich verändert und wirkungsvoll verfremdet und schafft so, im Gegensatz zu der reinen Maskerade der anderen Entwürfe aus der Bauhaus-Kollektion, eine echte Neuschöpfung. Mendini ist einer der großen Theoretiker und Anreger des neueren italienischen Designs, dem es eher um konzeptuelle Kühnheit und Wagemut als um handwerkliche oder stilistische Detailarbeit geht.

Objektname Proust
Entstehungsjahr 1978
Designer Alessandro Mendini
Material Polstersessel aus der Kollektion Bauhaus
Maße/cm H 115 / B 105 / T 80
Firma Cappellini
Preis Ab ca. 11 000 DM
Motto Karneval der Möbel

Sitzmöbel SESSEL

Objektname Ohrensessel Wink
Entstehungsjahr 1980
Designer Toshiyuki Kita
Material Stahlgestell auf Halbkugelrollen, abnehmbarer Leder- oder Stoffbezug
Maße/cm H ca. 90 / B 78 / T 90–200 / SH 38
Firma Cassina
Preis Ca. 2850 DM
Motto Der Ohrensessel der 80er Jahre

Der Sessel mit den Segelflügelohren stammt von einem japanischen Entwerfer, der seine berufliche Laufbahn in Mailand begann. Nicht wenige werden durch sie an die runden Ohren der berühmten Maus aus den Disney-Studios erinnert, mit der der Sessel noch andere Gemeinsamkeiten, etwa die der lustigen Respektlosigkeit, aufweist. Der vordere Teil läßt sich unter die Sitzfläche zurückklappen, die großen, bunten Ohren sind drehbar. Sie zitieren in postmodernem Gewand jene Ohrenbackensessel aus der Biedermeierzeit herbei, die spätestens seit Wilhelm Busch als Symbol großväterlicher Behäbigkeit gelten. Trotz seines neuen und sehr funktionalen Klappmechanismus waren es sicherlich auch die poppigen Farben, die zu dem phänomenalen Erfolg des Wink beigetragen haben und ihm seiner legendären Bequemlichkeit wegen selbst in Bevölkerungskreisen begeisterte Aufnahme verschafften, die dem modernen Design ansonsten eher skeptisch gegenüberstehen. Im Grunde ist der Wink eine echte Synthese. Grundlegend für seine Form ist das Gerüst aus Stahlrohr, das in den 20er Jahren vor allem am Bauhaus entwickelt und zur formalen Geste stilisiert wurde. Im Gegensatz zu diesem umkleidet Kita nun aber dieses nackte, spröde Gestell mit einer weichen Polsterung, speckt die abgemagerten Gerippe des Modernismus also sozusagen wieder auf. So wirken sie modern und gemütlich zugleich. Darin setzt sich Kita in eine Tradition mit Charles Eames' Sitzmaschine (siehe Seite 71).

Anläßlich der Verleihung des Prizger Preises, der höchsten Auszeichnung in der Architektur, der Gehry einer breiten Öffentlichkeit bekannt machte, sagte er: „Meine Künstlerfreunde wie Jasper Johns, Bob Rauschenberg, Ed Kienholz und Claes Oldenburg arbeiteten mit sehr preiswerten Materialien wie zerbrochenem Holz und Papier und schufen daraus echte Schönheit. Da gab es keine oberflächlichen Details, sondern das Ganze war direkt. Und das brachte mich auf die Frage, was Schönheit eigentlich sei." Beim Entwurf seiner originellen Kartonmöbel hat er sich an diese Konzepte gehalten. Dabei war er so erfolgreich, daß er zwischendurch die Produktion einstellen ließ, weil er seine Karriere als Architekt durch seinen Erfolg als Möbelentwerfer gefährdet sah. Diese Furcht hat sich inzwischen als unbegründet herausgestellt. Seine neuen Möbel zeichnen sich durch ihre ungewöhnliche Materialwahl aus und erinnern an die Arte povera in Italien und an Josef Beuys.

Objektname Little Beaver
Entstehungsjahr 1980
Designer Frank Gehry
Material Roh belassene, verleimte Lagen aus Wellpappe
Maße/cm H 87 / B 81 / T 118
Firma Vitra Ed.
Preis Ab ca. 8000 DM
Motto Preiswertes Material

SESSEL Sitzmöbel

Der englische Designer gestaltete seinen Stuhl als rhetorische Geste. Die Seitenlehne sieht fast aus wie ein Kerzenhalter, ist also nicht ergonomisch auf den Sitzenden bezogen, sondern als eine Darstellung zu verstehen. Entsprechend sind auf den Rahmen der Rohre Worte geschrieben. Der Thinking Man's Chair wurde zum ersten Mal auf dem Salone del Mobile 1988 in Mailand gezeigt und hat sich sogleich nachhaltig eingeprägt. Auch an der Documenta 8 und 9 war Morrison beteiligt. Sein Schaffen ist symptomatisch für eine Designergeneration (Morrison ist 1959 geboren), die mit dem Modernismus groß geworden ist und für die die Trennung von angewandter und „freier" Kunst zunehmend an Bedeutung verliert. Als Gründungsmitglied der „Nato" (Narrative Architecture Today) versteht er sich ebenso als darstellender Künstler wie als Entwerfer von Möbeln, wobei er hier gerade auch durch sehr schlichte und funktionale Entwürfe von sich reden machte.

Objektname Thinking Man's Chair
Entstehungsjahr 1988
Designer Jasper Morrison
Material Lackiertes Metall
Maße/cm H 70 / B 57 / T 90
Firma Cappellini
Preis Ab ca. 2000 DM
Motto Rhetorische Geste

Objektname	How High The Moon
Entstehungsjahr	1986
Designer	Shiro Kuramata
Material	Vernickeltes Strecknetzgitter
Maße/cm	H 75 / B 65 / T 85
Firma	Vitra Colitio
Preis	Ca. 7200 DM
Motto	Ein Sessel als Skulptur

Natürlich ist Kuramatas Sessel kein Einrichtungsgegenstand für jedermann, sondern weit eher ein Möbelobjekt mit Kunstcharakter. In gewisser Weise ist er ein mit großem Ernst und ausgeprägter formaler Strenge vorgetragener Gag. Kuramata macht sich selbstironisch lustig über die strenge moderne Formgebung und Materialwahl, indem er den typisch gerundeten Polstergarniturtypus in das strikte Gegenteil, in High-Tech-Stahlgitter, verfremdet. So ist er zwar garantiert unbrennbar und gut ventiliert, aber nicht gerade das, was man sich unter einer bequemen Sitzunterlage vorstellt. Auf die Spitze getrieben wird die Ironie durch die kleinen, fragilen Beinchen, auf denen das raumgreifende Gestell aus Luft und Stahl aufsitzt, die aber strikt aus dem gleichen Material gefertigt sind. Die Ausgangsform eines Polstermöbels, das aus dem Zusammentreffen verschiedener weicher und harter Materialien entsteht, wird hier über einen konsequent durchgehaltenen, stählernen Leisten geschlagen.

Sitzmöbel SESSEL

Objektname	Double Soft Big Easy
Entstehungsjahr	1991
Designer	Ron Arad
Material	Filzbezug
Maße/cm	H 104 / B 97 / L 200
Firma	Moroso
Preis	Ca. 9800 DM
Motto	Die weiche Sitzskulptur

Der Sessel entstammt einer ganzen Kollektion von zum Teil recht ähnlichen, exaltiert barock ausladenden und gekurvten Sesseln, von denen der Double Soft Big Easy im Gegensatz zum Soft Big Easy, wie der Name schon sagt, breiter und ausladender ausfällt. Die auch visuell weichen Formen überraschen einigermaßen im Werk eines Designerbildhauers, der ansonsten vor allem durch seine Formerfindungen in Metall und anderen harten Materialien bekannt geworden ist. Doch auch in diesen weichen Formen gibt sich Arad ganz als bildhauerisches Genie zu erkennen, das in Material, Volumen und faßbaren Formen denkt, in überbordenden formalen Einfällen, die sich aus dem Material und den Möglichkeiten der Verarbeitung ergeben und Konventionen des Möbeldesigns weit hinter sich lassen. Ron Arad gehörte zu den Designern, die in den 80er Jahren dem Design zu einigen Adrenalinstößen, einer Frischzellenkur und seinen führenden Vertretern zu spektakulärem Starcharakter verholfen haben.

Auf Rosen gebettet – diesen volkstümlichen Wunschtraum hat Masanori Umeda wörtlich genommen und in überschwenglich opulenter Rhetorik einen Sessel entworfen, der suggestiv eine Rosenblüte verkörpert. Dabei bildet der eigentliche Rosenkelch die Schalenform des Sessels, der dann innen – wie mit einzelnen Blütenblättern – mit immer kleiner werdenden Kissen ausgepolstert ist. Natürlich haben hier auch die Pop-art und vor allem die vergrößerten – zum Teil auch in Leinen ausgeführten – Gegenstände des amerikanischen Bildhauers Claes Oldenbourg Pate gestanden. Daß aber keine Rose ohne Dornen sei, daran erinnern sinnfällig jene drei dornartig aus dem Kelch herausstoßenden Beine. Der japanische Designer Masanori Umeda hat auch beachtliche Keramikentwürfe vorgelegt und ist vor allem durch sein als Boxring verfremdetes Bett der ersten Memphis-Kollektion international in die Schlagzeilen geraten. Karl Lagerfeld erwarb es für sein Apartment in Monte Carlo.

Objektname Rosensessel mit Dornenfüßen
Entstehungsjahr 1990
Designer Masanori Umeda
Material Struktur aus Stahl mit kleinen Teilen aus profiliertem Holz, Beine aus Aluminiumguß, chromiert, Polsterung aus aufgeschäumtem Polyurethan und Dacron
Maße/cm H 75 / B 86 / T 82 / L 86
Firma Edra
Preis Ca. 5100 DM
Motto Auf Rosen gebettet

SESSEL Sitzmöbel

Ein Sessel aus einem Guß, wie aus Stein gehauen, ein Thron des High-Tech-Zeitalters in minimalistischer Formreduktion. Schwarz, fast bedrohlich, wie ein Monolith: ein Sessel von elementarer Wucht, eher für düstere, schwere Gedanken als für verspielte Stunden. Dabei ist er französisch elegant und stilvoll, subtil geformt, geheimnisvoll im matten Glanz seiner Oberfläche, undurchdringlich, zwiespältig und daneben vielleicht fast ein wenig frivol. Jean Nouvel gehört zu den herausragenden Architekten und Möbeldesignern der heutigen Zeit. Seinen größten internationalen Erfolg landete er am Institut für Arabische Studien in Paris, dessen Vorderfront er mit ca. 6000 elektronisch gesteuerten Lichtschleusen ausstattete. In dem von ihm herausgegebenen Internationalen Designjahrbuch 1995/96 schreibt er: „Alle Erfahrungen verschmelzen mit den bildnerischen und den konotativen Elementen des Werks zu einem neuen, mehrdeutigen und geheimnisvollen Objekt, einem Kunstwerk. Aus solchen Gründen sollten Architekten das Design von Möbeln, Leuchten und Produkten ernst nehmen."

Objektname Sessel Elémentaire
Entstehungsjahr 1991
Designer Jean Nouvel
Material Leder- oder Kunstlederbezug
Maße/cm H 75 / B 65 / T 67 / SH 43
Firma Ligne Roset
Preis Ab ca. 1350 bzw. 2300 DM
Motto Der schwarze Thron

Das Sofa ist ein verbreiterter Sessel. Oft gibt es im gleichen Formsystem Sessel, Zweisitzer und Dreisitzer. Das Sofa ist ein kommunikatives Möbel, das dem geselligen Beieinander dient. Heute wird es vorzugsweise zum Fernsehen benutzt.

Die Sofas früherer Tage waren eher den Bänken verwandt, und in weiten Teilen Österreichs werden Sofas noch heute nur Bänke genannt. Im 19. Jahrhundert wurden Sofas wie Stühle benutzt und mit Tischen in Normalhöhe kombiniert. Heute werden Sofas fast ausschließlich niedrige Tischchen beigestellt, auf denen man Kleinigkeiten wie Snacks oder Getränke abstellen kann.

Die Sitzhöhe der Sofas ist kontinuierlich gesunken. Standen früher Sofas immer auf Beinen, so hat es sich zwischenzeitlich eingebürgert, Sofas ohne Gestell rein aus der Polsterung heraus zu formen. Diese Entwicklung war nur logisch und läßt sich auch an anderen Möbelstücken verfolgen – das Sofa verlor nach und nach seinen repräsentativen Zweck, wer darauf saß, wollte nicht mehr Konversation betreiben, sondern sich zwanglos unterhalten. Wie für den Sessel war der Schaumstoff für das Sofa von eminenter Bedeutung und ermöglichte gegenüber der früheren Federkernpolsterung wesentliche Entwicklungen.

Heute ist der Zenit des Kunststoffzeitalters auch beim Sofa überschritten und eine Rückkehr zu traditionelleren Formen und Materialen feststellbar.

Zum Klassiker in diesem Bereich zählt das nebenstehende Sofa des italienischen Designers Guiseppe Terragni. Das von ihm im Jahr 1930 entwickelte Möbel ist ein Vorläufer der italienischen Nachkriegssofas.

SOFAS & BÄNKE Sitzmöbel

Sitzmöbel BÄNKE

Objektname Gartenbank D 60/2
Entstehungsjahr Um 1825
Designer Friedrich Schinkel
Material Eisenkunstguß
Maße/cm H 78 / B 110 / T 50 / SH 45
Firma Tecta
Preis Ca. 2200 DM
Motto Klassizistischer Klassiker

Friedrich Schinkel war einer der bedeutendsten deutschen Architekten und Entwerfer des 19. Jahrhunderts und in den strengen, klassizistischen Bauformen ebenso zu Hause wie in schwärmerisch neugotischen. Schinkels Möbelentwürfe waren u. a. Einzelanfertigungen für das preußische Königshaus. Seine gußeiserne Parkbank allerdings, zu der auch ein entsprechender Sessel mit einem etwas ausladenderen Schmuckmotiv gehört, ist für die Serienproduktion geeignet und besticht durch die Kombination von sachlicher Strenge und exaltierter Ornamentik, die an den Reichtum alter Schmiedeeisengitter erinnert. Das heraldische Motiv kombiniert eine Lyra, deren Korpus mit einer antiken Maske (Kopf des Apollo) geschmückt ist, mit einem Flügelmotiv. Eingerahmt wird das Ganze durch antikisierende Ranken. Gewidmet ist die Bank damit dem erhebenden Geist der Musik und Kultur, kein Möbel für primitive Gesellen, denen Bequemlichkeit über alles geht, sondern eindeutig für solche Zeitgenossen, denen der goethezeitliche Drang zur Veredelung des Menschengeschlechts, zur Überwindung des Erdgebundenen durch das Ideal, noch nicht zur leeren Phrase geworden ist. Eisengußmöbel waren zu Beginn des 19. Jahrhunderts groß in Mode. Vor allem schwarz patiniert entsprachen sie dem ästhetischen Empfinden des romantischen Zeitalters, das sich hier mit der neuesten Technik verband. Im Grunde haben wir es mit der ersten wirklichen Serienproduktion von Möbeln zu tun, und Schinkel ist einer der ersten Designer.

Das Sofa mit einer vergleichsweise hohen Lehne (insgesamt neun Segmente) entstand in der Zeit des Biedermeier, weist aber zugleich auf die modernen Sofas voraus. Januskröpfig steht es zwischen Tradition und Moderne. In diesem Sinne erweist es sich als erfrischend unverkrampft, führt souverän eine Zwitterexistenz zwischen Vergangenheit und Zukunft, etwas, was die Postmoderne so oft neidvoll versucht, aber kaum jemals erreicht hat. Im Bereich des Kunsthandwerks und des Möbeldesigns stellen diese Entwürfe von Hoffmann glückliche Glanzpunkte dar, einerseits Spiegelbilder ihrer Zeit, mit einem ganz spezifischen Zeit- und Lokalkolorit, andererseits zeitlos und universell. Wie das Fauteuil (siehe Seite 56) ist die Bank (österreichisch für Sofa) Haus Koller in ihrer klar segmentierten und zugleich organisch einheitlichen Form eine Synthese aus plastischem Strukturgerüst, kombinatorischer Formsynthese und graphischer Pointierung.

Objektname Bank Haus Koller
Entstehungsjahr Um 1912
Designer Josef Hoffmann
Material Gebeizte Füße aus Buchenholz, Stoffbezug mit Kordel
Maße/cm Zweisitzig H 92 / B 158 / T 82 / SH 4; dreisitzig B 200
Firma Wittmann
Preis Zweisitzig ca. 5000 DM Dreisitzig ca. 6300 DM
Motto Prämoderne Schönheit

BÄNKE Sitzmöbel

Josef Hoffmann variierte in seinen Bank- und Sesselentwürfen die traditionellen Formtypen der Möbelgeschichte und führte sie auf ihren Strukturkern zurück. Bei der Bank Alleegasse fühlt man sich unwillkürlich an die herben, im Lehnenteil überwiegend nur in Holz ausgeführten Bänke des Wiener Biedermeier erinnert, die etwa in dem kecken Überschlag der Konturlinie anklingen. Auch die streifige Polsterung verweist auf die gleiche Inspirationsquelle. Der aufrecht gestreckte Lehnenteil und die Tatsache, daß die Seitenlehne etwas zurückspringt, deuten auf einen strengeren und sachlicheren Charakter des Möbels hin, das eher zum aufrechten Sitzen als zum Versinken darin einlädt. Obwohl es eigentlich nur im Österreichischen üblich ist, Sofas als Bänke zu bezeichnen, trifft der Ausdruck hier den Sachverhalt auch nach allgemeinem deutschen Sprachverständnis – Hoffmanns Bank ist ein Mittel zur formvollendeten, gesellschaftlich korrekten Konversation, das seinem Benutzer keine Chance gibt, die Contenance zu verlieren.

Objektname Bank Alleegasse 9330
Entstehungsjahr Um 1912
Designer Josef Hoffmann
Material Füße aus schwarz gebeiztem Buchenholz, Bezug Leder oder Stoff
Maße/cm H 77 / B 161 / T 71 / SH 45
Firma Wittmann
Preis Ab ca. 4700 DM
Motto Das Biedermeier läßt grüßen

Objektname Bank Villa Gallia
Entstehungsjahr Um 1913
Designer Josef Hoffmann
Material Füße aus schwarz lackiertem Buchenholz, Baumwolle, Velours
Maße/cm H 79 / B 139 / T 73 / SH 42
Firma Wittmann
Preis Ca. 3800 DM
Motto Weiblicher Charme

Die Bank ist das Gegenstück zu einem entsprechend geformten Fauteuil. Hoffmann vereinfacht und stilisiert hier die traditionelle Form des Sofas des 18. und besonders des 19. Jahrhunderts. Eine Verwandtschaft mit entsprechenden Wiener Biedermeiermöbeln, die zu Hoffmanns Zeit wieder sehr geschätzt wurden, ist unübersehbar. Allerdings war bei diesen der Rahmen aus Holz, und nur die Lehnen waren gepolstert. Hier dagegen endet die Linie der Rückenlehne mit elegantem und weichem Schwung in angedeuteten Voluten der Seitenpfosten. Die jugendstilhaft weiche Linienführung wird durch die schwarz gerasterte Zierbordüre noch unterstrichen. Statt des hermetisch strengen und männlich herben Charakters des Sofas Kubus (siehe unten) herrscht hier auch farblich ein eindeutig weiblicher Charme. Nachdem sich die Entwicklung des modernen Möbels immer weiter von Hoffmanns „traditionellem" Formverständnis entfernt hatte, ist spätestens seit den 80er Jahren eine Trendwende erkennbar.

Sitzmöbel SOFAS

Objektname Zweisitziges Sofa Kubus
Entstehungsjahr 1910
Designer Josef Hoffmann
Material Schwarzes Ledersofa auf schwarz gebeizten Buchenfüßen (auch andere Bezüge möglich)
Maße/cm H 72 / B 166 / T 77 / SH 42; auch dreisitzig lieferbar
Firma Wittmann
Preis Ca. 9500 DM
Motto Schönheit im Quadrat

Josef Hoffmann war der zentrale schöpferische Geist der Wiener Werkstätte und federführend für deren strengen, geometrischen Jugendstil – zu einer Zeit, als viele in fließenden, weichen Formen schwelgten. Dabei war bei Hoffmann eine so ausgeprägte Vorliebe für quadratische Formen und Ornamentraster festzustellen, daß er im Wiener Volksmund den Spitznamen „Kastl-" bzw. „Quadratl-Hoffmann" erhielt. Das Grundprinzip dieses Sofas, zu dem auch ein entsprechender Sessel existiert (siehe Seite 55), ist die kubische Grundform aus reinen Senkrechten und Waagrechten und die Unterteilung der Lederfläche in lauter quadratische Unterformen. Nachdem man in späteren Jahrzehnten die Sofas zunehmend zu einer oder einigen wenigen straff gespannten Blockformen vereinheitlichte, kehrt man inzwischen doch wieder zu den kleinerteiligen, aber nicht weniger sinnvoll gestalteten Formen eines Hoffmann zurück, wo traditionelle Lederverarbeitungstechniken und moderne Formstrenge eine glückliche Synthese feiern.

Das Palais Stoclet in Brüssel ist eines der großartigsten und in sich geschlossensten Gesamtkunstwerke des Wiener Jugendstils und der Wiener Werkstätte. Dabei waren der stilistische Kult mit Ausstattungselementen und das Bestreben nach künstlerischer Einheitlichkeit bereits so groß, daß schon allgemein darüber gespottet wurde: Die Hausfrau müsse sich, wenn sie von einem Raum in den anderen gehe, rasch umziehen, damit auch ihre Kleidung mit dem Mobiliar und der Ausstattung zusammenpasse. Für die Ausstattung wurden eigene Möbel entworfen und angefertigt, von denen die Bank besonders großartig und machtvoll ausfällt. Im Gegensatz zu dem mitunter auch kleinteiligen und dadurch etwas nervösen Ornament der Wandverkleidung wirkt sie blockhaft und unverrückbar, weniger anmutig als männlich-herb, weniger leicht als schwer und mächtig. Die großzügigen Proportionen der breiten Bank erweisen sich als besonders geglückt.

Objektname Dreisitzige Bank Palais Stoclet
Entstehungsjahr Um 1905
Material Füße standardmäßig Framiré massiv markassar gebeizt, Leder- oder Stoffbezug
Designer Josef Hoffmann
Maße/cm H 80 / B 215 / T 85 SH 45
Firma Wittmann
Preis Ab ca. 7400 DM
Motto Männlich-herb

BÄNKE Sitzmöbel

Die Bank Cabinett weist ebenfalls einen eindeutigen Wiener Einschlag auf. Dieser läßt sich mindestens bis in die Tage eines Danhauser zurückverfolgen, der bereits ein Jahrhundert vor Hoffmann mit geometrisierender Vereinfachung und struktureller Prägnanz seine unvergleichlich schönen und eindrucksvollen Biedermeiermöbel geschaffen hatte. Der Aufbau der Bank ist dabei ganz auf die Kanten des Kubus reduziert: Die Flächen sind mit Stoff ausgekleidet, die Lehnen mit Polstern verkleidet. Strenge und Bequemlichkeit, logisch-formale Konsequenz und Rücksichtnahme auf den Zweck finden hier zu einer glücklichen Synthese zusammen: zu herber klassischer Schönheit, nicht ohne Anmut und Eleganz. Erstaunlich beim Vergleich mit den Bemühungen des Bauhauses und des Konstruktivismus ist, daß Hoffmann unter Vorgabe gänzlich anders gearteter Zielvorstellungen und weltanschaulicher Orientierung zu formal so ähnlichen Ergebnissen gelangt.

Objektname Bank Cabinett
Entstehungsjahr Um 1905
Designer Josef Hoffmann
Material Dunkelbraun gebeiztes Mahagonigestell, Stoffbezug
Maße/cm H 77 / B 126 / T 68 / SH 45
Firma Wittmann
Preis Ca. 5500 DM
Motto Die Kanten des Kubus

Objektname   Gartenbank
Oberwaltersdorf
Entstehungsjahr   1912–1914
Designer   Josef Hoffmann
Material   Lackiertes Holz
Maße/cm   H 105 / B 199 / T 55 / SH 45
Firma   Wittmann
Preis   Ca. 4800 DM
Motto   Betont symmetrisch

Der Einfluß des Biedermeier ist auch bei dieser Gartenbank deutlich spürbar. Dennoch sind die gestalterische Eigenwilligkeit und Originalität Hoffmanns überall unverkennbar. Die Bank weist einen betont symmetrischen Aufbau mit erhöhter, zur Seite in Bögen absinkender Rückenlehne auf. Charakteristisch für Hoffmann sind die Kugeln als Ziermotiv. Die senkrechten Leisten der Rückenlehne enden dabei jeweils im Wölbungsbereich der Kreissegmente, die im aufsteigenden Rhythmus optisch zwischen den Armlehnen und dem kompakten Mittelteil der Lehne vermitteln. Diese ist in vier gleich breite Kompartimente geteilt, von denen die zwei mittleren von den beiden profilierten, mit einem Queroval geschmückten Rechteckflächen eingenommen werden, während die beiden äußeren das Gestänge der Konstruktion aufgreifen. So bietet Hoffmann eine spannungsreiche Gegenüberstellung von linearen, flächigen und raumgreifenden Komponenten, denen die typischen Kugeln als I-Tüpfelchen beigefügt sind.

Sitzmöbel BÄNKE

Objektname   Kirschbaum-Sofa
Entstehungsjahr   1906
Designer   Frank L. Wright
Material   Kirschbaumholz
Maße/cm   H 76 / B 239 / T 102 / SH 43
Firma   Cassina
Preis   Ca. 8500 DM
Motto   Ausladende Geste

Das Sofa stammt aus einer Zeit, da Ornamente noch nicht als Verbrechen angesehen und auch von avantgardistischen Entwerfern maßvoll angebracht wurden. Seine Wiedergeburt erlebte dieses Möbel folgerichtig in einer Entwicklungsphase, in der man sich nach der langen Dürre und Langeweile des nackten, unbarmherzigen „Funktionalismus" wieder nach einer maßvollen Ornamentik zurücksehnte. Frank Lloyd Wrights Kirschbaum-Sofa verkörpert eine Mischung aus einem Sitzmöbel und einem Tisch. Die Seitenlehnen sind zu einer tischartigen Auflagefläche verbreitert, auf der vielleicht der Entwerfer selbst über seine Entwürfe nachgegrübelt hat. Trotz pointierter Abweichungen vom rechten Winkel an den geschweiften Füßen atmet das Sofa durch und durch den Geist des großen Architekten und ist im Grunde selbst ein — zufällig aus Holz und beweglich gefertigtes — architektonisches Gebilde, das in ausladender Geste den umgebenden Raum strukturiert.

Bevor Walter Gropius Leiter des Bauhauses wurde, traf er — noch vor dem Ersten Weltkrieg — als junger Architekt in dem Leiter der Fagus-Werke einen Auftraggeber, der seinen modernen Vorstellungen von Architektur und Gestaltung entgegenkam. Hier schuf Gropius nicht nur eine der Inkunabeln des modernen Fabrikbaus, sondern auch eine bemerkenswerte Ausstattung, der diese Sitzbank entstammt. Sie beschränkt sich auf die rechteckige Struktur des Gestells und kontrastiert diese spielerisch durch die Streifung des Bezugs. Die Bank ist von zeitloser Modernität, ohne modisches Brimborium. Im Grunde stellt sie eine konsequente Weiterentwicklung der formalen Konzepte von Josef Hoffmann von den Wiener Werkstätten dar. Doch trotz der engen Verwandtschaft ist der Unterschied auch wieder erheblich: dort der Vertreter eines verfeinerten, luxusbetonten Stils für eine kleine Schicht begüterter Ästheten, hier der Wegbereiter des modernen Industriedesigns.

Objektname Bank für das Fagus-Werk D 51/2
Entstehungsjahr 1910
Designer Walter Gropius
Material Gestell Esche schwarz oder weiß gebeizt, Flachpolsterkissen in Sitz und Rücken
Maße/cm H 79 / B 140 / T 56 / SH 45
Firma Tecta
Preis ca. 2900 DM
Motto Frische, zeitlose Modernität

SOFAS Sitzmöbel

Äußerlich sieht dieses Sofa auf den ersten Blick relativ normal und konventionell aus. Doch Eileen Gray wäre nicht Eileen Gray, wenn sie sich nicht auch hier etwas Besonderes ausgedacht hätte. Was wie zwei breite Seitenlehnen aussieht, sind in Wirklichkeit auf Rollen montierte Kästen, die mit Scharnieren und Magneten am Mittelteil befestigt sind. Während sie nach vorn ein vornehmzurückhaltendes Schwarz präsentieren, sind sie auf der Oberseite und den Seiten rot, beige oder grau lackiert. Das Sofa entstand für Madame Mathieu Lévy in der Rue de Lota in Paris, von der auch der Name entlehnt ist. Nicht durchweg stieß die in Irland gebürtige Designerin mit ihren kühnen Entwürfen auf die Gegenliebe ihrer Zeitgenossen. Einer ihrer Entwürfe wurde als „Schlafzimmer der Tochter Caligaris" bezeichnet, wobei auf jenen deutschen Stummfilmklassiker angespielt wurde, der vor allem durch sein schräges, expressionistisches Bühnenbild Aufsehen erregte und die Geschichte eines Verrückten erzählt.

Objektname Lota
Entstehungsjahr 1924
Designer Eileen Gray
Material Lackiertes Holz, daunengefüllte Baumwoll- bzw. Lederpolster
Maße/cm H 68 / B 240 / T 87,5
Firma ClassiCon
Preis Ab ca. 10000 DM
Motto Fahrbare Kisten

Objektname Sofa
Entstehungsjahr 1928
Designer Le Corbusier
Material Verchromtes oder farbig lackiertes Stahlrohrgestell, Bezug aus Leder oder Stoff
Maße/cm H 67 / B 130 oder 180 / T 70 / SH 43
Firma Cassina
Preis Ca. 4300 DM
Motto Verdoppelte Bequemlichkeit

Der Entwurf ist eine schlichte Verdoppelung bzw. Verdreifachung des Sessels „grand comfort", dessen Würfelform er in die Breite erweitert. Der massive monolithische Charakter der zusammengeschichteten Lederpolster wird dadurch noch verstärkt. Die schiere Präsenz, die sich da in der dünnen, fragil wirkenden Stahlrahmung sammelt, entfaltet auch durch die schwarze, lichtschluckende Qualität des Leders eine enorme Kraft. Sie kündet von der geistigen Spannkraft und Intensität des Jahrzehnts. Wie ein Prophet verkündete Corbusier unermüdlich die moderne Formgebung, wenngleich sich — wie so oft bei Propheten — nicht alles, was er propagierte, als segensreich herausgestellt hat! Bei diesem Entwurf, der mit so einfachen Formen und so pointiertem Materialeinsatz arbeitet, wirkt sich jede Änderung in Material und Ausführung besonders stark aus. Bereits die heute kaum umgehbare Füllung der Polster mit Schaumstoff statt mit Roßhaar bewirkt eine nicht unerhebliche Veränderung des Eindrucks.

Sitzmöbel SOFAS

Objektname Monte Carlo
Entstehungsjahr 1929
Designer Eileen Gray
Material Verchromtes Stahlrohrgestell, Leder- oder Stoffbezug
Maße/cm H 60 / B 280 / T 95 / SH 40
Firma ClassiCon
Preis Ab ca. 7800 DM
Motto Revolutionäre Formenwelt

Eigentlich hat man die revolutionäre und kühne Formenwelt der Eileen Gray, die zeit ihres Lebens äußerst schüchtern und zurückhaltend war und deshalb von ihren auftrumpfenden männlichen Kollegen immer in den Hintergrund gedrängt wurde, erst in den 80er Jahren wirklich verstanden. Einer schlichten, gepolsterten Bank wird eine weitere, zur Seite versetzte kleinere in einer treppenartigen Erhöhung hinzugefügt, die weniger zum Anlehnen als zum Aufstützen taugt und eine eher unkonventionelle Sitzweise verlangt. Keineswegs ist die Bank jedoch dafür gedacht, auf der Rückenlehne sitzend die Füße auf der Sitzfläche abzustellen! Bei aller Zurückhaltung des Materialverbrauchs ist diese gepolsterte Bank raumgreifend und ausladend wie kaum ein anderes Möbel. Der Bezug zu dem imaginären Kreis, von dem die Sitzbank ja nur ein kleines Segment ausschneidet, wird durch die konzentrische Verschiebung der Rückenlehne dramatisch verstärkt und zur grandiosen raumgreifenden Geste.

SOFAS # Sitzmöbel

Objektname Blue Sofa
Entstehungsjahr 1929
Designer Eliel Saarinen
Material Lackiertes Holz und Baumwollpolster
Maße/cm H 76 / B 124 / T 70 / SH 46; andere Breiten: 180 / 291
Firma Adelta
Preis Ab ca. 3900 DM
Motto Jugendstil und Neogotik

Im Grunde ist Eliel Saarinen ein Jugendstilkünstler, der seine Formensprache hier von dem Art deco überformt und geometrisch gestrafft vorführt, aber doch seinen Wurzeln treu geblieben ist. In gewisser Weise weist er sogar auf die Formenwelt der Neogotik und des Biedermeier zurück, in der diese Art von Bänken große Mode waren. Vielleicht noch stärker als sein amerikanischer Kollege Frank Lloyd Wright gehört der Finne Eliel Saarinen zu den großen Anregern und Gründungsvätern des amerikanischen Möbeldesigns. Im Zusammenhang mit dem bedeutenden Wettbewerb um den Bau des Hochhauses für die „Chicago Tribune", bei dem er den zweiten Preis gewann, kam er 1922 in die USA und gründete, baute und leitete hier von 1925 an die Cranbrook Academy of Art. Diese Schule hatte für die USA vielleicht die gleiche Bedeutung und Auswirkung wie für Deutschland das Bauhaus. Viele bedeutende Möbeldesigner, darunter Charles Eames, wurden von Saarinen entdeckt bzw. gingen aus seiner Schule hervor. Das Blue Sofa zitiert zunächst gotische Spitzbögen, die die Lehne in gleichmäßiger Reihung ausfüllen und auch in der goldenen Zwickelfüllung eine fast sakrale Aura verbreiten. Schlanke, nach oben strebende Eleganz verbindet sich hier mit solider Bodenständigkeit und sachlicher Handwerkskunst. Vom Standpunkt der Moderne vertrat Saarinen eine Vorläuferposition. Heute, im Zeitalter der Postmoderne, findet er sich damit plötzlich wieder an der Spitze des Geschmacks wieder.

Objektname Ambassador
Entstehungsjahr 1932
Designer Warren McArthur
Material Aluminiumgestell mit stoffbezogener Polsterung
Maße/cm H 86 / B 133 oder 195 / T 85 / SH 45
Firma ClassiCon
Preis Zweisitzig ab ca. 4100 DM
Dreisitzig ab ca. 5200 DM
Motto Auch frei stellbar

Warren McArthur war ein amerikanischer Möbelentwerfer und Unternehmer, der sich auf Aluminium spezialisiert hatte. Seine Entwürfe der frühen 30er Jahre, die auf die heroischen Zeiten des Stahlrohrs und des Funktionalismus folgten, verschmelzen in von der Art deco inspirierter Weise Modernität mit traditionellen Formen. Die Verbindungsmanschetten der Aluminiumrohre sind dabei als dekoratives Element eingesetzt. Der Entwurf ist vorne und hinten aus einem Guß und kann auch frei im Raum aufgestellt werden. Während McArthurs Möbel vor dem Krieg großen Erfolg hatten, kam seine Firma in den 50er Jahren nicht mehr in Schwung. Heute sind die Originale auf dem Antiquitätenmarkt gesuchte Kostbarkeiten, weil sie im Krieg praktisch alle für den Flugzeugbau eingeschmolzen wurden.

Sitzmöbel SOFAS

Objektname Sofa Tatlin
Entstehungsjahr 1989
Designer Mario Cananzi
Material Gestell aus Massivholz und Stahlrohr, Untergestell aus chromiertem Stahlrohr, Polsterung aus Polyurethan und Wattierung aus Dacron
Maße/cm H 130 / B 210 / T 180 / SH 40–45
Firma Edra
Preis Ca. 8300 DM
Motto Verschraubte Sitzskulptur

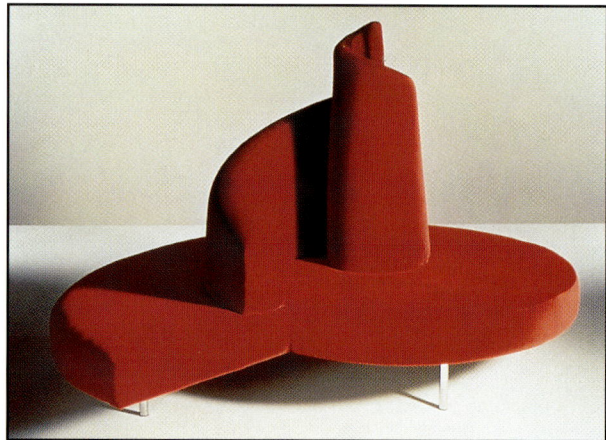

Schon im Namen dieses originellen Sofas wird der stilistische Bezug zum russischen Konstruktivismus deutlich: Der Bildhauer Tatlin war einer seiner Helden. Tatsächlich übte der damals entwickelte Konstruktivismus einen enormen Einfluß auf das Design und die Massenproduktion des 20. Jahrhunderts aus. Im Gegensatz zum normalen, viereckig normierten Sofatyp, den man an die Wand stellt, handelt es sich hier um eine eindeutig freistehende Ausprägung, die sich als entfaltende Spiralform von einem erhöhten Zentrum förmlich in den Raum schraubt. Es beschwört einen Geist der Dynamik, der Bewegung, und erinnert auch an den Futurismus, einen Geist, der zum einen mit vereinfachten, modernen Formen spielt, aber sich so gar nicht in ein funktionalistisches Schema pressen läßt, sondern sehr viel Pathos und rhetorische Dramatik entfaltet. In diesem Sinne ist es auch ein typisches Produkt der späten 80er Jahre, als die Postmoderne es aufgegeben hatte, nach ständig neuen Endpunkten der Stilentwicklung zu suchen.

SOFAS Sitzmöbel

Objektname Sofa Big Mama
Entstehungsjahr Um 1990
Designer Iosa Ghini
Material Füße aus Birkenholz oder Aluminium, Schaumstoffpolsterung mit Stoff- oder Lederbezug
Maße/cm H 74 / B 250 / T 86 / SH 45
Firma Moroso
Preis Ab ca. 4400 DM
Motto Neue Eleganz

Iosa Ghini ist in den letzten Jahren zu einem der führenden jungen Designer aufgestiegen. Begonnen hat er als Comiczeichner, und nicht wenige seiner Möbel verströmen den dynamischen Geist der 80er Jahre. In seinen neueren Polstermöbeln ist diese spannungsvoll-dynamische Linienführung einer eleganten Gelassenheit gewichen, die zu Sofas und Sesseln von wahrhaft klassischer Schönheit geführt haben. Entscheidend für die neue Freiheit im Polstermöbelbereich ist die Überwindung der Kastendiktatur und der strukturellen Vereinheitlichung. Auffallend ist die neue Freude an Gegensätzen, wie sie sich etwa in dem massiven Polsterbereich im Kontrast zu den betont weit nach innen gerückten, geradezu provozierend winzig gehaltenen Beinchen ausdrücken. Im Grunde stehen diese Möbel den Entwürfen eines Josef Hoffman vom Anfang des Jahrhunderts näher als denen der 60er und 70er Jahre, die sich in gepolsterter Formlosigkeit ergingen. Mut zur Form demonstriert Ghini bei aller schlichten Zurückhaltung in bemerkenswerter Weise. Das Sofa Big Mama, das zu einer ganzen Formenfamilie – angefangen von einem analog geformten Sessel über eine dreisitzige Couch über Tischchen und Schemel bis hin zu verschiedenen Formvarianten – angeregt hat, zeichnet sich durch seine bei aller Einfachheit doch komplex anmutende Gediegenheit aus. Nicht ohne Witz und Finesse, wie etwa die weit nach innen gerückten Beinchen signalisieren, breitet es sich in einer ausladend-einladenden Geste vor dem Benutzer aus.

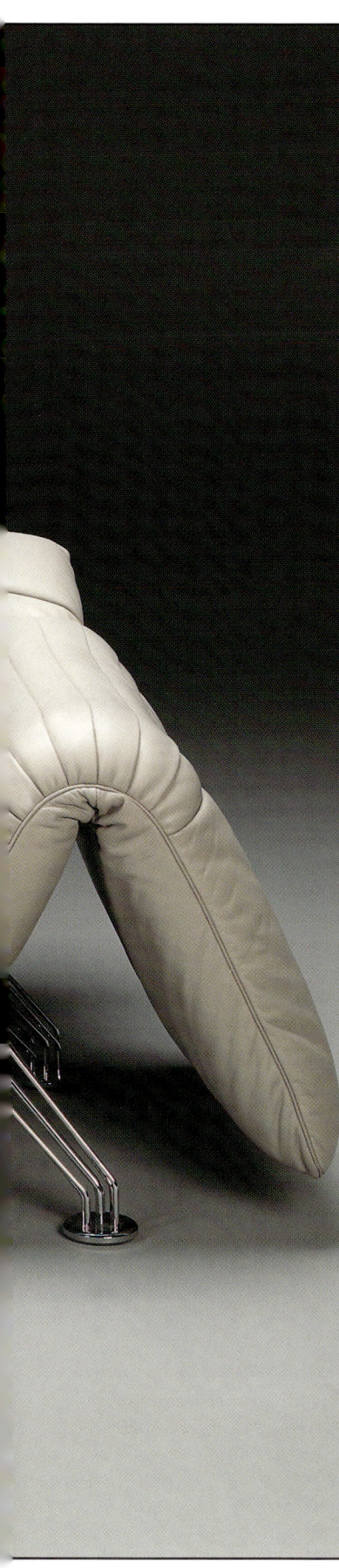

Während Designer in der Regel um Betten einen weiten Bogen machen, lieben sie Liegen! Nicht selten hat man das Gefühl, daß das Entwerfen von Liegen weniger um der Sache der Liegens willen als vielmehr wegen des Austobens von Gestaltungsideen geschieht.

Funktional ist die Liege das Gegenstück des Bettes – gedacht für die Siesta, für das Ausruhen bei Tag. Diese Aufgabe hat sie in den letzten Jahrzehnten an das Sofa und den Sessel abgegeben, ein Tribut an kleine Wohnungen, die kaum noch zulassen, ein Möbel – und noch dazu ein so großes – nur für einen speziellen Zweck aufzustellen.

Im Grunde sind moderne Liegen Skulpturen im Raum, auf denen der Benutzer tendenziell eher stört. Doch abgesehen davon sind viele von ihnen wirklich sehr bequem und benutzerfreundlich – nur hat heutzutage leider kaum jemand die Zeit, solche Schmuckstücke kultivierten Wohnens auch wirklich zu nutzen.

Metallrohr ist das klassische Liegenmaterial. Und selbst in seiner trivialisierten Form des Liegestuhls hat sich dieses Material (inzwischen meist Aluminium) durchgesetzt.

Die Zukunft der Liege ist ungebrochen, zumindest in Räumen, die entsprechend großzügig geschnitten sind. Ständig werden neue Konzepte und Gestaltungsideen ausgebrütet, wie man das Faulsein zwischendurch noch spektakulärer inszenieren könnte.

Ein Paradebeispiel dafür ist die nebenstehend abgebildete und 1988 vom Orthopäden Winfried Totzek in Zusammenarbeit mit dem De-Sede Designteam entwickelte Liege DS-142. Das für den Praxisbedarf konzipierte Möbel besticht nicht nur durch seine eigenwillige und doch sehr ansprechende Form, sondern auch durch seine Funktionalität, da die Seitenteile in ihrer Höhe flexibel verstellbar sind.

BETTEN & LIEGEN Liegemöbel

Liegemöbel LIEGEN

Objektname Bauhaus-Wiege
Entstehungsjahr 1923
Designer Peter Keler
Material Lackiertes Stahlrohr, Korpus blau, gelb, rot und weiß lackiert und naturbelassenes Korbgeflecht
Maße/cm L 98 / D 91
Firma Tecta
Preis Ca. 3100 DM
Motto Für Kinder und Zeitungen

Es ist nicht jedermanns Sache, seinen Wonneproppen in einen dreieckigen, labil gelagerten Kasten zu legen, auch wenn dieses Behältnis von Peter Keler nach den ultimativen Lehrsätzen des Bauhaus-Gurus Wassily Kandinsky entworfen worden ist. Hier sind Kreis, Viereck und Dreieck in einem einzigen Möbelstück idealtypisch vereint und zudem ihrer von Kandinsky geforderten Farbigkeit zugeordnet. Demnach ist Gelb nicht nur die Farbe der Eifersucht, sondern auch die des Dreiecks, Rot die Farbe des Rechtecks und Blau die des Kreises. In diesem Sinne ist die Wiege nicht nur ein zweifellos praktisches und funktionsgemäßes Möbelstück: Mit ihr erwerben sie zugleich ein Manifest der modernen Gestaltung nach streng wissenschaftlichen Maßstäben, die Kandinsky in seinem berühmten Buch „Das Geistige in der Kunst" hieb- und stichfest dargelegt und bewiesen hat. Sollten einmal keine Kinder zur Hand sein, kann die Wiege auch als Zeitungsständer benutzt werden! Peter Keler gehört nicht zu den berühmten Designern. Dennoch oder vielleicht gerade deshalb ist sein Entwurf aus der Zeit seines Studiums in besonderem Maß bauhaustypisch. Interessant ist auch, daß Keler nicht Schreinerei oder sonst einen angewandten Bereich studiert hat, sondern nach dem Grundkurs bei Professor Itten bei Kandinsky das Fach Wandmalerei. Als das Bauhaus 1925 aus finanziellen Gründen nach Dessau übersiedelte, blieb Keler in Weimar, wo er ein Atelier für angewandte Malerei, Graphik und Innenarchitektur eröffnete.

Die irische Designerin und Architektin Eileen Gray stammte aus einer begüterten Familie und war nie wirklich auf den Verkauf ihrer Arbeiten angewiesen, obwohl sie hart arbeitete, Entwurfaufträge ausführte und auch eine Zeitlang eine Galerie betrieb. Viele ihrer Möbel entwarf sie für ihren eigenen Gebrauch und stattete mit ihnen auch die von ihr selbst entworfenen und gebauten Häuser, die zu den Inkunabeln der modernen Architektur gehören, aus. Es ging ihr dabei darum, Eleganz mit praktischem Gebrauch auf beschränktem Raum zu vereinen. Sie hatte einen exzentrischen, distinguiert zurückhaltenden Stil, in dem sich englische Eigenwilligkeit, französische Eleganz und deutsche Sachlichkeit zu einer einzigartigen Mischung verbanden, deren tiefgründige Komplexität und herausragender Rang eigentlich erst in unseren Tagen allgemein erkannt wurden. Die Verbindung aus voluminösen Polstern und dünnem, poliertem Stahlrohr ist typisch für die Entstehungszeit, die Bauhaus- und Konstruktivismusära.

Objektname Day Bed
Entstehungsjahr 1925
Designer Eileen Gray
Material Verchromtes Stahlrohrgestell, gepolsterter Holzrahmen, Bezug in Leder oder Stoff
Maße/cm H 61 / L 190 / B 95 / SH 38
Firma ClassiCon
Preis Ab ca. 4000 DM
Motto Exzentrisch distinguiert

LIEGEN Liegemöbel

Daß der Geist des Funktionalismus in den 20er und 30er Jahren zunächst vor allem ein formaler Gestaltungswille war, beweist anschaulich Breuers fahrbare Liege. Abgesehen von der Funktion handelt es sich hier nämlich um ein Kunstwerk, das mit Formen und Ebenen im Raum spielt: drei rhythmisch gruppierte Ebenen im Raum, die von einer einzigen, viermal ausgebauchten Stahlrohrschlaufe getragen werden. An den Ausbauchungen sitzen die vor allem als schwarz gezeichnete Kreise wahrnehmbaren Räder. In der Mitte der großen Fläche ist ein fünfter Kreis angebracht, der den Abstand zwischen den beiden Räderpaaren optisch überbrückt und einen eigenen geometrisch reduzierten Rhythmus erzeugt, der uns eine Liege oder ein konstruktivistisches Kunstwerk erblicken läßt bzw. beides zusammen. In dieser spezifischen Ausprägung bedeutet also „Funktionalismus" ein Kunstwerk, das auch zu etwas nutze ist. Das Spiel dabei ist, daß der Kunstcharakter hinter kunstfremden, technisch geprägten Materialien versteckt wird!

Objektname Fahrbare Liege F41
Entstehungsjahr 1928/30
Designer Marcel Breuer
Material Verchromtes Gestell auf Rollen, Naturrohrgeflecht, Eisengarn oder Kernleder
Maße/cm H 63 / L 186 / B 61 / SH 30
Firma Tecta
Preis Ca. 2300 DM
Motto Das fünfte Rad am Wagen

Objektname Liege Modell 258
Entstehungsjahr 1930
Designer Ludwig Mies van der Rohe
Material Palisanderfarbiger Holzrahmen, hochglanzverchromte Stahlrohrfüße und rindlederbezogene Schaumgummimatratze
Maße/cm H 39 / L 198 / B 99
Firma Knoll International
Preis Ab ca. 9000 DM
Motto Formal abgeklärt

Für manche ist die Liege von Mies van der Rohe, die er für das New Yorker Appartement von Philip Johnson entwarf, sein schönstes und formal abgeklärtestes Möbel. Nichts weiter als ein viereckiges Gestell mit runden Stahlrohrbeinen, einer Lederpolsterung ohne modischen Schnickschnack und einer runden Lederrolle als Nackenstütze: das unnachahmliche Stück eines wahren Meisters, der zeit seines Lebens sein Denken auf Massen, Rhythmen und Proportionen zentrierte. Alles ist von sorgfältiger Gediegenheit und großzügiger Eleganz. Elementare Kontraste geben der einfachen Form Spannung: Die dicke Rolle steht gegen die dünnen Beine, ihr weiches Material gegen das harte, ihr metallischer Glanz gegen die matte Oberfläche des Leders. Diese kontrastierenden Formen der 20er und 30er Jahre heben sich wohltuend vom vereinheitlichten Rasterstil der Nachkriegszeit ab, in der alles über den Rechteckleisten geschlagen wurde.

Liegemöbel LIEGEN

Objektname Liegesessel 242
Entstehungsjahr 1931
Designer Ludwig Mies van der Rohe
Material Verchromtes Stahlrohrgestell, Polsterung mit Lederbezug
Maße/cm H 80,5 / L 178,5 / B 60
Firma Knoll International
Preis Ca. 6000 DM
Motto Anspruch auf Exklusivität

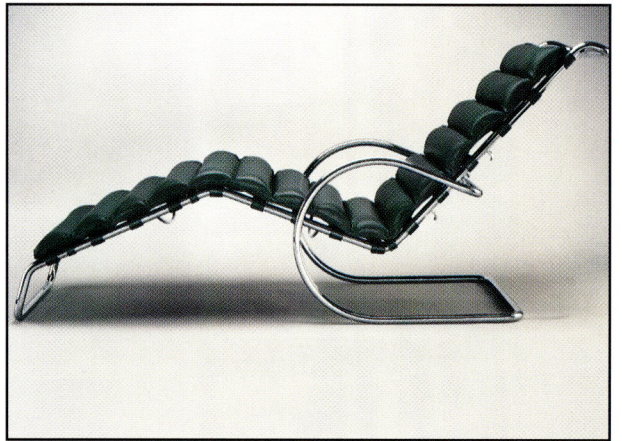

Das Freischwingerprinzip hat Mies van der Rohe in einer ganzen Reihe von Transformationen Schritt für Schritt abgewandelt. So gab es den einfachen Freischwinger mit und ohne Lehne, mit einfacher Lederbespannung oder mit Polsterung, als Liegesessel und als Liegestuhlversion, bei der nun das Prinzip des Freischwingers auf die Lehne übertragen wurde, das durchgehende Liegeteil aber einen eigenen Fuß in formaler Symmetrie zu der oberen Halteschlaufe bekam. Das Ganze ist von äußerster formaler Konsequenz und Folgerichtigkeit, dabei von großzügiger Eleganz und formuliert einen kaum verhohlenen Anspruch auf Exklusivität. Der Liegesessel ist der letzte von Mies van der Rohes Möbelentwürfen, die produziert wurden. Im Grunde ist es die Verbindung einer Liege mit einem Freischwingersessel, also ein Sessel, der es ohne zusätzlichen Hocker erlaubt, die Beine hochzulegen. Durch die massiv wirkende Lederbespannung wird das Freischwingerprinzip zusätzlich betont.

LIEGEN Liegemöbel

Objektname Liege LC 4
Entstehungsjahr 1928
Designer Pierre Le Corbusier
Material Matt lackiertes Stahlgestell, verchromter oder mattschwarz lackierter Rahmen, Fell-, Leder- oder Stoffbespannung, Nackenrolle lederbezogen
Maße/cm H 84 / L 160 / B 56,5
Firma Cassina
Preis Ab ca. 2800 DM
Motto Eleganter Bogen

Le Corbusiers Liege ist nicht nur funktionell und modern, sie ist auch ausgesprochen elegant und unverwechselbar. Sie basiert auf dem Prinzip, daß ein Bogen auf einem Gerüst aufruht, mit dem er nicht fest verbunden ist, sondern verschoben werden kann, so daß sich der Sitzwinkel verändern läßt. Dazu muß man sich allerdings zuerst erheben, was jedoch ein wahrer Anhänger Corbusiers gern auf sich nimmt, um damit dem großen Meister seine Reverenz zu erweisen. Um 1930 wurde diese Liege von Thonet hergestellt, unterschied sich allerdings in geringfügigen Details von dem heute ausschließlich von Cassina gelieferten Modell. Le Corbusiers Liege ist nicht ein einfaches Möbel, eine bloße Liege zum Entspannen, eine „Ruhemaschine" („machine repos") – die LC 4 ist ein Mythos. Lange hat sich der große Architekt und Theoretiker mit der Idee beschäftigt, die im Kern auf einen Liegestuhl von William Morris zurückgeht. Zunächst war ein Handrad vorgesehen, um die Liegeposition zu ändern, doch dann entschied sich der Meister anders. Le Corbusier gehört heute nicht nur wegen seiner Möbelentwürfe, die zum Schönsten, Einprägsamsten und Dauerhaftesten gehören, was dieses Jahrhundert hervorgebracht hat, sondern vor allem auch als Architekt und Architekturtheoretiker zu den einflußreichsten Gestalten des 20. Jahrhunderts. Vieles, was er erhoffte und erstrebte, hat sich erfüllt, nicht alles allerdings hat sich als segensreich herausgestellt. An seiner Liege allerdings gibt es nichts zu deuteln.

Objektname Liege 43
Entstehungsjahr 1937
Designer Alvar Aalto
Material Gestell aus Birkenschichtholz mit Leinen- oder Ledergurtung
Maße/cm H 70 / L 164 / B 64
Firma Artek
Preis Ca. 6000 DM
Motto Holz statt Stahlrohr

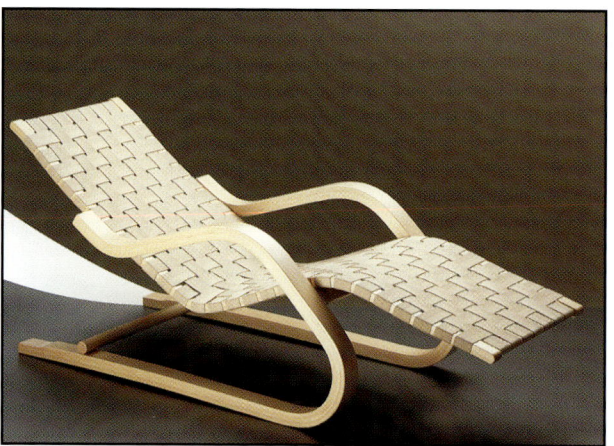

In einzelne dünne Streifen zersägtes Holz läßt sich auch ohne Dampfeinwirkung, wie Thonet es praktizierte, durch die Verwendung neuentwickelter Klebstoffe so formen, daß damit die erstaunlichsten Formen möglich werden. So wurde das Freischwingerprinzip von Mart Stam bei Experimenten mit Eisenrohren entdeckt und von Mies van der Rohe in kalt gezogenem Federstahl weiterentwickelt. Alvar Aalto gelang es dann mit der Schichtholztechnik, vergleichbare Effekte auch in Holz zu erzielen, wobei er mehrere Vorteile auf seiner Seite hatte. Holz ist – anders als Metall – weniger gut wärmeleitend und fühlt sich nicht kalt an. In Finnland steht genug von dem Naturstoff zur Verfügung. Das Rahmengestell ist breiter und kann zugleich als Lehne benutzt werden. Die harten Form- und Materialkontraste, die die 20er Jahre so liebten, werden zugunsten eines eher homogenen, gemäßigteren Formcharakters vermieden. Die dabei entstehende Gefahr der Langeweile brauchte Aalto allerdings nicht zu befürchten.

Liegemöbel BETTEN

Objektname Liegesessel 24
Entstehungsjahr 1965
Designer Poul Kjaerholm
Material Gestell Edelstahl, Geflecht Peddigrohr, Nackenrolle mit Ochsenleder
Maße/cm H 87 / L 155 / B 63 / SH 14
Firma Fritz Hansen
Preis Ca. 10000 DM
Motto Einfach heißt nicht billig

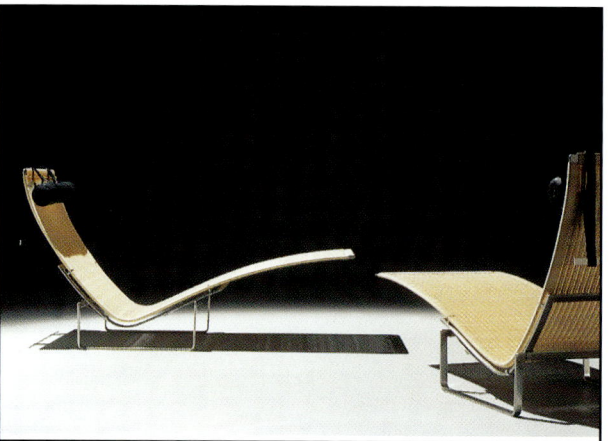

Die Einfachheit der Form des Modells 24 steht im krassen Gegensatz zum Aufwand der Herstellung – vergleichbar insofern mit dem Barcelona-Stuhl von Mies van der Rohe, mit dem Poul Kjaerholm sehr viel geistige und stilistische Gemeinsamkeiten aufweist. Nicht immer ist die einfache und maschinell leicht herstellbare Form auch die eleganteste und schönste, wie auch das Gegenteil keineswegs verbindlich ist. Hier allerdings wurde eine Form gewählt, die durch die Gediegenheit der Ausführung erst zum Klingen gebracht wird. Einfachheit darf hier nicht mit Simplizität verwechselt werden. Sie steht für eine stilistische Formreduktion, nicht für eine Vergröberung zugunsten leichterer Herstellbarkeit. Die Liege besteht aus einer einfachen, ungemein leicht wirkenden Hackenform, der in einer Art asymmetrischen Gleichgewichts die massiv und schwer wirkende Nackenrolle gegenübergestellt wird, die von einem wiederum leicht wirkenden Gegengewicht in Position gehalten wird.

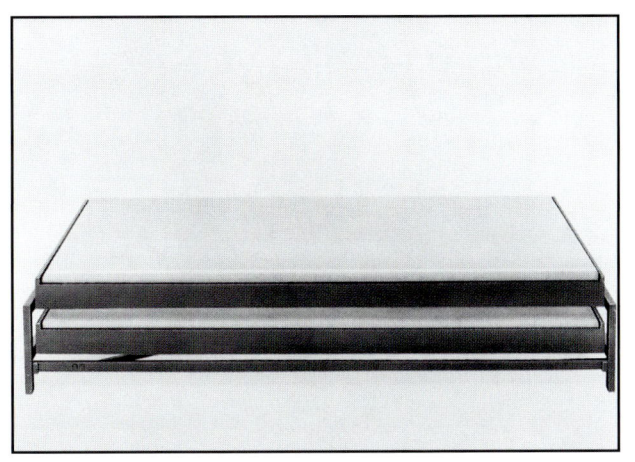

Der Name Hans Gugelot ist eng mit der Ulmer Hochschule für Gestaltung verknüpft, an der er mehrere Jahre als Lehrer tätig war. Das von der Geschwister-Scholl-Stiftung initiierte Institut verstand sich als Nachfolgerin des Bauhauses und verfolgte dementsprechend ein Programm von hoher Rationalität und Sachlichkeit. Vor allem auf den Bereich des Industriedesigns gingen von hier starke Einflüsse aus. Für den Möbelbereich war die strenge, asketische Haltung der Ulmer nur bedingt geeignet. Vor allem im Bereich von Regalen und Systemmöbeln wurden allerdings herausragende Akzente gesetzt. Ein ebenso zurückhaltend sachliches wie praktisches Möbel ist auch dieses Schubladenbett, dessen beide Flächen sich zu einer großen ausklappen lassen und das im zusammengeklappten Zustand in zwei Etagen angeordnet ist. So lassen sich nicht nur eine Menge Gegenstände unterbringen, sondern das Bett läßt sich auch tagsüber – zur Hälfte – wegräumen. Das Bett ist auch auf Rollen lieferbar.

Objektname Schubladenbett GB
Entstehungsjahr 1989
Designer Hans Gugelot
Material Schwarz lackiertes Metallgestell mit gezinktem Multiplex-Holzrahmen
Maße/cm H 42 / L 200 / B 90/180
Firma Habit
Preis Ca. 3750 DM
Ohne Klappmechanismus und wesentlich preiswerter existiert das gleiche Bett in den Breiten 90, 120, 140, 160 und 180 cm: Ca. 650–950 DM
Motto Auch zum Klappen

BETTEN Liegemöbel

Das Bett entspricht in seiner Kinderspielzeuganmutung einer Zeit, in der kindliche Attitüden angesagt waren und Menschen spätestens mit 30 zum alten Eisen gehörten. Man gab sich unkompliziert und unprätentiös. Möbel wurden wie Laubsägearbeiten nach einfachen Schnittmustern gebaut oder zum Selbstzusammenbauen verschickt. Dieses Bett entstand im Auftrag einer bekannten deutschen Frauenzeitschrift, mit der der Entwerfer seit Jahren zusammenarbeitete. Die Grundidee war, zwei Bettkästen so zu stapeln, daß sie tagsüber als Sofa genutzt werden konnten. Der einfach zusammengesetzte Bettkasten vervollständigt das Ensemble. Rolf Heide ist seine Aufgabe nicht nur als Entwerfer, als Inneneinrichter, als Künstler, sondern vor allem auch als Handwerker angegangen. Man merkt dem Bett in seiner schlichten Gediegenheit an, daß sein Designer eine Schreinerlehre absolviert hat und zu Holz eine gewachsene Beziehung besitzt.

Objektname Stapelliege 223/4
Entstehungsjahr 1967
Designer Rolf Heide
Material Schichtholz aus Buche oder Esche, natur, schwarz, weiß, lichtgrau lackiert
Maße/cm H 23,5 / L 200 / B 90
Firma Müller Bockhorn
Preis Ab ca. 500 DM
Motto Ohne Ecken und Kanten

Objektname	Liege Still-Leben S 828
Entstehungsjahr	Ca. 1989
Designer	Torben Skov
Material	Stahlrohr, Lederbezug und Geflecht
Maße/cm	H 93 / L 158 / B 62
Firma	Thonet
Preis	Ab ca. 4500 DM
Motto	Liege oder Schaukelstuhl

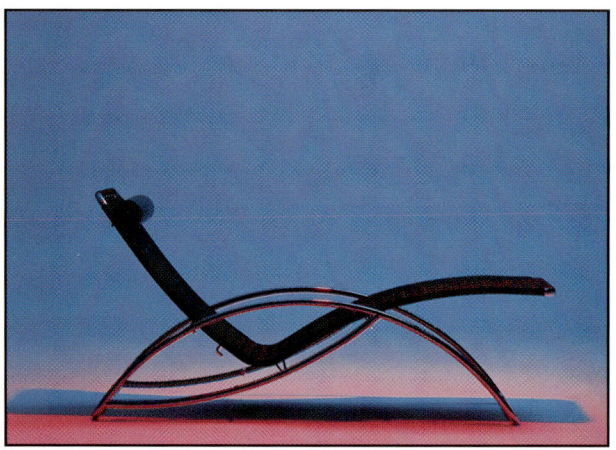

In Skovs sachlich eleganter Liege stehen sich Ergonometrie und Geometrie in wohlausgewogenem Verhältnis gegenüber und ergeben eine spannungsvolle Einheit. Während der eigentliche Sitzbereich eine entspannte Liegestellung mit hochgelegten Beinen ermöglicht und dabei auch eine optisch zurückhaltende Nackenstütze nicht vergißt, setzt sich das Gestell aus großen Kreissegmenten zusammen. Zwei große Bögen bilden zusammen die Beine, auf denen die Liege aufruht, während ein zweites Bogenpaar der weiteren Stabilisierung dient und die Sitzfläche optisch einbindet. Das Gestell dieser Liege paraphrasiert sozusagen umgekehrt Le Corbusiers berühmte LC 4 (siehe Seite 95), bei der die Rahmenform des Liegeteils von einem Kreissegment gebildet wird. Hier ist das Kreissegment dazu verwandt, das Stehgerüst zu bilden, wobei es durch ein gegenläufiges Kreissegment verstärkt wird. Der Clou aber ist, daß man das Stützgestell auch umdrehen und als Schaukelstuhl verwenden kann.

Liegemöbel BETTEN

Objektname	(Couch-Bett) Day Night
Entstehungsjahr	1972/73
Designer	Enzo Mari
Material	Metallrahmen mit brauner Oberfläche
Maße/cm	H 80 / T 85 / L 213
Firma	Driade
Preis	Ca. 3500 DM
Motto	Für Tag und Nacht

Das Sofa, das seit seiner Premiere ununterbrochen in Produktion ist, wirkt auch heute noch erstaunlich zeitlos und modern. Es ist einer der wenigen geglückten Versuche, die Bedürfnisse des Tages nach einer repräsentativen Couch und die der Nacht nach einem bequemen Bett in eine sinnvolle Einheit zu gießen. Dabei bedient es sich im Gegensatz zu manch voluminösen Ungetümen mit hochkomplizierten inneren Klappmechanismen elementar einfacher Formen: Die kubische Liegefläche wird von einer Rundbogenform getragen, auf der die zylinderförmige Rolle aufsitzt, die nachts einfach nach unten geschwenkt wird. Enzo Mari ist ein ausgesprochenes Multitalent. Sogar einen historischen Roman hat er schon geschrieben. Von ihm stammen bemerkenswerte Aufsätze über die menschliche Wahrnehmung und die Rolle des Künstlers in der menschlichen Gesellschaft. Vor allem der soziale Aspekt seiner Arbeit liegt Mari am Herzen. Bei Day Night dachte er vor allem an jene, die mit wenig Platz auskommen müssen.

Jasper Morrison ist ein Designer, der für seine einfache, bisweilen geradezu spartanische Formgebung bekannt ist. Dennoch wirkt sein Bed voluminös und raumgreifend, ja geradezu barock. Im Grunde ist es wie ein Sofa geformt, nur ist die Sitzfläche stark verlängert. Damit kommt Morrison dem Bedürfnis vieler Menschen entgegen, die im Bett nicht nur liegen, sondern auch sitzen und sich entsprechend anlehnen wollen. Da die sofaartige Rückenlehne dabei mit waschbarem Überzug überzogen sein muß, ist es notwendig, daß ihre plastische Form möglichst einfach ausfällt und sich der kubischen Form der Matratze annähert. Morrison hat sie in einer nach oben gerundeten Keilform gestaltet. Jasper Morrison steht in einer Tradition englischer Designer, die einfache, funktionale Form mit einem gehörigen Schuß Eigenwilligkeit und Schnoddrigkeit verbindet. Es ist bezeichnend, daß heute nicht wenige englische Designer für italienische Firmen entwerfen.

Objektname Bed
Entstehungsjahr 1991
Designer Jasper Morrison
Material Holzgestell mit abziehbarer Polsterung
Maße/cm L 212 / B 173 / H 25 bzw. 87
Firma Cappellini
Preis Ca. 6800 DM
Motto Klassische Avantgarde

BETTEN Liegemöbel

In der japanischen Kultur herrscht die Tradition der einfachen Form vor. Im Gegensatz zum europäischen Wohnen gibt es in Japan kaum Möbel, die die „Räume zustellen". Schon immer war auf der asiatischen Insel der Raum kostbar: Deswegen sind Einbauschränke, Schiebetüren und wegräumbare Betten selbstverständlich. Es gibt wenige, meist transportable Dinge, die einfach, aber von erlesenster Ausführung sind. Die Kostbarkeit liegt in der Reduktion. Das klassische japanische Bett ist eine einfache Matte, die nachts auf dem Boden aufgerollt und tagsüber weggeräumt wird. Das Futon-Bett stellt eine Übersetzung japanischer Formtraditionen in hiesige Gepflogenheiten dar. Hierzulande beansprucht ein Bett einen eigenen Raum, das Schlafzimmer, das auch nur zum Schlafen benutzt wird. Entsprechend ist das Futon-Bett zwar einfach, bodennah, aus edlem Material und von gediegener Verarbeitung, aber zugleich durchaus raumgreifend und fest installiert. Es verbindet japanische Formaskese mit europäischer Raumaufteilung.

Objektname Futon-Bett
Entstehungsjahr 1984
Designer Thomas Schwebel
Material Massives Buchen- und Eichenholz, schwarz gebeizt, farblos lackiert
Maße/cm L 224 / B 116 – 216 / H 18 bzw. 54
Firma Present Perfekt
Preis Ca. 5000 DM
Motto Japan auf dem Vormarsch

Obwohl Tische die zentralen Möbelstücke jeder Wohnung darstellen, sind ihre gestalterischen Möglichkeiten beschränkt. Im Grunde ist ein Tisch ein erhöhter Fußboden, der uns der Mühe des Bückens und Kauerns enthebt.

Im Gegensatz zu vielen anderen Kulturen ist die unsere ausgesprochen stark auf den Tisch fixiert. Der sakrale Verwandte des Tischs ist der Altar.

Da die Oberfläche des Tisches eben und die Grundform meist rechteckig oder rund zu sein hat, beschränkt sich die gestalterische Vielfalt auf die Beine, die man aber oft gar nicht sieht. Auch hier sind die grundsätzlichen Möglichkeiten seit langem bekannt. Der tragende Mittelpfosten etwa ist ein altbekanntes Prinzip und fand schon im Biedermeier häufig Verwendung.

In der Regel wird ein Tisch von Stühlen eingekreist. Diese können vom gleichen Designer entworfen sein und der gleichen Gestaltungsidee gehorchen oder aber frei kombiniert werden. Es gibt Tische, die durch ihre eigenwillige Gestaltung einen bestimmten Stuhltypus zwingend vorschreiben, und solche, die sich mit allen möglichen Stühlen vertragen.

Neben den mehr oder weniger fest im Raum installierten Tischen gibt es die kleineren beweglichen Tische und Tischchen, die zum Teil auch zusammenklappbar sind. Vor allem hier finden Designer eine willkommene Spielwiese vor, um ihren Gestaltungstrieb auszutoben. Ein Modell dieser Art ist der Servierwagen 901 von Alvar Aalto aus den 30er Jahren.

TISCHE Stellmöbel

Stellmöbel TISCHE

Objektname Runder Beistelltisch
Entstehungsjahr Ca. 1820 bis 1850
Designer Shaker
Material Amerikanisches Kirschholz, geölt oder gebeizt, DD-lackiert
Maße/cm H 64,5 / D 45,5
Der Tisch existiert auch in einer Version mit rechteckiger Tischplatte (53 x 46 cm) und kann mit zwei Schubladen versehen werden
Firma Habit
Preis Ab ca. 1000 DM
Motto Amerikanisches Biedermeier

Es ist kein Zufall, daß die Wiederentdeckung der Shaker-Möbel und des Biedermeier in den 70er und 80er Jahren etwa gleichzeitig stattfand. Denn beide stammen aus der gleichen Zeit, der ersten Hälfte des 19. Jahrhunderts, und huldigen den gleichen gestalterischen Idealen. Einfache, edle Formen, Materialökonomie, Verzicht auf Pomp und Ornament, Schönheit der Proportionen sowie solide handwerkliche Fertigung waren für beide grundlegend. Beide beziehen sich zudem stark auf die Formentradition der englischen Möbel des 18. Jahrhunderts. Im Grunde ist es nicht falsch zu behaupten, daß die Shaker-Möbel die amerikanische Spielart des Biedermeier verkörpern – ihre Schlichtheit atmet den Pioniergeist des Westens, dem noch alle großbürgerliche Behäbigkeit abgeht. Das Tischchen mit den drei Beinen ist von besonders ausgewogener Schönheit und einer der berühmtesten Shaker-Entwürfe. Er zeigt beispielhaft das Bemühen, den Materialeinsatz auf ein Minimum zu beschränken und die Form ohne Schnörkel und Ornamentik rein aus der Funktion einerseits, dem Material und seiner Bearbeitung andererseits zu gewinnen. Die unten dickere Mittelsäule verjüngt sich nach oben. Unten münden die drei Standbeine ein und müssen stabilisiert werden, während sie oben selbst in die Tischplatte eingesteckt ist. Bei all seiner Gediegenheit und Standfestigkeit wirkt das Tischchen dennoch schlank und elegant.

Die christliche Sekte der Shaker siedelte sich 1774 an der Ostküste der USA an. Von den ursprünglich Tausenden von Mitgliedern sind heute nur noch wenige übriggeblieben. Ihre Siedlungen sind heute zum Teil in Museen umgewandelt, wo Einrichtung und Mobiliar noch vor Ort bewundert werden können. Das Original dieses Tisches stammt von der Shaker-Kommune in Enfield, New Hampshire. Es entspricht in etwa der Grundidee eines Tisches, lediglich die gedrechselten, sich nach unten filigran verjüngenden Beine stellen eine gewisse Extravaganz dar, entsprechen aber dem Ideal des geringen Materialverbrauchs und der leichten Handhabung. Das Sammeln originaler Shaker-Möbel ist in den USA große Mode und hat die Preise in erstaunliche Höhen getrieben. Zu den eifrigsten Sammlerinnen zählt auch die Talkgastgeberin Winfrey Oprah. Nur wirklich gut Verdienende können sich solche einfachen Möbel noch leisten!

Objektname Enfield Table
Entstehungsjahr Um 1940
Designer Shaker
Material Amerikanisches Kirschholz, geölt oder gebeizt, DD-lackiert
Maße/cm H 66 / B 43,5 / L 72
Firma Habit
Preis Ca. 2000 DM
Motto Die Idee eines Tisches

TISCHE Stellmöbel

Die Shaker waren eine amerikanische Glaubensgemeinschaft, die ihren Namen „Schüttler" mitnichten von der wackeligen Bauart ihrer Möbel bekam, sondern von der ekstatischen Tanzweise bei ihren religiösen Gemeinschaftsveranstaltungen. Dabei verkörperten sie eine etwa dem Rock'n'Roll gänzlich entgegengesetzte Lebensweise der Askese und des einfachen Lebens. Berühmt geworden sind sie u. a. für ihre Möbel, die sie für sich selbst, aber auch zum Verkauf herstellten. Auch wenn sie dabei auf handwerkliche Gediegenheit besonderen Wert legten, verschmähten sie den Einsatz moderner Maschinen keineswegs. Einmal gefundene Formen verfeinerten sie, behielten sie aber im Grundprinzip bei. Beispiel für ihre ausgesprochen funktionsbezogene Gestaltungsweise ohne technischen Schnickschnack sind die Rollen unter den Beinen dieses Tisches, der damit trotz seiner beachtlichen Abmessungen leicht zu bewegen ist. Typisch für Shaker-Möbel ist der Einsatz von massivem Holz in gediegener Verarbeitung. Der Prototyp dieses Tisches wurde wahrscheinlich in New Lebanon im Staat New York gebaut. Die Rollen sind übrigens starr angebracht.

Objektname Tisch mit Rollen
Entstehungsjahr Um 1850
Designer Shaker
Material Amerikanisches Kirschholz, geölt oder gebeizt, DD-lackiert
Maße/cm H 75 / B 78, 90 / L 220, 250, 300
Firma Habit
Preis Ab ca. 5750 DM
Motto Mobiler Tisch

Objektname Satz Beistelltische
Entstehungsjahr Um 1900
Designer Josef Hoffmann
Material Schwarz gebeiztes Eschenholz
Maße/cm H 59,5–70 / B 29,5–40
Firma Wittmann
Preis Ca. 1450 DM
Motto Aufwarttischchen gefällig?

Die kubische Form dieser Tische ist auf das Notwendigste reduziert, der Aufbau soweit wie möglich vereinfacht, das Ganze durchdacht und sinnvoll. So strahlen diese Tische etwas handwerklich Gediegendes und stilistisch Vornehmes aus, eine einfache, wohlklingende Proportionierung, die die Hand des Meisters verrät. Zusammengestellt ergeben die Tischchen ein vielbeiniges Ensemble, einen Kubus, der Junge gebärt und den Raum mit lauter kontinuierlich um eine Winzigkeit kleiner werdenden Tischchen bevölkert. Während der größte Tisch dabei noch relativ breit ausfällt, weist der kleinste bereits erstaunlich schlanke, gestreckte Proportionen auf. Im Grunde ist dieses Tischensemble eine auf die Bedürfnisse des Wohnens ausgerichtete Übertragung jener berühmten russischen Puppe, der Babuschka, in der immer noch eine kleinere und noch eine kleinere Puppe steckt, die jedoch immer die gleiche Form hat. Eines kann man allerdings nicht: sie zu einem gemeinsamen Tisch zusammenrücken.

Stellmöbel TISCHE

Objektname Tisch Purkersdorf
Entstehungsjahr 1903
Designer Josef Hoffmann
Material Weiß lackiertes Buchenholz, Begurtung schwarzweiß
Maße/cm H 72 / B 70
Firma Wittmann
Preis Ca. 1500 DM
Motto Formstudie mit abgeschrägten Kanten

Der Tisch Purkersdorf ist, wie der zugehörige Stuhl und der nicht weniger berühmte Sessel (siehe Seite 27 und 55), eine Etüde über den Kubus und das Viereck bzw. die gegenseitige Durchdringung von zwei um 45 Grad gedrehten Quadraten. Das Untergestell des Tisches ist ein relativ braves Rechteckgestell, in das nach unten abgesenkt eine weitere Abstellplatte eingefügt ist. Eine gewisse Verunsicherung des streng rechteckigen Aufbaus bringt die Abschrägung der Tischkanten, die eine stark diagonale Ausrichtung in die Raumausrichtung einbringt und zugleich aus dem quadratischen Tisch fast so etwas macht wie einen Rundtisch – eine einfache Quadratur des Kreises also. Der Tisch ist von luftiger Rustikalität und zurückhaltender Eleganz und gehört zu einem Gartenmöbelensemble. Der relativ massive Aufbau wird durch die weiße Lackierung zurückgenommen, die kubische Struktur durch spielerische Motive wie die Abschrägung ausbalanciert.

Der Tisch Fledermaus erinnert an jene immer wieder bestürzend schönen antiken Rundtempelchen, deren Nachbildungen man mitunter in englischen Parkanlagen antreffen kann und die als Monument ihrer selbst zu nichts nütze sind, keiner Ausrichtung gehorchen und sich in dem Motiv des Runden gefallen. Funktionslos ist der Tisch Fledermaus nun keineswegs, dafür aber ohne Ausrichtung und deshalb frei im Raum plazierbar. Seine acht Säulen, die von einer massiven, messinggerahmten Basisplatte aufsteigen, verhelfen ihm zu einem stabilen Stand. Acht Kugeln bilden zusätzliche Stabilisierungs- bzw. Schmuckmotive, die schon fast zur Signatur Hoffmannscher Möbelentwürfe gehören. Sie kontrastieren – wie die anderen runden Formen des Tisches – mit dem rechteckigen Linienmuster auf der Platte. Der Tisch wurde ursprünglich von der Wiener Werkstätte für das ganz von ihr eingerichtete Kabarett „Fledermaus" gefertigt.

Objektname Tisch Fledermaus
Entstehungsjahr 1907
Designer Josef Hoffmann
Material Schwarz gebeiztes Buchenholz, Sockelabdeckung Messing oder chromfarben
Maße/cm H 65 / D 49
Firma Wittmann
Preis Ab ca. 2200 DM
Motto Batman läßt grüßen

TISCHE Stellmöbel

Wenn man diesen Tisch nicht an seiner schlichten und zugleich reichen Eleganz, seiner quadratischen Form – die seinem Entwerfer den Spitznamen „Quadratl"-Hoffmann eingebracht hat – oder an seiner soliden Verarbeitung erkannt hätte, dann blieben da immer noch jene erstaunlichen und überraschenden Kugeln, die zu einem Erkennungszeichen von Hoffmanns Möbeln geworden sind. Hier dienen sie als Verbindungsglieder zwischen den vier parallelen quadratischen Säulen dieses charmanten und doch bei aller Verspieltheit sehr strengen Tischchens, das zum einen noch auf das 19. Jahrhundert zurück- und zugleich hellsichtig und kühn auf das 20. vorausblickt. Heute, da man des Purismus und der formalen Reduktion der Moderne etwas überdrüssig geworden ist, findet man in diesen Stilkreationen wieder exakt das Maß und die innere Balance an Einfachheit und Reichtum, die man für ein elegantes und repräsentatives Möbel als angemessen erachtet.

Objektname Tisch 1907
Entstehungsjahr 1907
Designer Josef Hoffmann
Material Schwarz gebeiztes Buchenholz mit Messingmanschette
Maße/cm H 74 / B 80
Firma Wittmann
Preis Ca. 2250 DM
Motto Einfach und extravagant

Objektname	Washington
Entstehungsjahr	1908
Designer	Bruno Paul
Material	Ausziehbare Tischplatte, Gestell und Tischplatte schwarz und hochglanzpoliert, schwarze Marmorfußplatte
Maße/cm	H 74 / B 100 / L 190
Firma	ClassiCon
Preis	Ca. 9000 DM
Motto	Monumentale Wucht

Bruno Paul war auf das Zeichnen derber Typen beim Münchner Satireblatt „Simplicissimus" abonniert, bevor er sich 1907 entschloß, eine Berufung an die Berliner Kunstgewerbeschule anzunehmen und sein Leben als Architekt und Einrichtungsentwerfer zu führen. Was für die satirische Zeichnung einen herben Verlust bedeutete, war für die Möbelkunst ein unbezweifelbarer Gewinn. Der Tisch Washington ist typisch für den monumentalen Stil des Postjugendstiljahrzehnts vor allem in Deutschland. Dieser Stil ist auch bei anderen Großen der Branche, etwa bei Peter Behrens, zu beobachten. Die einheitlich schwarze Färbung betont die plastische Kraft der überwiegend gerundeten Formen, die sich aus den zwei Hauptsäulen logisch und aus einem Guß entwickelt. Der Anmutungscharakter der Tischsäulen ist einerseits noch dem traditionellen Schema der Architektur verhaftet, spielt aber zum anderen bereits mit Maschinenformen, die auf ein neues sowohl formal wie technisch revolutionäres Zeitalter hinweisen. Der Tisch entstand ein Jahr nach Gründung des Deutschen Werkbundes und transportiert viel von der Aufbruchstimmung jener Zeit.

Stellmöbel TISCHE

Objektname	Eßtisch 605 Allen
Entstehungsjahr	1917
Designer	Frank Lloyd Wright
Material	Naturfarbiges Kirschholzgestell
Maße/cm	H 70,5 / B 106 / L 257,5
Firma	Cassina
Preis	Ab ca. 12000
Motto	Festgefügt ...

Ein Tisch, der mit allen vier Beinen fest auf der Erde steht. Er entstand als Ausstattung für eines jener legendären Präriehäuser, mit denen Wright am Anfang des 20. Jahrhunderts weltweit seinen Ruf als innovativer und eigenständiger Architekt begründete. Die großzügig betonte horizontale und vertikale Struktur der Häuser setzt sich im Mobiliar fort, das somit Teil der architektonischen Ordnung wird. Wright zeigt sich darin zwar keineswegs traditionalistisch, aber auch nicht puristisch und dekorfeindlich wie manche seiner europäischen Kollegen. So rhythmisiert und untergliedert er, in vereinfachter, architektonischer Weise, seinen Tisch. Dies macht ihn in unserer heutigen Zeit wieder attraktiv, in der man sich von den „unsichtbaren" und rein auf die Grundformen reduzierten, ungegliederten Formen der Moderne ein wenig abgesehen hat. Allerdings verwendet Wright keinen willkürlichen Dekor, sondern entwickelt diesen folgerichtig aus dem tektonischen Aufbau. So bezeichnen die beiden Querleisten an den Pfosten jenen Bereich, wo diese von einer Verstrebung miteinander verbunden sind. Auf dieser ruht ein senkrechtes Gitter auf, wie wir es auch in der Rückenlehne der Stühle finden, die das Ensemble vervollständigen (siehe Seite 28).

Rietveld gilt als Revolutionär des Möbeldesigns. Sein Sessel Red and Blue (siehe Seite 57) ist ein Meisterwerk der Geometrie. Rietveld war nicht nur Schreiner und Möbelbauer, er war, wie viele seiner Designerkollegen, auch Architekt. Sein Haus Schröder, für den dieser Tisch entstand, gilt als das architektonische Manifest der De-Stijl-Bewegung. Mit traditionellen Vorstellungen eines Tischs hat der Schröder 1 nur wenig gemein. Vor allem die Fußkonstruktion aus zwei ineinandergesteckten, rechteckigen Brettern wirkt mehr als ungewohnt. Daß es sich bei dem Tisch eher um eine Skulptur als um ein reines Gebrauchsobjekt handelt, macht die spielerische Farbgestaltung deutlich. So wird die Bodenplatte nicht nur durch ihre runde Form, sondern auch durch eine strahlend rote Farbe gegenüber den rechteckigen Teilen abgesetzt. Das gelb gestrichene Vierkantholz scheint keck unter der Tischplatte hervor, und die Oberkante des Trägerholzes wird durch ein helles Blau auf der Tischplatte besonders betont. Der Tisch überzeugt vor allem durch seine gestalterische Ungezwungenheit, die in mehr als einem halben Jahrhundert nichts von ihrer Frische verloren hat.

Objektname Tisch Schröder 1
Entstehungsjahr 1923
Designer G. T. Rietveld
Material Rot, weiß und schwarz lackiertes Holz
Maße/cm H 60,5 / B 50 / L 51,5
Firma Cassina
Preis Ca. 2100 DM
Motto Gestalterische Frische

TISCHE Stellmöbel

Avantgardistische Entwerfer machten damals alles aus Stahlrohr: Stühle, Sessel, Schränke, Wiegen und auch Tische. Stahlrohr war nicht irgendein x-beliebiger Werkstoff, es war eine Weltanschauung, eine Art Evangelium. Im verchromten Stahlrohr lag die Zukunft, das Heil und die Erlösung der Menschheit. Doch weil Mart Stam dafür ein Patent zu haben schien und das Ganze mehr juristischen Ärger versprach, als Breuer vertragen konnte, wandte er sich, obwohl er zu den bedeutendsten Stahlrohrentwerfern überhaupt gehörte, später wieder dem Holz zu. Das als Hocker wie als Beistelltischchen benutzbare Teil ist in gewisser Weise die Quintessenz des Stahlrohrmöbels. Mit minimalem Aufwand trägt es eine rechteckige Fläche in einer Höhe von 60 bzw. 42 Zentimetern über der Bodenfläche, ist in sich stabil und sehr leicht. Durch die Verstrebung am Boden sind die Winkelspannungen der Beine minimiert, und durch die steife Deckplatte wird ein Stabilitätsproblem vermieden, das bei den mit Stoff bespannten Stühlen auftritt: Die dort schamhaft versteckten Querverbindungen sind unnötig.

Objektname Tisch bzw. Stuhl Laccio
Entstehungsjahr 1925/26
Designer Marcel Breuer
Material Vernickeltes Stahlrohr mit naturfarbenem Geflecht oder schwarz, rot oder blau lackierter Holzplatte
Maße/cm H 45 / B 45 / T 39
Firma Tecta
Preis Ab ca. 400 DM
Motto Quintessenz des Stahlrohrmöbels

Stellmöbel TISCHE

Objektname Beistelltisch E 1027
Entstehungsjahr 1927
Designer Eileen Gray
Material Verchromtes Stahlrohrgestell mit rauchfarbener bzw. klarer Kristallglasscheibe
Maße/cm H 64–90 / D 51
Firma ClassiCon
Preis Ab ca. 800 DM
Motto Ein echtes Schmuckstück

Obwohl Eileen Grays Tischchen heute überall dort steht, wo man auf elegante zeitgemäße Form hält, war es ursprünglich ein maßgeschneidertes Möbel für Morgenmuffel, die gern im Bett frühstücken. Durch die einseitige Stütze und die offenen Auflagebögen läßt sich der Tisch praktisch unter jedes Bett schieben, und durch die stark höhenverstellbare Tischplatte läßt er sich jeder Betthöhe anpassen. Wie viele ihrer Entwürfe hat Eileen Gray dieses Möbel zunächst für den eigenen Gebrauch konstruiert. Den formalen Regelhaftigkeiten wie der Analogie zweier Stützen und zweier Stahlrohrkreise stehen wohlkalkulierte Systembrüche und Formkontraste gegenüber. So ist der eine Kreis geschlossen und mit einer Glasplatte versehen, der andere nach vorn geöffnet, um nicht an Bettpfosten anzustoßen. Dementsprechend ist der innere Stabilisierungspfosten deutlich dünner als der äußere der Tragekonstruktion. Mit einem an einer Kette befestigten Stift läßt sich die Tischplatte in der Höhe verstellen. Als typisches Produkt des modernistischen Art deco harmonieren hier Formstrenge mit Eleganz, funktionale Einfachheit mit einem Hauch von Luxus. Der E 1027 ist Eileen Grays berühmtester Entwurf und einer der am häufigsten abgebildeten und in repräsentativem Zusammenhang gebrauchten Design-Klassiker überhaupt. Er verbindet in besonderem Maß Schönheit mit Charakter, Einfachheit mit Raffinement, männliche Formstrenge mit weiblicher Fragilität und Anpassungsbereitschaft.

Wie kommt es, daß angeblich rein technische, kalte Materialien wie Stahlrohr in geometrisch abstrakten Formen eine so sinnlich-anmutige und weiblich-elegante Ausstrahlung verbreiten können? Es sind gewiß nur Nuancen, in denen sich Eileen Grays Objekte von denen ihrer männlichen Kollegen unterscheiden, aber sie sind entscheidend. Möbel von Le Corbusier oder Mies van der Rohe oder wem auch immer sind vor allem machtvolle Gesten der Selbstbehauptung: Hier wollen Designer ihrer Umgebung ihre Form und ihre Weise, mit ihr umzugehen, aufzwingen. Eileen Gray ist sensibler, anpassungsfähiger und bescheidener. Der Occasional Table ist als Beistelltisch für Bettfrühstücker entwickelt. Die exzentrische Stütze und der Überhang der Tischplatte ermöglichen, den Tisch in das Bett hineinragen zu lassen. Die Materialwahl ist sensibel und subtil, die Formgebung elegant und praktisch, zurückhaltend und gleichzeitig mit jenem spezifischen Sinn für Eleganz versehen, der Eileen Grays Objekte so außergewöhnlich macht. Entscheidend für den Charakter des Tischchens ist die Schrägstellung des Stützgestänges, das sich in seiner gestalterischen Freiheit bereits recht weit von der traditionellen Mittelstütze entfernt.

Objektname Occasional Table
Entstehungsjahr 1927
Designer Eileen Gray
Material Verchromtes Stahlrohrgestell, hochglanzlackierte Polyesterplatten (schwarz, grau, rot oder weiß)
Maße/cm H 56 / B 36 / L 40
Runde Version: D 40
Firma ClassiCon
Preis Ab ca. 1000 DM
Motto Raffiniert und praktisch

TISCHE Stellmöbel

Vielleicht hat Eileen Gray die funktionalistischen Mythen ihrer männlichen Kollegen, die sich an der Atmosphäre von Fabrikhallen und Autorennen berauschten, von Anfang an durchschaut und die neuen Materialien und Gestaltungsweisen auf ihre funkelnde Kostbarkeit und bestechenden Möglichkeiten der Leichtigkeit und Eleganz hin erforscht. Leider hat sich der Deutsche Mies van der Rohe, zumindest was die Architektur angeht, mit seiner reduzierten Formauffassung international durchgesetzt und das 20. Jahrhundert verschandelt. Daß es auch verspielter, charmanter und weniger brutal gegangen wäre, demonstriert immer wieder Eileen Gray, doch war sie leider zu zurückhaltend und schüchtern, um sich gegen ihre männlichen Kollegen durchzusetzen.

Objektname Petit Coiffeuse
Entstehungsjahr 1929
Designer Eileen Gray
Material Verchromtes Stahlrohrgestell. Rot, grau, schwarz oder weiß lackierte oder furnierte Tisch- bzw. Schrankteile mit Türe und zwei schwenkbaren Läden
Maße/cm H 84 / B 40 / L 64
Firma ClassiCon
Preis Ca. 3500 DM
Motto Weiblich-elegante Ausstrahlung

Objektname Tisch LC 6
Entstehungsjahr 1928
Designer Le Corbusier, Charlotte Perriand
Material Mattlackiertes Stahlgestell mit Glas- oder Eschenholzplatte
Maße/cm H 69 / B 85 / L 225
Firma Cassina
Preis Ab ca. 2600 DM
Motto Eigenwillig und zeitlos

Der Tisch besteht aus zwei großen, rechteckigen Winkelformen, die in der Mitte wie von einem Rückgrat zusammengehalten werden. Die Metallwinkel sind im Grundriß oval. Die Tischplatte ruht auf vier dünneren Rohrstücken, was besonders bei der Glasplatte beinahe demonstrativ zu sehen ist. Ähnlich wie bei seinem Grand comfort suchte das Corbusier-Team also auch hier die starken Kontraste zwischen schmal und breit, dick und dünn, massiv und durchsichtig. Sowohl in Aussehen wie Material nimmt der Tisch das High-Tech-Zeitalter, das sich durch die Verwendung offener Strukturen, wie z. B. offenliegender Rohre, oder den Gebrauch von Industriematerialien auszeichnet, vorweg. Corbusier wollte, daß sein Tisch aus Flugzeugmaterial bestehe und in einer großen Fabrik hergestellt würde. Heute wirkt der Tisch ebenso eigenwillig wie zeitlos. Der Anmutungscharakter ist zudem abhängig davon, ob er die Glasplatte oder die Holzplatte trägt.

Stellmöbel TISCHE

Objektname Klapptisch Jean
Entstehungsjahr 1929
Designer Eileen Gray
Material Verchromtes Stahlrohrgestell, weißes Melamin
Maße/cm H 70 / B 65 / 130 / T 70
Firma ClassiCon
Preis Ca. 1800 DM
Motto Quadratisch, praktisch, gut

Eileen Gray ging es bei ihren Entwürfen immer auch darum, wie man auf engstem Raum stilvoll und praktisch zugleich wohnen kann. Ihr Klapptisch ist von verblüffender Einfachheit, wobei das Prinzip nicht neu ist. Die normalerweise zusammengeklappte Tischplatte läßt sich aufklappen und so verschieben, daß sich der Tisch auf das Doppelte seiner ursprünglichen Abmessungen vergrößert. Interessanterweise sind zwei Beine unten miteinander verbunden, zwei enden in herkömmlicher Weise. Bei aller formalen Reduktion war Eileen Gray nie eine verbissene Verfechterin des Systemzwangs.

Eileen Gray hat sich ständig mit dem Problem des praktischen und auch auf kleinem Raum bequemen und großzügigen Wohnens beschäftigt. Sie schuf eine ganze Reihe von bemerkenswerten Tischen und Tischchen, die teilweise zu den berühmtesten solcher Entwürfe überhaupt gehören. Für sie waren Tische keine Altäre und Repräsentationsobjekte, sondern Arbeitsgeräte, die ihrem Zweck möglichst gut gerecht werden sollten. Trotz ihres funktionsbetonten Aussehens sind sie formal bis ins kleinste Detail ausgetüftelt und von einer wahren Künstlerin gestaltet.

Nicht einmal vor Schreibtischen machte die Stahlrohrwelle halt. Sie konnte sich hier allerdings nicht in gleicher Weise durchsetzen wie bei den Stühlen. Auch hier kommt das gleiche Prinzip zum Tragen: Die eigentlichen Nutzflächen bzw. Nutzkörper schweben sozusagen frei im Raum und werden nur durch die dünnen, sehr stabilen Stahlrohre in ihrer Position gehalten. In einer Art Mäanderbewegung umschreiben hier die Stahlrohre einen kubischen Raum, in den die Schreibfläche und zwei Schubkästen mit Schubläden eingehängt sind. Anfang der 30er Jahre wirkten solche Möbel sehr modern. Heute strahlen sie zwar immer noch eine erstaunliche Frische aus, erscheinen aber teilweise etwas gewollt und zeitspezifisch. Der gebürtige Ungar Marcel Breuer ist vielleicht der profilierteste Entwerfer der Stahlrohrmöbel. Leider hatte er aber immer wieder Probleme mit dem Copyright seiner eigenen Arbeiten, so daß er sich schließlich ganz aus dem Entwurfsgeschäft für Möbel zurückzog, um sich seiner Karriere als Architekt zu widmen. Dabei waren es nicht die befreundeten Designer, die gegeneinander juristisch zu Felde zogen, sondern die vermarktenden Firmen, die hier um ihre Anteile an einem neuen Erwerbszweig kämpften.

Objektname S 285 Schreibtisch
Entstehungsjahr Um 1930
Designer Marcel Breuer
Material Stahlrohr und lackiertes Eschenholz
Maße/cm H 73 / B 164 / T 76
Firma Thonet
Preis Ab ca. 6500 DM
Motto Stahlrohrmania

TISCHE Stellmöbel

Daß der kühle Stil des modernistischen Art deco auch im kühlen Norden auf Resonanz stoßen würde, war nicht allzu verwunderlich. In gewissem Sinn war es schon vor dem sogenannten Internationalen Stil ein solcher, und entsprechende Tische könnten genausogut in Deutschland, den USA oder in England entworfen worden sein. Das Spiel, das die Entwerfer bei Tischen in den 30er Jahren spielten, bestand darin, homogene, geometrische Flächen mit einem leichten und unwirklich wirkenden Stahlrohrgestell so zusammenzustellen, daß dabei immer wieder überraschende und originelle Kombinationen entstanden. Hier wird die kleinere Tischplatte über die Biegung der Beine mit der großen verbunden. Der 1900 geborene finnische Architekt und Designer starb schon 1935. Er gehörte einer Gruppe von finnischen Funktionalisten an, die allerdings weniger doktrinär als das Bauhaus waren. Er wurde erst in den 80er Jahren wiederentdeckt.

Objektname Post Deco 8140/141
Entstehungsjahr Um 1930
Designer Paul E. Blomstedt
Material Federnder Stahlrohrrahmen
Maße/cm H 78 / B 62 / T 83
Firma Adelta
Preis Ab 1100 DM
Motto Art deco aus dem kühlen Norden

Objektname Tisch Holkar
Entstehungsjahr 1932
Designer Eckart Muthesius
Material Schwarz lackiertes Holzgestell
Maße/cm H 62 / D 82
Firma ClassiCon
Preis Ca. 3000 DM
Motto Drei Kreise für Indore

Drei runde Holzplatten sind konzentrisch an einem exzentrisch gelagerten, radial ausgerichteten rechteckigen Brett befestigt. Die oberste, größte Platte stellt die eigentliche Tischplatte dar, die untere, etwas kleinere, im Durchmesser aber gleich dicke die Bodenplatte. Als kleineres Ablagefach dient eine im Durchmesser fast nur halb so große und halb so dicke Platte unter der eigentlichen Tischplatte, die mit ihrer Plazierung dem Ganzen auch sein eigentümlich spannungsvoll-interessantes Gepräge verleiht. Der Tisch entstand im Zusammenhang mit dem Palastbau und der Ausstattung im indischen Indore, dem berühmtesten Art-deco-Projekt überhaupt. Er ist ein Beispiel dafür, wie nahe industrielle Standardproduktion und hochelegante Palastausstattung stilistisch beieinanderlagen. Zugleich aber handelt es sich hier um eine konstruktivistische Skulptur, eine Formstudie im Raum, allerdings eine, die nicht nur zum Anschauen da ist, sondern auf der man auch Cocktailgläser oder Aschenbecher abstellen kann.

Stellmöbel TISCHE

Objektname Tisch 82
Entstehungsjahr 1932/33
Designer Alvar Aalto
Material Birken- oder Eschenholz. Weiße Oberfläche ist laminiert, schwarze oder rote Oberfläche aus Linolium
Maße/cm H 72 / B 85 / L 150
Firma Artek
Preis Ab ca. 2000 DM
Motto Holz ist einfach besser

Bei Tischen sind Alvar Aaltos formales Konzept und die Verwendung von Holz besonders schlüssig, denn auch die härtesten Verfechter der Stahlrohrmöbel haben ihre Tische selten mit Stahlplatten bestückt. Holz ist hier einfach das naheliegende Material. Auch Aaltos Argument, daß sich Holz warm und angenehm anfühle, wird hier niemand widersprechen wollen. Zudem läßt sich auf Stahl- oder Glasunterlagen schlechter schreiben als auf Holz. Was bei Aaltos Freischwingern teilweise sehr spektakulär und extravagant anmutet, wirkt hier ganz natürlich. Der Tisch ist einfach, hell, leicht, unkompliziert, ohne scharfe Kanten, aber mit klarem gestalterischen Profil.
Stilistisch drückt sich in Alvar Aaltos Tischen schon im Gegensatz zum Bauhaus-Stil ein Streben nach formaler und materieller Vereinheitlichung aus, wie es in den 30er und 40er Jahren immer stärker werden sollte und dann in den 50er Jahren die Welt dominierte.

TISCHE Stellmöbel

Sinclair von Warren McArthur zeigt das formale Lieblingsspiel der 20er und 30er Jahre: die Kombination von einfachen, geometrischen Elementen mit kontrastreichen, elegant-kapriziösen Gebilden. Diese Gegensätzlichkeit empfinden unsere Augen heutzutage als weitaus angenehmer, verglichen mit der formalen Grundstruktur der 60er und 70er Jahre. Hier lag die Intention eher auf den möglichst einfachen, monotonen Rasterstrukturen ohne formale Kontraste und Detailformen und auf der Verdichtung möglichst glatter Oberflächen zu Monumenten mit formaler Monotonie. Auch wenn die späteren Gegenstände als „konsequenter" und strukturell vereinheitlichter bezeichnet werden können, so bedeutet das eben nicht wohnlicher, interessanter oder gar schöner. So kontrastieren hier die kleinteiligen Manschetten der Verbindungsglieder der genormten Alurohre, mit denen Warren McArthur in vielfältigen Variationen immer neue Möbelkreationen zusammensteckte, mit den einfachen Formen der glatten Tischplatten. Zwei Kreise stabilisieren das Gestell unten, wo ein Kreis bzw. eine gerade Verbindung ebenfalls genügt hätte. So aber ergibt sich ein Rhythmus, eine spannungsreiche Komplexität, eine verspielte Note, die uns nach all dem Logischen, Strengen und Formreduzierten als wahre Erholung erscheint. Stephan Fischer von Poturzyn, Geschäftsführer der Münchner Möbelfirma ClassiCon, entdeckte Warren McArthurs Möbel 1989 auf einer Auktion und entschloß sich, zehn Entwürfe von ihm wiederaufzulegen. In den USA der 30er und 40er Jahre waren sie praktisch überall anzutreffen, z.B. standen sie etwa auch im Empfangsraum des berühmten Chrysler Building. Wenig später verschwanden all diese eleganten und modischen Möbel wieder von der Bildfläche. Sie wurden von der Luftwaffe der USA requiriert, denn diese benötigte den wertvollen Werkstoff Aluminium. Aus ihnen wurden die endlosen Reihen der Jagdflieger und Bomber für den Einsatz im Zweiten Weltkrieg gebaut. So wurden aus friedlichen und harmlosen Möbeln todbringende Kriegsmaschinen, und Warren McArthur, der bis dahin allseits bekannt und berühmt war, geriet zunehmend in Vergessenheit. Nach dem Krieg konnte er nicht mehr an die Erfolge der Vorkriegszeit anknüpfen. Die Wiederauferstehung seiner Möbel hat er selbst nicht mehr erlebt.

Objektname Couchtisch Sinclair
Entstehungsjahr 1933
Designer Warren McArthur
Material Aluminiumgestell, Tischplatte aus MDI schwarz oder weiß, hochglanz lackiert
Maße/cm H 47 / D 76
Firma ClassiCon
Preis Ca. 1300 DM
Motto Tisch mit Alufelgen

Objektname   Eßtisch 4568
Entstehungsjahr   Um 1950
Designer   Jean Prouvé
Material   Stahlgestell, epoxydlackiert, Platte aus Kristallglas oder Eschenholz
Maße/cm   H 72 / B 70 / L 226
Firma   Tecta
Preis   Ca. 5000 DM
Motto   Eßtisch für den Ingenieur

Der Tisch ist bestes High-Tech, lange bevor es diesen Begriff, der Ende der 70er Jahre aufkam, überhaupt gab. Das Grundproblem seines Entwerfers war nicht ein ästhetisches, sondern ein konstruktives. Je mehr man die Konstruktion vereinfacht, desto charakteristischer wird sie, war Prouvés Credo. Er war kein Designer, sondern ein Praktiker, ein Macher, und er entwarf seine Konstruktionen nicht am Zeichentisch, sondern erprobte sie in der Werkstatt. So gab es auch keine Entwurfszeichnungen. Um also die Maße für eine Reedition zu gewinnen, mußte man erst die Originale auftreiben und sie exakt vermessen.

Auf dem Tisch steht übrigens die berühmte Anglepoise (siehe Seite 154) von George Carwardine. Besonders eindrucksvoll wirkt er mit silberfarbigem Gestell und Glasplatte. Mit schwarz lackiertem Gestell und Eschenholzplatte wird aus dem 4568 praktisch ein anderer Tisch. Die Platte ist entsprechend dicker und nach unten schräg ausladend abgekantet. Interessant ist, daß die Formen von Jean Prouvé an Flugzeuge erinnern. Das ist in gewissem Sinne kein Zufall. Ebenso wie Flugzeugkonstrukteure strebte Prouvé nach der maximalen Stabilität mit minimalem Materialeinsatz.

Stellmöbel   TISCHE

Objektname   Tulpentisch
Entstehungsjahr   1956
Designer   Eero Saarinen
Material   Kunststoffbeschichteter Leichtmetallguß mit Kunststoff- oder Marmorplatte
Maße/cm   H 72 / D 91–137
Firma   Knoll International
Preis   Ab 2200 DM
Motto   Organisches Biedermeier

Der 1956 entworfene Tulpentisch ist ein typisches Produkt der weiche, organische Formen bevorzugenden 50er Jahre. Zugleich kündigt sich in ihnen das Plastikzeitalter der 60er Jahre an. So modern und zukunftsweisend sich der Tisch aber auch gibt – sein Grundprinzip ist eigentlich ein alter Hut: Die Mittelsäule ist Thema des Biedermeier. Natürlich konnte man mit Holz die Stütze nicht so dünn und schlank emporwachsen lassen, aber das sind schließlich Details. Während das Gestell aus Leichtmetall gegossen wird, kann man bei der Platte zwischen Kunststoff und Marmor wählen. Zweifellos immer noch ein elegantes Möbel, wenngleich sein modischer Kick nicht mehr so aufregend wirkt wie Anno dazumal. Neben dem entsprechenden Tulpenstuhl (siehe Seite 37) entwarf Eero Saarinen, der hauptberuflich Architekt war und gigantische Bauvorhaben realisierte, u. a. den Kennedy-Flughafen von New York, seine Tulpenserie, um mit dem Durcheinander aus Tisch- und Stuhlbeinen aufzuräumen.

Eine Superellipse ist ein Mittelding zwischen Kreis und Quadrat, Ellipse und Rechteck, mathematisch schrecklich kompliziert und in Dänemark so populär wie Pølser, die dortige Variante des Frankfurter Würstchens. Es gibt kaum einen Gegenstand, den man nicht superelliptisch formen kann. Besonders praktisch ist sie für Tischplatten: In Restaurants lassen sich damit bis zu 15 Prozent Platz sparen. Es scheint verwunderlich, daß so etwas einem Poeten einfällt, aber Kreativität hat eben keine Grenzen. Außerdem hat Piet Hein neben Philosophie theoretische Physik studiert, war also mit mathematischen Formen bestens vertraut. Besonders schön sind auch die oben vierfach verzweigten, sehr stabilen Stahlbeine, die ebenfalls superelliptische Anklänge aufweisen. Ursprünglich war die Form der Superellipse für den Sergelplatz in Stockholm entwickelt worden. Da der Platz annähernd quadratisch war, wäre hier sowohl mit einem Kreisverkehr als auch mit einer Ellipse viel Platz verschwendet worden. Nachdem die Verkehrsplaner lange überlegt hatten, wie man auf der einen Seite Platz sparen und auf der anderen Seite scharfe Kurven vermeiden könnte und dies auch noch gut aussehen sollte, griff ihr Leiter zum Telefon und wandte sich an den Dichter Piet Hein.

Objektname Superellipse B 4
Entstehungsjahr 1968
Designer Piet Hein
Material Verchromtes Stahlgestell mit Platte aus Plastiklaminat, Buche oder Teak
Maße/cm H 70, 64, 47 / B 100, 120, 140 / L 150, 180, 240
Firma Fritz Hansen
Preis Ab ca. 1600 DM
Motto Nicht rund und nicht eckig

TISCHE Stellmöbel

Im Vergleich zu den modernistischen Stahlrohrgestellen der 30er Jahre, bei denen das Bestreben festzustellen ist, große und kleine Formen, dicke und dünne kontrastierend zu kombinieren, sind die 70er Jahre auf Kontrastausgleich und strukturelle Vereinheitlichung ausgerichtet. So finden wir im Marcuso lediglich runde Formen. Dem spiegelnden Material des rostfreien Stahls steht die ebenfalls spiegelnde Glasplatte analog zur Seite. Das Podest und die Füße sind aus dem gleichen Material gefertigt. Podest und Deckplatte besitzen eine ähnliche Dicke. Die Säulen des Gestells sind zwar dünn, aber eben nicht so dünn, wie sie sein könnten, und der Kontrast zwischen den verschiedenen Radien wurde nicht in sein mögliches Extrem gesteigert. Heute hat man sich von diesem eleganten, gefällig glatten Design etwas abgesehen, und vielleicht muß man erst einmal Abstand dazu gewinnen, um es wieder mit frischen, unvoreingenommenen Augen würdigen zu können. Wie der Name des Tisches zustande gekommen ist, läßt sich leicht nachvollziehen. Marco Zanuso hat einfach seinen Vor- und Nachnamen zu einem Wort zusammengezogen. Eine Variante mit gleichem Namen zeigt einen Tisch mit einer quadratischen Platte mit abgerundeten Ecken.

Objektname Marcuso 254
Entstehungsjahr 1971
Designer Marco Zanuso
Material Kristallglas auf rostfreiem Stahl
Maße/cm H 70 / D 115, 125, 135
Firma Zanotta
Preis Ab ca. 1900 DM
Motto Kontrastreduzierte Seventies

Stellmöbel TISCHE

Objektname Klapptisch Cumano
Entstehungsjahr 1978/79
Designer Achille Castiglioni
Material Rundstahl und einbrennlackiertes Blech, verschiebbares Gelenk
Maße/cm H 70 / D 55
Firma Zanotta
Preis Ca. 400 DM
Motto Geniestreich eines Spielers

Natürlich hat es auch vorher schon kleine Bistrotische gegeben, doch waren sie nicht klappbar, und Castiglioni wollte seine Tische gern zur Seite räumen und an die Wand hängen. So ersann er zusammen mit den Fachleuten der Firma Zanotta ein Gelenk, mittels dessen man die Platte umklappen und die Beine zusammenschieben konnte. Das Ganze ist so simpel und einfach, daß man sich fragt, warum nicht schon früher jemand darauf gekommen ist. Der Tisch ist ein beredtes Beispiel des sogenannten Redesigns, für das die Castiglionis berühmt geworden sind. Das Prinzip hat im traditionsbewußten Italien Geschichte, und auch der große Gio Ponti hat mit seinem Stuhl Superleggera eine traditionelle Möbelform neu interpretiert. Die Castiglionis gingen dabei sogar so weit, daß sie in einem Art „Readymade" vorfabrizierte Teile aus anderen Bereichen verwendeten (siehe Seite 50). So ist der Cumano eine mit modernster Technologie auf den neuesten Stand gebrachte traditionelle Form mit betont einfachem Auftreten. Als Aufhänger etwa dient einfach ein rundes Loch in der Tischplatte. Während der Tisch selbst auch wirklich funktional ist, statt nur funktional auszusehen, und von seiner Erscheinung eigentlich wenig Aufhebens macht, also auch im besten Sinne zurückhaltend und schnörkellos ist, geht er bei den Farben in die vollen. Man kann ihn nämlich nicht nur in neutralem Schwarz, Weiß oder Grau bekommen, sondern auch in Amarantrot, Grün, Gelb, Hellblau und sogar in Rosa.

TISCHE Stellmöbel

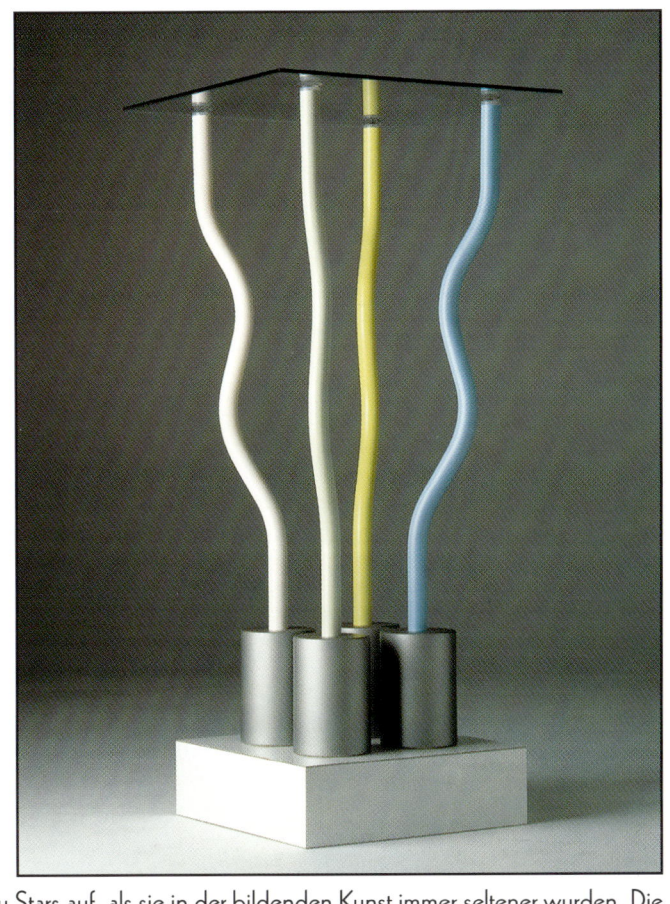

Ettore Sottsass ist einer jener Entwerfer, die dem Design ein neues Zeitalter eröffneten. Stilgeschichtlich hat er sich von der Moderne verabschiedet und beginnt formallogisch wieder von vorne, bei den simplen, additiven Strukturen, wie wir sie in den primitiven Kulturen oder bei Kindern finden. Entsprechende Tendenzen sind auch in der bildenden Kunst feststellbar, doch scheint es, daß das Design – und hier gerade der Bereich der Möbel – sich für diese Art formaler Strukturen als besonders geeignet erweist. So ist es wenig verwunderlich, daß das Design zunehmend als künstlerisches Ausdrucksmedium eigenständige Geltung gewinnt. Desgleichen stiegen Designer in einer Zeit zu Stars auf, als sie in der bildenden Kunst immer seltener wurden. Die Struktur von Sottsass' Tisch ist heterogen und setzt sich sowohl in der Form als auch im Material aus sehr unterschiedlichen Elementen zusammen. Wir finden einen breit gelagerten, quadratischen Sockel, auf dem vier hochgeschossene Zylinder vier schlangenlinig gewellte Eisenstangen tragen, auf denen eine zerbrechlich wirkende quadratische Glasplatte ruht.

Der Titel des Tisches läßt sich jedoch nicht nur aus der formalen Struktur des Werkes erklären, sondern bezieht sich auch auf den Zeitgeist der 70er Jahre. In dieser Zeit wurde auch, und gerade in Italien, viel über die Veränderung der herrschenden gesellschaftlichen Strukturen geredet, die man als verkrustet, unbeweglich und reformbedürftig empfand. In wieweit hier aber die vielbeschworenen gesellschaftlichen Strukturen erschüttert werden, bleibt dahingestellt. Ettore Sottsass sah sich hier stets als Vorreiter. Deswegen paßte er sich trotz seines enormen Erfolges als Designer bei so angesehenen Firmen wie Olivetti nie an oder schwenkte gar ins konservative Lager ab: „Wir haben damals viel und heftig über die herrschenden Strukturen diskutiert, wollten sie endlich verändern – aus der Erkenntnis, daß alles, was man nicht verändert, bleibt." In der Tat war damals in Italien eine ganze Reihe von Architekten- bzw. Designergruppen wie „Studio Alchemia", „Superstudieo" oder „Archizoom" vor allem mit utopischen, ironischen oder betont nichtfunktionalen Projekten beschäftigt, wobei die Stoßrichtung interessanterweise vorwiegend gegen die Tyrannei des Funktionalismus und des Internationalen Stils gerichtet war.

Objektname Beistelltisch Le strutture tremano (Die Strukturen zittern)
Entstehungsjahr 1978
Designer Ettore Sottsass jr.
Material Laminat auf Holzsockel, farbig lackierte Eisenstangen und Glasplatte
Maße/cm H 114 / B 50 / L 50
Firma Belux
Preis Ca. 1800 DM
Motto Stabiler Tisch für bewegte Zeiten

Objektname Quaderna 283
Entstehungsjahr 1970
Designer Adolfo Natalini und Superstudio
Material Vielschichtige Spanplatte mit schwarzem Siebdruck auf weißem Plastiklaminat
Maße/cm H 72 / L 180 / B 81
Firma Zanotta
Preis Ca. 4000 DM
Motto Ironische Rechteckstruktur

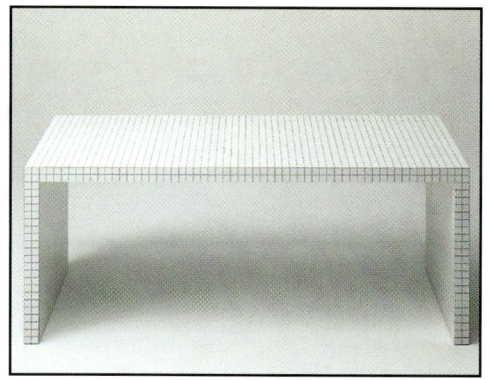

Wie der Name Superstudio bereits andeutet, ist bei den Projekten der Gruppe, die auch in hohem Maß theoretisch und didaktisch arbeitete, ein gehöriger Schuß Selbstironie mit von der Partie. Auch die Quadrierung des Tisches, der selbst aus streng rechteckigen Formen aufgebaut ist, ironisiert den Rechteckwahn der 60er Jahre und löst die entsprechenden Strukturen gleichzeitig auf, indem sie sie sozusagen in ein Ornament zurückverwandelt und die schroffen Kanten optisch abmildert. In der Ironie des Namens ebenso wie im Gebrauch von Plastiklaminat ging Superstudio der Designergruppe „Memphis", die erst zehn Jahre später ihren großen Auftritt hatte, voraus, mit der sie auch andere Gemeinsamkeiten verbinden. Der Witz des Tisches liegt darin, daß er in der Form die Rechteckstruktur so radikalisiert und übertreibt, daß sie als solche nicht mehr zu überbieten ist. Die Quadrierung betont das Kantige zusätzlich, wirkt aber optisch zugleich als Oberflächenmuster, wird also zum Ornament! Man hat hier keine erratischen Blöcke, keine glatten Flächen mehr vor sich, sondern eine Art Bauklötzchenwerk. Bemerkenswert ist, daß ein solcher ironischer Gag formal Bestand hat und sich als Klassiker etablieren konnte.

Stellmöbel TISCHE

Objektname Beistelltisch Servomuto
Entstehungsjahr 1974
Designer Achille Castiglioni
Material Nylonfuß, einbrennlackierte Stützstange aus Stahl, Platte aus schwarzem oder weißem Kunststoff
Maße/cm H 86 / D 50 oder 44
1985 schob Castiglioni einen etwas größeren Beistelltisch Servobar ohne obere Griffstange nach: H 70 / D 64
Firma Zanotta
Preis Ab ca. 350 DM
Motto Vielseitiger Diener

Der Servomuto ist ein typisches Produkt des einfallsreichen Designgenies Achille Castiglioni, bei dem es weniger um stilistische Extravaganz geht als um die Realisierung einer Idee. Castiglionis Einfälle sind oft so verblüffend einfach, daß man sich bisweilen nicht sicher ist, ob sie wirklich neu sind, denn man kann sich einfach nicht vorstellen, daß auf so etwas Selbstverständliches und Naheliegendes nicht schon vorher jemand gekommen ist. Im Grunde sind Castiglionis Konzepte Synthesen verschiedener Gegenstände. So ist der Servomuto ein Spazierstock mit einem Knauf, den man in eine schwere Basis eingegossen hat – etwa wie einen Sonnenschirm. Die Verlängerung der Mittelachse mit dem kleinen Knauf oben erinnert an einen Kreisel: Man ist versucht, ihn zwischen Daumen und Zeigefinger zu nehmen und in eine Drehbewegung zu versetzen. Das Ganze zusammen ergibt einen Tisch, den man fast so leicht handhaben kann wie einen Spazierstock, der so fest steht wie ein Sonnenschirm, der so spielerisch ist wie ein Kreisel und der doch einen vollgültigen und praktischen Tisch darstellt.

Der architektonische Geist, der in diesem Tisch weht, wird bereits in seinem Titel angedeutet. Seine Beine stehen wie die Pfeiler einer alten romanischen Kirche. Der Tisch ist mit sechs oder mit acht Beinen lieferbar, aus statischen Gründen würden vier – wesentlich schlankere – Beine vollauf genügen. Im Gegensatz zu den modernen Bestrebungen der 20er Jahre, vor allem bei den Stahlrohrmöbeln, den statischen Aufbau immer stärker auszudünnen und die Nutzflächen förmlich in der Luft schweben zu lassen, wird hier die Tragefunktion betont, die das statische und dauernde Moment hervorhebt und dem Tisch eine architektonische, geradezu kultische Würde verleiht. Der geradezu archaische Geist, der diesen Tisch umgibt, sein betont additives, simples Konstruktionsprinzip ist bei einem Entwerfer, der sich ansonsten vor allem auch mit High-Tech-Produkten wie dem Lampensystem Eclipse (siehe Seite 163) einen Namen gemacht hat, durchaus überraschend. Dies zeigt u. a. die vorurteilsfreie, nach allen Seiten hin offene, aus der Vergangenheit schöpfende, in die Zukunft blickende Gesinnung des italienischen Designs, das auf diese Weise ja in diesem Jahrhundert weltweite Triumphe feiern konnte.

Objektname Tisch 451 La Basilica
Entstehungsjahr 1976
Designer Mario Bellini
Material Eschen- oder Nußbaumholz, natur oder gebeizt
Maße/cm H 74 / L 280 / B 105
Firma Cassina
Preis Ca. 5500 DM
Motto Kultische Würde

TISCHE Stellmöbel

Der Tisch des französischen Designstars ist von denkbar einfacher und doch zugleich raffinierter Konstruktion. An einer kurzen Mittelachse sind drei Kreisbögen (Viertelbögen, um genau zu sein) leicht versetzt schwenkbar angebracht, von denen wieder je eine senkrechte Stütze nach oben ragt, auf denen die Tischplatte aufruht. Wird die Tafel aufgehoben, läßt sich die Platte abnehmen und das Gestell flach zusammenklappen. Die Konstruktion ist graphisch überaus reizvoll, denn sie ist zugleich symmetrisch und konzentrisch, aber auch asymmetrisch und aus verschiedenen Kreisradien aufgebaut. Einfachheit und Raffinement gehen so eine überzeugende Verbindung ein. Die Tischplatte ist lediglich lose auf das Gestell gelegt. Nach der Benutzung lassen sich Platte und zusammengeklapptes Gestell einfach an die Wand lehnen. Philippe Starck ist heute so bekannt wie ein Popstar, und führende Magazine über Design und Avantgarde widmen ihm immer wieder Artikel. Neben Möbeln und Gegenständen des alltäglichen Gebrauchs war er auch als Architekt tätig.

Objektname Klapptisch Tippy Jackson
Entstehungsjahr 1982–85
Designer Philippe Starck
Material Gestell aus Stahlrohr, mit Stahlplatte, grau lackiert
Maße/cm H 71 / D 120
Firma Driade
Preis Ca. 2000 DM
Motto Verspielt-strenge Variation zum Thema „Klapptisch"

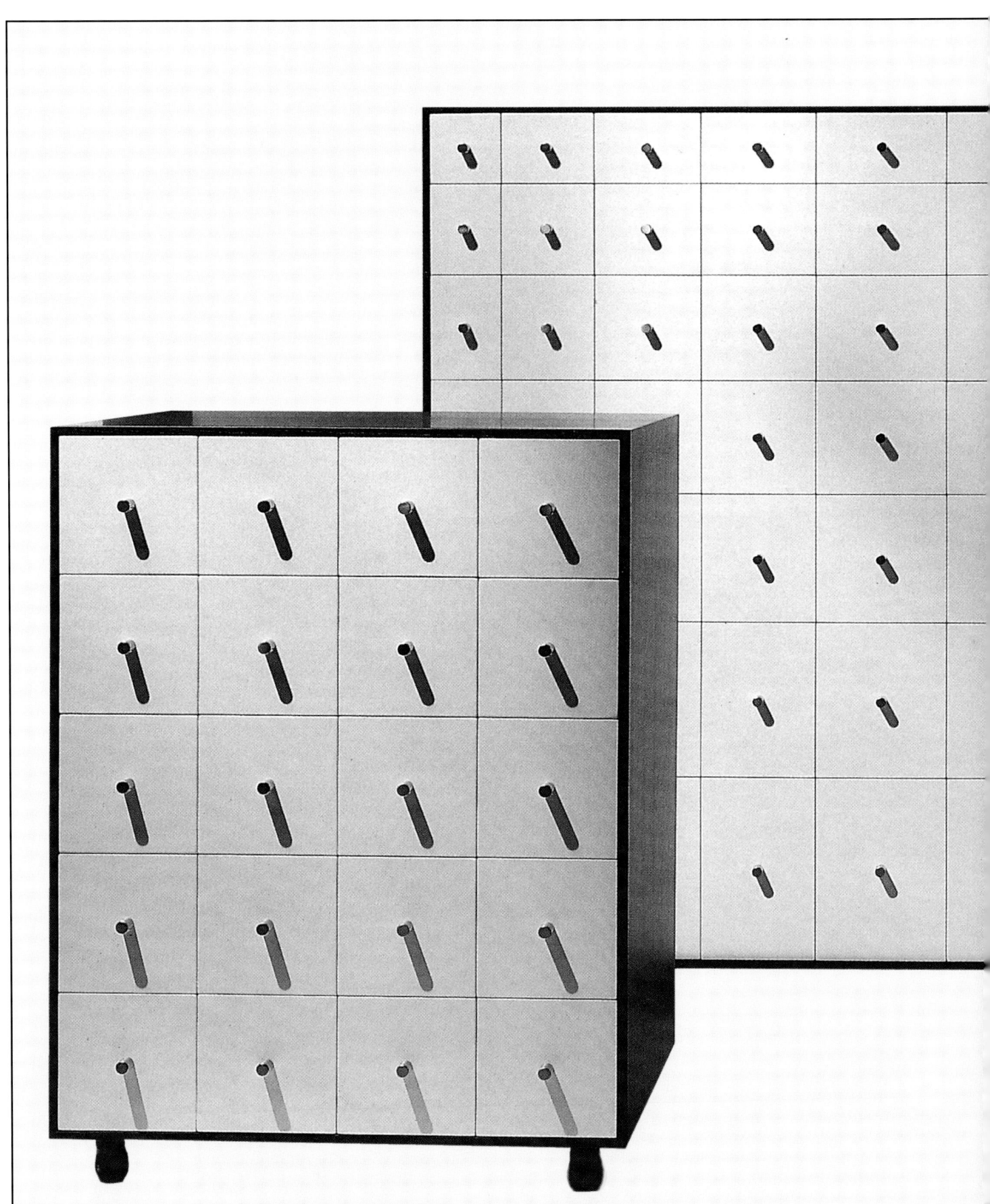

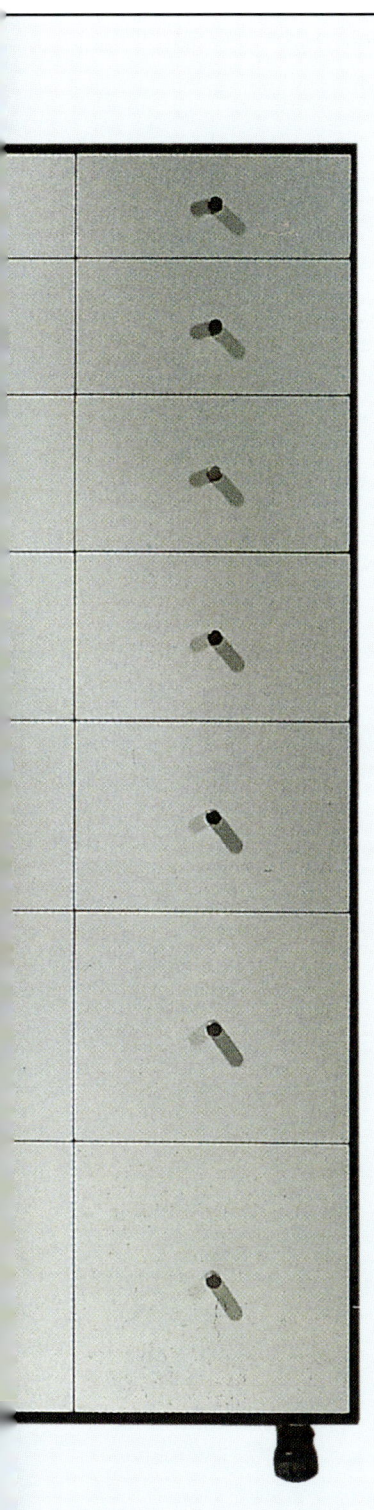

Der altehrwürdige Schrank ist im 20. Jahrhundert in einen regelrechten Dornröschenschlaf verfallen. Irgendwie ist den Designern zu diesem Thema wenig eingefallen. Im Grunde ging es ihnen eher darum, Schränke zu vermeiden, sie in den architektonischen Zusammenhang einzubauen, zu verkleiden bzw. zu regalartigen Aufbauten und den berüchtigten Schrankwänden zu kombinieren.

Regale haben sich entsprechend zu regelrechten Wandverkleidungssystemen, die auch als Raumteiler eingesetzt werden können, ausgewachsen. Hier hatten moderne Funktionalisten die dankbare Aufgabe, Technik und Gestaltung zu einer Symbiose zu verschmelzen.

Eine wirkliche Explosion erlebten die Regalsysteme in den 60er und 70er Jahren, in denen auch die Architektur sich immer mehr in rechtwinkligen Rastern verlor und ihrer gestalthaften Grenze verlustig ging. Ihre klassische Phase erlebten Regale also just zu einer Zeit, als das übrige Möbeldesign Gefahr lief, sich in gestylter Langeweile zu verflüchtigen.

Heute ist eine vielversprechende Tendenz zu körperhaften, das reine Raster überwindenden Regalkreationen festzustellen. Welche Entwürfe sich dabei als Klassiker etablieren können, bleibt abzuwarten.

Eine trotz ihrer Regelmäßigkeit dynamisch wirkende Schrankwand ist Kuramatas System Side aus dem Jahr 1970.

SCHRÄNKE & REGALE Stellmöbel

Stellmöbel SCHRÄNKE

Objektname Cupboard and Case of Drawers
Entstehungsjahr Um 1850
Designer Shaker
Material Kirschholz
Maße/cm H 222 / B 94 / T 50
Firma Habit
Preis Ca. 11000 DM
Motto Funktionale Tischlerkunst

Shaker-Möbel gehören heute längst zur nationalen Institution der USA. Die Originale erzielen auf Auktionen Preise im siebenstelligen Bereich. Einfache Möbel ohne herrschaftliche Ambitionen stehen im Museum und dienen heute als Vorlage für ambitionierte Nachbauten, die, wenn sie den hohen Ansprüchen der Shaker an Materialverarbeitung und Solidität einigermaßen gerecht werden wollen, nicht gerade billig ausfallen. Der Cupboard (Geschirrschrank) zeigt in einem durchgehenden Kubus eine dreizonige Aufteilung mit je einer großen Türe oben und unten sowie vier sinnvoll angeordneten Schubladen. Entgegen dem Systemzwang der Möbel des 20. Jahrhunderts, und hier vor allem der 60er und 70er Jahre, bei denen auf eine möglichst einfache und gleichförmige Fassadengliederung Wert gelegt wurde (egal, ob dies der Funktion gerecht wurde oder nicht), handelt es sich hier um wirklichen Funktionalismus. Zugunsten der Funktion wird das formale System der Vorderansicht durchbrochen und eine auch ästhetisch interessante Asymmetrie ins Spiel gebracht. Die Shaker waren eine Glaubensgemeinschaft, die 1758 in den USA gegründet wurde. Ihr Name leitet sich von den Schüttelbewegungen des Tanzes, der Teil ihres Gottesdienstes war, ab. Ihr Lebensstil zeichnete sich durch betonte Bescheidenheit und Schlichtheit aus. Diese Prämisse spiegelte sich auch in ihren Möbeln wider: Sie sind eine optimale Kombination aus bestechender formaler Strenge, hoher Qualität und ästhetischer Ausdruckskraft.

Der Name Counter bedeutet eigentlich Ladentisch, und in der Tat erinnert das Möbel an eine Verkaufstheke, die zugleich als Tisch und als Warenlager dient: von oben bis unten mit Schubladen aufgefüllt, aus denen der Verkäufer das Gewünschte hervorzaubert. Dazu paßt, daß das Möbel mit Sichtrückwand geliefert wird, also nicht unbedingt an die Wand gerückt werden muß, um die unbearbeitete Rückwand dem Auge des Betrachters zu entziehen. Das Möbel ist in hohem Maße funktional: Ohne alle Schnörkel und daher ohne Platzverlust läßt sich hier auf engstem Raum eine ganze Aussteuer unterbringen. Der Schmuck liegt im liebevoll behandelten Material und in der gediegenen Ausführung. Solide Handwerksarbeit stößt heute wieder auf ein tiefliegendes Bedürfnis vieler Menschen, gerade nach all dem Pfusch und Schund, den vor allem die Nachkriegszeit produzierte. Auch naturbelassene Materialien werden wieder großgeschrieben, nachdem giftige Ausdünstungen von Holzschutzmitteln nicht wenigen Wohlstandsgesegneten das Leben vergällen und das Mißtrauen gegenüber industrieproduziertem Mobiliar stieg.

Objektname Counter (Sideboard)
Entstehungsjahr Um 1850
Designer Shaker
Material Kirschholz
Maße / cm H 99 / B 194 / T 58
Firma Habit
Preis Ca. 10000 DM
Motto Solide Handwerksarbeit

SCHRÄNKE Stellmöbel

Die Farbgebung, die in ihrer streifigen Abwechslung weder zum Überschreiten der Straße auffordern noch an den Sieneser Dom erinnern soll, sondern ganz einfach elementare Formgegensätze in einer einfachen Gesamtform repräsentiert, ist eine mögliche Variante des Möbels, das Breuer selbst immer wieder verändert hat. Heute sind solche Schubladencontainer, meist in zurückhaltender, schwarzer Lackierung, in Büros und Wohnungen Allgemeingut geworden und vor allem für eine Vielzahl sehr flacher Schubladen gebräuchlich. Von dem gleichen Grundprinzip existieren mehrere Versionen, etwa eine mit neun Schubladen und einer Höhe von einem Meter. Trotz seiner geradezu hermetischen Strenge und grundsätzlich nicht mehr zu reduzierenden Grundkonzeption ist Breuers Container formal verspielt. Darin wird das Bestreben deutlich, der Einheitlichkeit, die später zum vielgeschmähten Synonym für den Bauhaus-Stil geworden ist, einen formalen Kontrast entgegenzusetzen.

Objektname Schubladencontainer S 41 E
Entstehungsjahr 1924
Designer Marcel Breuer
Material Schwarzweiß lackierter Edelstahlkorpus auf Rollen, Glasplatte, Farbaufteilung nach Wahl
Maße / cm H 70 / B 30 / T 41
Firma Tecta
Preis Ca. 1500 DM
Motto Harte Kontraste

Objektname Bauhaus-Vitrine
Entstehungsjahr 1925
Designer Marcel Breuer
Material Esche/Abachi schwarz oder weiß, Glas, Vitrine verschließbar
Maße/cm H 165 / 140 / B 80 / 68 / T 80 / 68
Firma Tecta
Preis Ca. 4200 (4050) DM
Motto Weimarer Glaskisten

Obwohl Glasvitrinen heute das Selbstverständlichste von der Welt sind, wirken solche einfachen, strengen Glaskuben auch heute noch durchaus avantgardistisch. Die Vitrine wurde ursprünglich für das Bauhaus in Weimar entworfen, wo Marcel Breuer seit 1920 studierte. Der beistehende Stuhl von Stefan Wewerka stammt dagegen aus dem Jahre 1979. Der formale Aufbau besteht aus zwei holzgerahmten Glaskuben auf leicht längsrechteckigem Grundriß, die gegeneinander versetzt so aufeinandergestellt sind, daß die obere Vitrine in Analogie zur Bodenplatte über die untere seitlich auskragt. Zusammengehalten werden die beiden Glasschachteln durch vier stabile, massive Vierkantbalken, die mit der Bodenplatte und den Rahmen fest verschraubt sind. Die einzelnen Vitrinen lassen sich jeweils an der auskragenden Seite ganzflächig öffnen. Gegenüber späteren Regalsystemen ist die Struktur bei aller formalen Reduktion noch bemerkenswert additiv und abwechslungsreich. Insgesamt deutet sich hier bereits das architektonische Talent Marcel Breuers an, der sich ja später ganz der Architektur verschrieben hat.

Stellmöbel SCHRÄNKE & REGALE

Objektname Regal S 44
Entstehungsjahr 1932
Designer Marcel Breuer
Material Verchromtes Rundrohr, Esche schwarz oder weiß, verchromte, anklemmbare Bücherstütze
Maße/cm H 126 / B 120 / T 25
Firma Tecta
Preis Ca. 1400 DM
Motto Frei stehendes Regal

Man sieht dem Regal des Bauhaus-Möbelentwerfers und späteren Architekten nicht an, daß es schon 1932, ein Jahr vor Schließung der Schule, entworfen wurde, als Breuer selbst die Vereinigung schon längst verlassen hatte und sich auf eigene Faust durchs Leben schlug. Es sieht auch heute noch ziemlich modern und frisch aus, und wenn es einer der Jungdesigner als Neuheit auf irgendeiner Messe präsentieren würde, würde man wohl eher angenehm überrascht reagieren, als es als veraltet abzutun. Das System des Stahlrohrs wurde hier auf Regale übertragen. Für das S 44 entwickelte Breuer ein überraschend tektonisches Prinzip, das mit nur zwei dünnen, fragil wirkenden Stützen ein ganzes Regalsystem trägt. Dieses kann als Raumteiler oder als Wandregal verwendet werden. Zwei zusammengestellte Regale ergeben auch eine interessante Ecklösung. An den Seiten sind Drahtschlaufen einsteckbar, die das lästige Herunterpurzeln von Büchern verhindern. Ansonsten ist man weitgehend unbehindert von senkrechten Streben und kann sich so den Regalplatz ganz nach Belieben einteilen.

Carlo Mollino wurde in den 50er Jahren bekannt für seine exzentrischen Konstruktionen aus gebogenem Holz. Auch diese kleine Etüde in Schwarz, die von ferne an zierliche Rokokotischchen erinnert, ist ganz typisch für Mollinos eigenwillige Formsprache. Mollino war ein Einzelgänger, eine eigenwillige Persönlichkeit, ein Lebemann, für den Erotik auch bei seinen Möbeln einen wichtigen Schaffensantrieb darstellte. In der Kommode Carlino treffen starke Formgegensätze aufeinander, die eine starke, teilweise sogar befremdliche Intensität besitzen. So kontrastieren die weichen, welligen und weiblichen Formen des Kommodenkörpers mit dem schroff aggressiven, männlich anmutenden Fuß, der fast wie ein Pfahl in diesen Körper gerammt erscheint. Die zierlichen, an helles, duftiges Rokoko erinnernden Formen, die geradezu eine spielerische Entkörperlichung des Kubus anstreben, scheinen sich kaum mit der Schwere und Wucht der schwarzen Lackierung vereinbaren zu lassen.

Objektname Kommode Carlino
Entstehungsjahr 1933
Designer Carlo Mollino
Material Schwarz lackiertes Holz mit schwarzer Kristallglasplatte
Maße/cm H 75 / B 45 / T 28
Firma Zanotta
Preis Ca. 860 DM
Motto Etüde in Schwarz

SCHRÄNKE & REGALE Stellmöbel

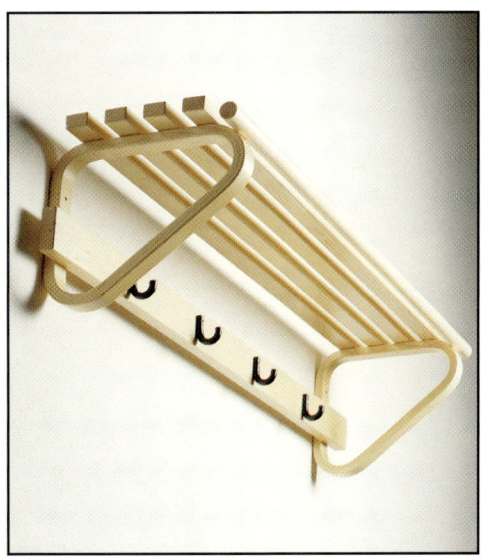

Im Grunde sind Alvar Aaltos Möbel spartanische, simple Gegenstände, aus einfachsten Elementen zusammengefügt. Lediglich durch die immer wieder frappierenden Effekte der Schichtholzverbiegung und ihre gestalterische Unbestechlichkeit und Kraft sind sie etwas Besonderes und in ihrem Charakter sofort wiedererkennbar. Auch diese Garderobe ist auf den ersten Blick als ein Entwurf des großen finnischen Architekten und Gestalters zu identifizieren. Basis der Konstruktion sind zwei gebogene Schichtholzdreiecke. Mit entsprechenden Rundungen in den „Ecken", fünf Vierkantleisten und einem Rundstab sowie vier schwarz lackierten Metallhaken setzt Aalto wie aus einem Kinderbaukasten sein Möbel zusammen. Daß man an einer solchen Garderobe natürlich nur entsprechend geformte Kleiderbügel aus Holz verwenden darf, um keinen Stilbruch zu begehen, versteht sich von selbst.

Objektname Garderobe 109
Entstehungsjahr 30er Jahre
Designer Alvar Aalto
Material Birkenholz
Maße/cm H 25 / B 100 / T 27
Firma Artek
Preis Ca. 500 DM
Motto Alles aus Holz

Objektname	Schrank 297
Entstehungsjahr	30er Jahre
Designer	Alvar Aalto
Material	Birkenholz
Maße/cm	H 65 / B 38 / T 56
Firma	Artek
Preis	Ca. 2000 DM
Motto	Hermetisches Holz

Der verschließbare Schubladenschrank aus massivem Holz bildet ein eher konservatives Gegenstück zu Marcel Breuers Metallcontainer. Während Breuer sich zunächst für die tektonischen und gestalterischen Möglichkeiten von Stahlrohr und Metall begeisterte, setzte Alvar Aalto von Anfang an auf Holz, da es zum einen in Finnland im Überfluß vorhanden ist, sich zum anderen seiner Meinung nach weniger kalt und abweisend anfühlt als Metall. In der Formgebung ist Alvar Aalto allerdings weit entfernt von aller Traditionstümelei und billigen stilistischen Reminiszenzen. Seine Schränke sind konsequent formal reduziert, auf ihren geometrischen Kern zurückgeführt, und auch die Griffe sind rein aus der dreidimensionalen Elementarform gewonnen. Allerdings zeigt er sich nicht als fanatischer Verfechter des rechten Winkels, sondern als einer, der eckige und kurvige Formen zu einer eleganten Synthese zu verbinden weiß.

Stellmöbel SCHRÄNKE & REGALE

Objektname	String
Entstehungsjahr	1949
Designer	Nisse Strinning
Material	Metalleitern und verschiedenes, furniertes Holz
Maße/cm	Schränke H 42 / B 78 / T 30
	Fachböden B 39 / 58 / 78
Firma	Intraform-deutsche String München
Preis	Abhängig von den jeweiligen Einzelelementen
Motto	Das Hängemöbel der Nachkriegszeit

Das String-Regal war vielleicht das Nachkriegsmöbel schlechthin, mit dem die Deutschen ihren Anschluß an die internationale Moderne sanktionierten und ihren Frieden mit der modernistischen Formgebung schlossen. Zugleich ist es eines der Zugpferde der Vorherrschaft des skandinavischen Designs in den 50er Jahren, das von der Besinnung auf Holz und organische Formen profitierte. Beliebt waren grundsätzlich die Gegensätze von dünnen, zerbrechlichen Drahtstrukturen und massiven, großflächigen Holzformen. Das String-Regal ist die konsequente Fortführung einer Entwicklung des modernen Möbels, das mit den Stahlrohrmöbeln begonnen hatte. Mit möglichst wenig Aufwand einen möglichst großen Nutzeffekt auf geringst möglichem Platz zu schaffen war Strinnings Ziel. Zu den von Anfang an lieferbaren Hängeschränkchen kamen im Lauf der Zeit so nützliche Ergänzungen wie Zeitungsfächer, Schubladensätze und sogar kleine Tische. Die dünnen Stahldrahtleitern, die die Jugend einer ganzen Generation – der heute 40- bis 60jährigen – optisch prägten, genießen heute aber keinen Kultstatus.

Daß eines der erfolgreichsten Regalsysteme aus einer Zeit stammt, in der die Kastenbauweise auch in der Architektur unangefochten Triumphe feierte und alles, was modern sein wollte, rechtwinklig gerastert sein mußte, ist wenig verwunderlich. Ebensowenig, daß es von einem Architekten stammt, der eben dies prominent vertrat und weltweit in die Tat umsetzte. Was für die Architektur bisweilen von übellaunigen Rezensenten als langweilig und verheerend kritisiert wurde, ist für ein Regalsystem im Grunde gerade das, was gewünscht wird: ein rechtwinkliges, möglichst unauffälliges, ausbaufähiges System ohne Anfang und Ende, ohne eigene Gestalt und Form, das vor allem vom Inhalt lebt und sich ansonsten diskret im Hintergrund hält. Das Haller-Regalsystem hat sich heute nicht nur international durchgesetzt, sondern sich auch auf die verschiedensten Anwendungszwecke ausgedehnt. Aus einem ursprünglich für das Büro entwickelten System wurde ein Möbel, das im repräsentativen Wohnzimmer genauso zu Hause ist wie im Flur, im Schlafzimmer oder in der Bibliothek.

Objektname USM Haller Bürosystem
Entstehungsjahr 1962
Designer Fritz Haller
Material Stahl verchromt und lackiert, Glas
Maße/cm In den unterschiedlichsten Breiten und Höhen zu beziehen
Firma USM Haller, Bühl
Preis Abhängig von den jeweiligen Einzelelementen
Motto Die Quintessenz des Rastersystems

REGALE Stellmöbel

Wie nicht anders zu erwarten, hat Shiro Kuramata auch in seinem Buchregal eine überraschend einfache und geistreiche Idee zum Tragen gebracht. Durch ein einfaches System entsteht eine Regalstruktur, in der jedes Regalfach eine eigene Größe aufweist. Das größte ist links unten, das kleinste rechts oben. Die Regalfächer werden in proportionalen Sprüngen nach oben zu flacher und nach rechts zu schmaler. So bekommt man für jedes Buchformat das richtige Fach. Zugleich besitzt das Ganze einen sehr überraschenden, irgendwie schwindelig machenden Effekt – und hierin ist Shiros Bookshelf durchaus seinen wellenförmigen Kommoden vergleichbar. In der optischen Wirkung scheint sich die rechte obere Ecke entsprechend der perspektivischen Erwartung nach hinten zu entfernen, während die linke untere Ecke auf uns zukommt – ein Effekt, der die Dynamik signalisierende Form von schräg nach rechts oben orientierten Werkschriften nutzt.

Objektname Bookshelf
Entstehungsjahr 1970
Designer Shiro Kuramata
Material Holz
Maße/cm H 250 / B 250
Firma Cappellini
Preis Ab ca. 9400 DM
Motto Jedes Fach verschieden groß

Stellmöbel SCHRÄNKE

Objektname Gewellter Schrank
Entstehungsjahr 1970
Designer Shiro Kuramata
Material Holz
Maße/cm H 170 / B 63 / T 50
Firma Cappellini
Preis Ca. 18700 DM
Motto Verblüffend genial

Kuramatas gewellter Schrank ist eine der frappierendsten Ideen der Designgeschichte und verbindet surreale Wucht mit erstaunlicher Eleganz. Diese Wellenlinie hatte in einer Zeit, in der der rechte Winkel geradezu absolut herrschte, eine provozierende Schärfe, die auch heute noch nachwirkt. Zugleich aber ist der Schrank ein in hohem Maße japanisches Erzeugnis, der eine an sich einfache Form so verwendet, daß der für die Herstellung notwendige Aufwand fast unmenschlich erscheint. Einfachheit und Reichtum, Strenge und Exaltiertheit, Zurückhaltung und Provokation liegen bei diesem Möbel so dicht beieinander wie bei kaum einem anderen Stück. Deshalb wirkt es wie eine meditative Übung, die zeitlose Gültigkeit beansprucht. Eine vergleichbar magische Wirkung mit Schubladen hat in diesem Jahrhundert allenfalls Salvador Dalí bewirkt, als er sie in Skulpturen von menschlichen Körpern oder Giraffen steckte. Die gewellte Kommode gibt es in zwei Ausrichtungen. Bei der einen schwingt die Seitenkontur in die Breite. Bei der anderen schwingt die Kommode wellenförmig nach vorn. So frappierend die Idee auch anmutet, so ist sie doch, wie die meisten guten Ideen, nicht absolut neu. Denn wenn man sich an jene Architektur und Möbel des Barock und Rokoko erinnert, so haben wir auch hier nicht selten wilddynamisch gewellte Fassaden und Formen. Oder man denke nur an jenen berühmten Baldachin des Bernini im Petersdom in Rom, dessen riesige Säulen sich als Serpentinen nach oben winden.

REGALE **Stellmöbel**

Ein Regal, das wie ein Mann dasteht, aber überraschend einfach konstruiert und gebaut ist. Es variiert und erweitert das Grundmodell der Stehleiter zu einem wirklich funktionierenden und dabei noch frappierend skulptural aussehenden Möbelstück, das sich von dem üblichen rechteckigen Schachtelsystem entfernt und in gewisser Weise schon den Entwürfen und fetischhaften Gebilden der Künstlergruppe „Memphis" und deren Hauptvertreter Ettore Sottsass jr. vorgreift. Ein gewisser Nachteil besteht im Fehlen von Seitenbegrenzungen, was Bücher nicht selten dazu ausnützen, vom Regalbrett zu rutschen. Statt das Regal in ein senkrecht-waagrechtes Raster einzuspannen, dessen notwendige Diagonalverstrebung dann schamhaft auf der Rückseite versteckt wird, machte Vico Magistretti diese beiden Linien zum eigentlichen Trägersystem mit selbstbewußter Ausstrahlung. Dabei entstand ein mit einfachsten Mitteln sich selbst tragendes Gebilde, das so simpel auf- und abzubauen ist wie eben eine Stehleiter. Es eignet sich also besonders für Personen, die oft umziehen müssen, und ist, da Vorder- und Hinteransicht gleich sind, auch als Raumteiler hervorragend einsetzbar. Der Titel „Nuvola Rossa" bedeutet soviel wie „Rote Wolke". Diese indianische Anspielung hat ihren Grund: Magistretti erinnerte das Regal an einen zusammenklappbaren Wigwam. Und der Name an sich ist auf einen berühmten Häuptling vom Stamme der Sioux zurückzuführen. Magistretti gilt als einer der überragenden Designer der Nachkriegszeit in Italien. Wie so viele seiner Designerkollegen kam auch er von der Architektur. Im Zuge dieses Berufes erweiterte er sein Tätigkeitsfeld in Richtung Stadtplanung, Innenausstattung und Möbeldesign. Letzteres ist eher als Mittel zum Zweck zu verstehen: Er benötigte für sich ein Bücherregal, in dem sein Stil zu finden ist, und so konstruierte er sich eben selber eines. Aber seine Innovativkraft bezieht sich nicht nur auf Entwürfe, auch mit Materialien war er hochgradig experimentierfreudig: 1964 wurde er auf den neuen Werkstoff Polyester aufmerksam gemacht, den er für seinen bahnbrechenden Stuhl Selene verwendete.

Objektname Regal Nuvola Rossa
Entstehungsjahr 1974
Designer Vico Magistretti
Material Buche natur oder schwarz lackiert, zusammenklappbares Gestell
Maße/cm H 192 / B 100 / T 39,5
Firma Cassina
Preis Ca. 2750 DM
Motto Regal „Rote Wolke"

Objektname Oikos Regal- und Schranksystem
Entstehungsjahr 1973
Designer Antonia Astori
Material Holz, Kunststoff, Glas und Metall
Maße/cm Abhängig von den jeweiligen Einzelelementen
Firma Driade
Preis Abhängig von den jeweiligen Einzelelementen
Motto Auch Schranksysteme können elegant sein

Antonia Astori ist nicht nur eine angesehene und vielbeschäftigte Designerin, zusammen mit ihrem Bruder Enrico gründete sie auch die Möbelfirma Driade, deren Stil sie hauptsächlich mitkreierte. Das Anbausystem Oikos war einer ihrer großen Würfe und wird seit mehr als 20 Jahren ständig erweitert, verbessert, weiterentwickelt und den sich wandelnden Ansprüchen angepaßt, im Grundkonzept jedoch beibehalten. Dabei entstand nicht einfach nur eine dominante Struktur, ein Organisationsmedium, eine konsequente stilistische Geste, sondern auch ein wahrhaft anpassungsfähiger und eleganter Bestandteil der häuslichen Umgebung, für Wohnzimmer und Schlafzimmer ebenso geeignet wie für Diele oder Küche, bestehend aus einem raffinierten Gerüst und ausgestattet mit den verschiedensten Verkleidungen, die jeweils zum Anlaß und zur Stimmung passen. Auch hier bestätigt sich das Vorurteil, daß Frauen häusliche Probleme und Bedürfnisse offensichtlich kennen und eher in der Lage sind, sich dem Zweck und dem Ziel zu verschreiben, statt Denkmäler und rigoristische Formkonzepte zu kreieren.

Stellmöbel SCHRÄNKE & REGALE

Objektname Regal Carlton
Entstehungsjahr 1981
Designer Ettore Sottsass
Material Kunststofflaminat
Maße/cm H 196 / B 190 / T 40
Firma Memphis
Preis Ca. 15000 DM
Motto Das Kunstwerk der 80er Jahre

Der Preis dieses Regals macht es eher zu einem Möbel für Kunstsammler als für Leute, die etwas suchen, um ihre vielen Bücher einzustellen. Dafür ist es zwar durchaus geeignet, aber es erschöpft sich nicht darin, sondern hat eher etwas von einem vielarmigen mexikanischen Gott, der über die Geschicke und das Wohlergehen der Familie waltet. Carlton ist das Kunstwerk der 80er Jahre. Mit ihm schaffte es das Design endgültig, aus seinem Mauerblümchendasein herauszutreten. Und Ettore Sottsass wurde von einem Spezialisten, den allenfalls Insider kannten, zu einem internationalen Star. Werfen Sie Ihre abstrakten Bilder und Objekte auf den Müll: Hier ist ein Möbelstück, das deren „Zweck" mindestens genauso gut erfüllt und bei dem Sie sich nie zu fragen lassen brauchen, zu was es gut sei. Es ist — und das kann jedes Kind sehen — ein Regal. Und jeder bekommt sofort Lust, etwas hineinzustellen, etwas darauf zu plazieren, damit es sich durch das Regal verwandelt, zu etwas anderem wird.

Ein Schrank wie ein Container, wie ein Koffer: mit Schutzkappen auf den Ecken und versenktem Schloß, die Oberfläche aus geriffeltem, gegen Kratzer unempfindlichem Metall. Die Ästhetisierung rein funktionaler und aus der Arbeits- und Ingenieurwelt übernommener Formen und Konstruktionen kann auf eine lange Tradition zurückblicken und hängt ursächlich mit der Krise der traditionellen Ornamentsysteme zusammen. Trotz ihrer „funktionalistischen" Ausrichtung gingen die Designer des 20. Jahrhunderts aber zunächst einen durchaus eigenständigen, stilistisch vereinfachenden, von der abstrakten Kunst beeinflußten Weg. Paradoxerweise bezeichnet „High-Tech" eine Entwicklungsphase, die bereits von einer Abwendung vom reinen Strukturgerüst gekennzeichnet ist und die in Industrie und Technik verwendete Oberflächenstrukturierung und Detailausformung wiederum als Ornamente benutzt — wie bei diesem Kofferschrank.

Objektname Containerschrank
Entstehungsjahr 1985
Designer Andreas Weber
Material Edelstahl, graues oder schwarzes Laminat, verstellbare Glasablagen
Maße/cm H 150 / B 80 / T 50
Firma Andreas Weber KG
Preis Ab ca. 5000 DM
Motto Leben aus dem Koffer

SCHRÄNKE Stellmöbel

Eine Kommode für Hemden, die man vielleicht auf den ersten Anblick eher in einer Fabrikhalle als in einem Schlafzimmer vermuten würde. Doch Schubladenschränke für Fabrikhallen sind wirklich rauh, mit scharfen Metallkanten usw. Hier wird die Anmutung des Spartanischen und rein auf die Funktion Beschränkten übernommen, aber ins Edle übersetzt. Im Grunde handelt es sich hier um eine Art Schäferspiele des 20. Jahrhunderts: Eine kultivierte, gut verdienende Schicht staffiert sich mit den ästhetischen Insignien des einfachen Lebens spielerisch aus, um so auf luxuriöse Weise Bescheidenheit und Zurückhaltung zu demonstrieren und den stilistischen Einzug ins arkadische, sozialutopische Paradies der Moderne zu proben. (Womit weder gegen die Schäferspiele des 18. Jahrhunderts noch die gestalterische Qualität von Andreas Webers Schränken etwas gesagt sein, sondern nur eine Anmerkung zu Zeitgeist und ideologischen Moden in die Diskussion gestreut werden soll.)

Objektname Hemdenkommode
Entstehungsjahr 1985
Designer Andreas Weber
Material Edelstahl
Maße/cm H 160 / B 50 / T 47
Firma Andreas Weber KG
Preis Ca. 7500 DM
Motto Insignien des einfachen Lebens

Objektname Verspanntes Regal
Entstehungsjahr 1984
Designer Wolfgang Laubersheimer
Material Stahlblech und Drahtseil
Maße/cm H 240 / B 31,8 / T 31,8
Firma Mormann
Preis Ca. 2400 DM
Motto Lieber ein verspanntes Regal als ein verspannter Rücken

Das Verspannte Regal von Wolfgang Laubersheimer hat viel mit der Erfindung des Freischwingers gemeinsam. Als eines der wenigen Möbel überhaupt ist es patentgeschützt. Obwohl es nicht unbedingt danach aussieht, ist es sehr stabil. Es nutzt Metall in einer bisher ungeahnten Weise als Werkstoff und interpretiert einen Möbeltyp völlig neu. Der entscheidende Nachteil von einfachem Stahlblech beim Regalbau ist seine Biegsamkeit. Ein unverspanntes Regal würde reichlich wackelig dastehen und schon bei kleineren Windböen – sprich: bei geringen Belastungen – bedrohlich zu schwanken anfangen. Durch die Verspannung wird es stabilisiert und hält nun auch außergewöhnliches Gewicht wie drei Tonnen (!) Bücher problemlos aus. Hier kann sich der Bücherwurm unbesorgt in schwindelnde Höhen erheben und seine kleinen Lieblinge von den obersten Regalböden auf der Leiter vernaschen – wie der berühmte Bücherwurm in Spitzwegs Gemälde.

Stellmöbel SCHRÄNKE & REGALE

Objektname Universal System
Entstehungsjahr 1991
Designer Jasper Morrison
Material Schichtholz und Aluminium
Maße/cm Einige Richtmaße:
H 44/52,5/64/100,6/104
B 49/74/102/148
T 30/40/49/56
Firma Cappellini
Preis Abhängig von den jeweiligen Einzelelementen
Motto Spartanische Ausdruckskraft

Jasper Morrisons Möbel sind von spartanischer Ausdrucksintensität. Seine einfachen Formen besitzen prägende Kraft und wiedererkennbaren Charakter. Ihre Wirkung erzielen sie durch bestechend klare Einfachheit, auf ornamentalen Schnickschnack kann bei solchen Möbeln völlig verzichtet werden. So lebt auch das Material aus seiner originären Tiefe, glitzernde High-Tech-Oberflächen sind unnötig. Die Schränke des Universal Systems benutzen lapidares Schichtholz und zeigen dies auch. Die einfachen, doch sehr gediegen gearbeiteten Kisten sitzen auf ebenso einfachen, doch nicht weniger gediegenen und vertrauenerweckenden Metallfüßen. Der besondere Clou und sozusagen das Wiedererkennungsmerkmal sind die rund ausgesparten Grifflöcher. Diese Art bietet sich besonders bei Schiebetüren an, da hier keine erhaben stehenden Griffe möglich sind und schon leicht vertiefte Griffe mitunter ziemliche Schwierigkeiten bereiten können. Morrison bricht damit die hermetische Geschlossenheit moderner Regalsysteme auf, ohne sie mit additiven Formzusätzen anzureichern.

REGALE Stellmöbel

Objektname Catone
Entstehungsjahr 1981
Designer Ettore Sottsass jr.
Material Sperrholzplatten mit Abet-Print, versilberte Messingfüße und schwarz lackierter Holzpfosten
Maße/cm H 72 / B 113 / T 80
Firma Zanotta
Preis Ca. 4700 DM
Motto Additives Strukturprinzip

Bereits im Biedermeier waren solche praktischen Eckregale mit viertelkreisförmigem Grundriß beliebte Einrichtungsgegenstände. Sie helfen, sonst meist vergeudeten Raum sinnvoll zu nutzen und allerlei Hübsches und Präsentables aufzustellen. Sottsass interpretiert den Typus des Eckregals in seiner für ihn typischen und unverwechselbaren Weise neu. Die massigen Regalbretter sind mit strukturiertem Laminat names Bakterio belegt. In homogenes Schwarz hüllt sich dagegen der Eckpfosten aus Holz. Weil er dick ist, sind die Vorderpfosten aus versilbertem Messing relativ dünn und strahlend hell. In gewisser Weise überbrückt das schwarzweiße Laminat diesen schroffen Gegensatz, so daß das Regal bei allen formalen Gegensätzen doch ein einheitliches, charaktervolles Gepräge besitzt. Ein spielerisches Detail sind die zurückgesetzten Pfosten und Regalbretter, die sich deutlich vom uniformen Raster verabschieden und ein eher additives Strukturprinzip zelebrieren. Ettore Sottsass gehört heute zu den Stars der neueren italienischen Designszene – er dominierte die 80er Jahre wie kein anderer. Bekannt geworden ist er zunächst weniger über seine Möbelentwürfe, sondern für seine Gestaltung von Computern, Schreibmaschinen und Keramikobjekten (er war von 1958 bis 1980 Designer bei der Firma Olivetti). Zum internationalen Star stieg Sottsass mit der Gruppe „Memphis" auf, die mit einem Schlag das moderne Möbeldesign revolutionierte und den Abschied vom lustfeindlichen Funktionalismus in Szene setzte.

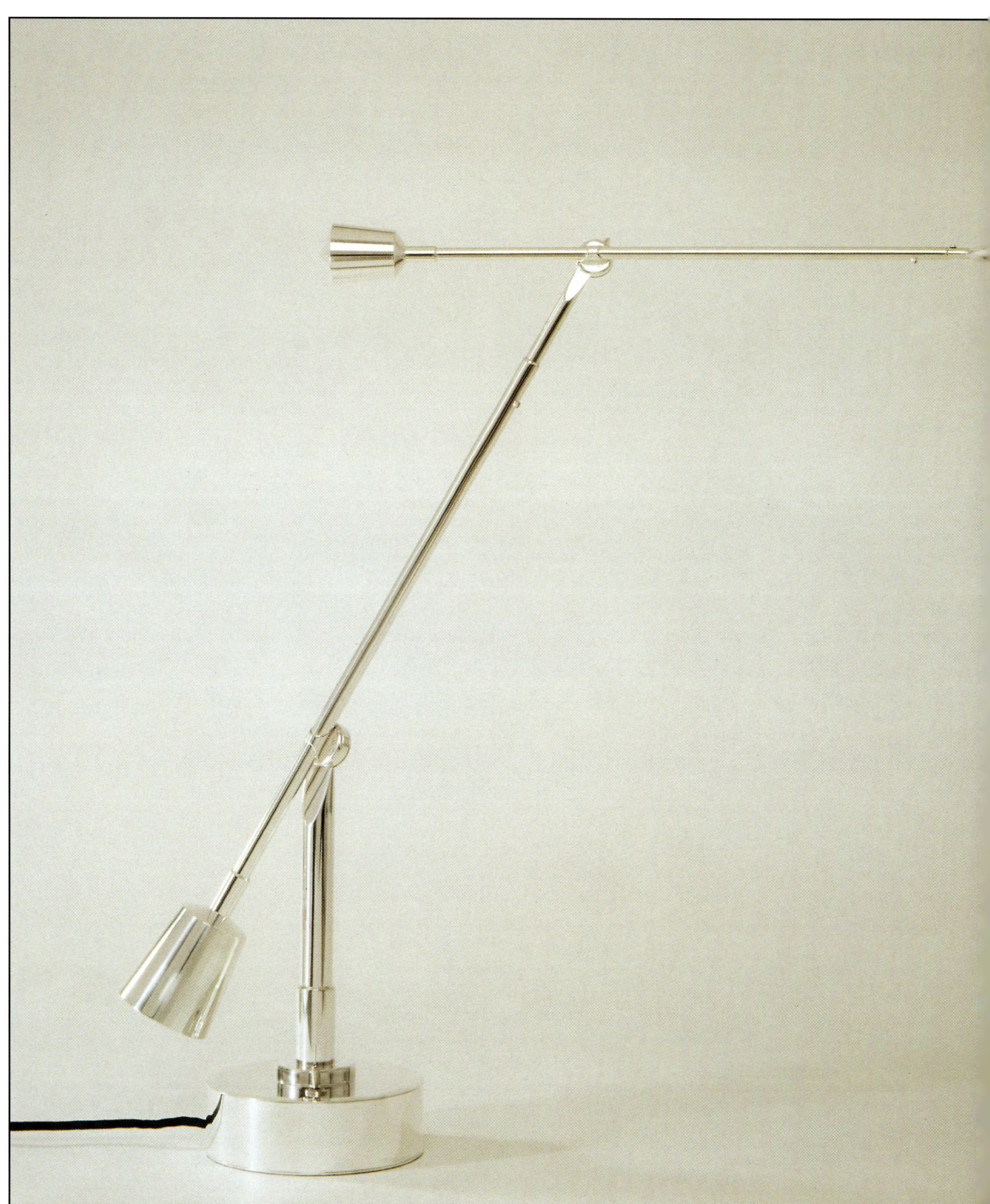

Lampen sind Entwicklungen des 20. Jahrhunderts. Mit den traditionellen Kerzenhalten, Kronleuchtern, Petroleum- und Gasleuchten haben sie wenig Gemeinsamkeit. Ihre Grundlage bildet die von Thomas Alva Edison im Jahre 1879 entwickelte elektrische Glühbirne. Jugendstillampen sind häufig noch stark skulptural geprägte, die Lampe als Gegenstand in den Mittelpunkt stellende Gebilde aus farbigem Glas. Die Inszenierung des Lichts schritt dann ab den 20er Jahren stetig voran. Objektdesigner und Lichtingenieure bildeten von nun an die beiden Pole des Lampendesigns, die sich mehr oder weniger annäherten oder voneinander entfernten. Skulpturalen Reiz besitzen vor allem noch die Lampen der ersten Jahrzehnte des 20. Jahrhunderts. Insbesondere in den 20er Jahren entstanden auffällig viele, traumhaft schöne Klassiker. Später ging der Trend dahin, Lampen und Licht immer stärker in die Raumstruktur zu integrieren und unsichtbar zu machen, so daß sich die plastische Kraft des Lampenkörpers selbst zunehmend verflüchtigte. Eine Trendwende ist hier ab den 80er Jahren zu bemerken. Einen einschneidenden technologischen Schub brachten ab Anfang der 80er Jahre auch die neuen Halogenlampen und Niedervoltsysteme, mit denen bisher kaum mögliche Wirkungen spielerischer Lichtgestaltung und schwerelos wirkender Arrangements erzielt werden. Die robuste Mechanik altbewährter Schreibtischlampen macht immer mehr esoterisch-filigranen Lampen Platz, die man mit dem sanften Druck einer Fingerspitze in die gewünschte Position dirigieren kann. Als Königin der Lampen kann man Eduard-Wilfrid-Buquets Leuchte EB 27 aus dem Jahr 1927 bezeichnen. In ihr paart sich Funktionalität mit Poesie und technische Kälte mit bestrickender Schönheit.

Beleuchtung

STEH-, WAND- & HÄNGELEUCHTEN

Beleuchtung HÄNGE-LEUCHTEN

Objektname Hängelampe
Entstehungsjahr Deutschland um 1900
Designer Anonym
Material Verchromtes Metall oder poliertes Messing und Opalglaskugel
Maße/cm H 120–140 / D 20, 25, 30, 35 oder 40
Firma Tecnolumen
Preis Ca. 400–1300 DM
Motto Die wahren Klassiker sind anonym

Die wahren Klassiker sind anonym wie Märchen und Volkslieder. Sie sind von unüberbietbarer Einfachheit und ästhetischer Durchschlagskraft – und so selbstverständlich, daß man sie kaum bemerkt. Daß die kugelförmige Hängelampe bereits um 1900 entworfen wurde, beweist, daß der Funktionalismus der 20er Jahre weniger an einer wirklichen Vereinfachung der Form interessiert war, sondern daran, Gebrauchsgegenstände durch künstlerisch-konstruktivistisches Design als repräsentative Gegenstände in die „gute Stube" zu bringen. Zwischen funktionalem und funktionalistischem Design besteht ein nicht zu unterschätzender Unterschied. Hier handelt es sich eindeutig um ersteres. Die Lampe wurde von fast allen berühmten Architekten der ersten Jahrhunderthälfte eingesetzt.

Jeder Architekt, Designer oder Künstler weiß, daß Einfachheit nicht mit Billigkeit oder gar Oberflächlichkeit zu tun hat. Im Grunde ist Einfachheit gestalterisch schwieriger zu bewältigen als Fülle. Denn in der Fülle fällt der Fehler oder die Schlamperei im Detail nicht so auf. Das Rokoko ist nicht gerade berühmt für die Exaktheit und Sorgfalt seiner Verarbeitung. Demgegenüber muß ein japanischer Landschaftsgärtner schon sehr exakt und konzentriert arbeiten. Im Industriesektor gibt es sehr schöne, einfache Dinge teilweise kostengünstig, weil durch die große Zahl der Aufwand für das einzelne Stück gering ist. Dies gilt leider nicht für diese sehr schönen Lampen, die in relativ kleinen Stückzahlen gefertigt werden.

Ein Modell aus einer altehrwürdigen Berliner Lampenfabrik, das seine Herkunft aus der Zeit um die Jahrhundertwende mit seinen jugendstilhaften Formen nicht verleugnet. Im Grunde handelt es sich um vollgültiges funktionelles Design, das auch die fabrikationsmäßige Herstellung und die zweckdienliche Handhabung nicht verschleiern. Solche Lampen beweisen, daß Funktion und weiblich anmutende Eleganz kein Widerspruch sind. Von der gleichen Firma gibt es auch eine formal verwandte Wandleuchte, eine Hängeleuchte, einen „Tischpilz" (nicht unähnlich der Bauhaus-Lampe). Während man ursprünglich den Begriff „Design-Klassiker" auf Entwürfe im Umfeld des Bauhauses oder seiner Nachfolger beschränkte, weitete er sich allmählich sowohl zeitlich als auch stilistisch aus und umfaßt heute auch zunehmend anonym entworfenes Design.

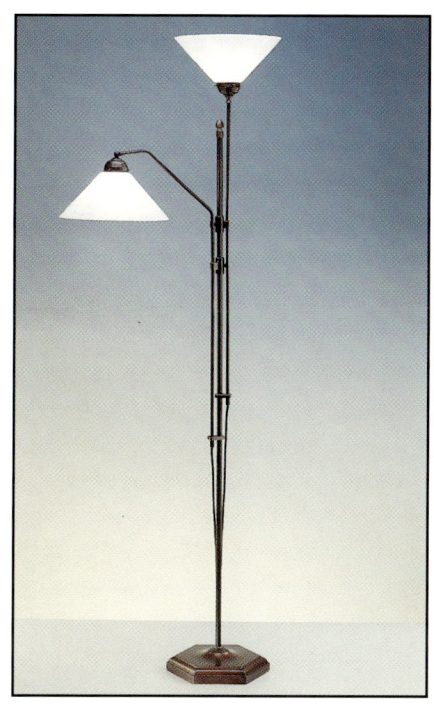

Objektname Berliner Messingstandleuchte
Entstehungsjahr Ca. 1900
Designer Werkentwurf
Material Zweifach Messing patiniert, Schirme mundgeblasenes Opalglas
Maße/cm H max. ca. 200 (Schirme höhenverstellbar) / D 30
Firma Berliner Messinglampen GmbH
Preis Ca. 700 DM
Motto Funktionaler Jugendstil

STEH-LEUCHTEN Beleuchtung

Schon vor der Zeit des Funktionalismus gab es jene ungemein praktischen, durch eine sinnvolle Konstruktion einfach höhenverstellbare Eßtischlampen. Das Besondere an ihnen ist, daß ihre Aufhängung und das Gegengewicht aus Porzellan bestehen und daß sie mit ihren weichen Rillen bei aller Schlichtheit höchst elegant wirken. Das bis zu fünf Meter lange Textilkabel ist besonders geschmeidig und griffig. Die Leuchte stammt vom gleichen Hersteller wie die Standleuchte zweifach (Abb. oben). Die Berliner Eßtischleuchte besteht in ihrem formalen Aufbau wie im Material aus vier heterogenen Teilbereichen. Aufhängung und Gegengewicht bestehen aus längsgerieffeltem Porzellan, das Kabel ist textilummantelt, die Metallfassung profiliert und der Opalglasschirm ein einfacher Kegelstumpf. Es ist bezeichnend für den fiktiven, stilistisch geprägten Charakter des Funktionalismus, daß während seiner Herrschaft gerade solche funktionalen Gegenstände von der Bildfläche verschwanden.

Objektname Berliner Eßtischleuchte
Entstehungsjahr Ca. 1900
Designer Werkentwurf
Material Messing und mundgeblasenes Glas, Porzellanaufhängung, Gegengewicht und Laufrad
Maße/cm D 30 / 500 Textilkabel
Firma Berliner Messinglampen GmbH
Preis Ca. 300 DM
Motto Früher war manches wirklich praktisch

Objektname Tramway
Entstehungsjahr 1900
Designer Otto Wagner
Material Lackiertes oder vernickeltes Messing
Maße/cm H 24 / D 30
Firma Woka
Preis Ca. 1600 DM
Motto Inkunabel des Wiener Stils

Otto Wagner war die dominierende Gestalt der Architektur und des Kunstgewerbes im Wien des ausgehenden 19. Jahrhunderts. Praktisch alles, was in den folgenden Jahren und Jahrzehnten hier an zukunftsweisenden Werken entstanden ist, läßt sich direkt oder indirekt auf ihn zurückführen. Selbst Adolf Loos, vor dessen strengem Auge kaum etwas Gnade fand und der selbst mit Josef Hoffmann im Clinch lag, verbeugte sich vor Wagners Talent. Mit ihm verabschiedete sich der Historismus aus Wien, und die modernen, vorwärts gerichteten Kräfte machten die Stadt zum Zentrum des europäischen Kunstgewerbes. Selbst einfache Nutzbauten – wie das von Wagner erbaute Postsparkassenamt und Bauten der Wiener Stadtbahn – zeugten von dieser Blüte der angewandten Kunst. Die Lampe stellt die aufwendigere, um den Ornamentreifen erweiterte Fassung eines einfacheren Modells dar, dessen Schmuck nur aus mehreren Profilen besteht. Bereits hier wird der strenge, geometrisch vereinfachte Dekorstil der Wiener Werkstätte vorweggenommen. Einfache Ovale mit dazwischengesetzten kleinen Kreislöchern sind alles, was Wagner braucht, um der Lampe den Ausdruck stilvoll zurückhaltender Pracht zu verleihen.

Beleuchtung

WAND- & STEH-LEUCHTEN

Objektname Tischlampe Villa Spitzer XNT 1
Entstehungsjahr 1903
Designer Josef Hoffmann
Material Lackiertes oder vernickeltes Messing
Maße/cm H 43 / D 28
Firma Woka
Preis Ca. 2000 DM
Motto Kühle Pracht

Josef Hoffmann war führendes Mitglied der Wiener Werkstätte, aus der diese Lampe – von ihm selbst entworfen – für die Ausstattung der Villa Spitzer hervorging. Der Stil der Wiener Werkstätte war betont geometrisch und gegen den floral-organischen Überschwang des Jugendstils gerichtet. Dennoch sind auch hier die weichen, fließenden Linien der Zeit nicht gänzlich eliminiert. So steigt der Lampenfuß von einer sechseckigen Grundform weich gerundet und sich nach oben verjüngend an. Auch der Lampenschirm weist eine weiche, gerundete Pilzform auf, die wie eine große Kaugummiblase wirkt. In der Tat wurden diese Gläser ja geblasen, und die abgeflachte Ellipse stellt eine ästhetisch vollendete Reminiszenz an das Material, die glühendheiße flüssige Glasmasse, dar.

Die 1904 entstandene Lampe für die Ausstattung des Hauses der Familie Henneberg steht noch am Anfang der Wiener Werkstätte. Auf vier dünnen Säulen ruht der halbkugelförmige Lampenschirm; fünf Kugeln, vier kleinere am Lampenschirm, eine größere in der Mitte der Basis, schmücken die ansonsten fast spröde, sachliche Lampe, die eine feierlich strenge Ausstrahlung besitzt. Der Einsatz solcher Kugeln als Schmuckmotiv kann geradezu als Marotte von Josef Hoffmann bezeichnet werden — er findet sich auch bei seinen Möbelentwürfen wieder (siehe Seite 26). Es ist bezeichnend für den Stil der Wiener Werkstätte, geometrische oder kubische Elemente durch einfache Reihung als Schmuckmotive einzusetzen und dabei auf die bizarren Übersteigerungen des Jugendstils zu verzichten.

Objektname Tischlampe Haus Henneberg
Entstehungsjahr 1904
Designer Josef Hoffmann
Material Lackiertes oder vernickeltes Messing
Maße/cm H 50 / D 24
Firma Woka
Preis Ca. 1800 DM
Motto Kuppel auf Säulen

HÄNGE- & STEH-LEUCHTEN Beleuchtung

Diese Lampe, die bisher keinem Entwerfer eindeutig zugeschrieben werden konnte, ist typisch für die geometrische, strenge Spielart des Wiener Jugendstils, den Sezessionsstil. Die Struktur ist streng vereinheitlicht und ganz aus geraden Kanten und Flächen entwickelt. Dem quadratischen Rundmuster ist die Schräge des Lampenschirms zugeordnet, der die Diagonalstellung eines Quadrates im Lampenhalter beantwortet. Die Lampe zeichnet sich durch ihre klaren, einfachen Formen aus und findet die richtige Balance zwischen Kargheit und Reichtum. Obwohl gewisse Merkmale, wie das Anfügen von kleinen Kugeln als Schmuckmotiv, für eine Urheberschaft Josef Hoffmanns sprechen, war der Stil der Wiener Werkstätte doch so stark kollektiv ausgerichtet, liegen die Entwürfe der einzelnen Künstler bisweilen so nahe beieinander und ist die gegenseitige Beeinflussung so stark, daß hier die Frage der Autorschaft bis zur Auffindung eventueller schriftlicher Indizien offenbleiben muß.

Objektname Deckenlampe AEK/75
Entstehungsjahr 20er Jahre
Designer Umkreis Wiener Werkstätte
Material Lackiertes oder vernickeltes Messing
Maße/cm H 120 / D 75
Firma Woka
Preis Ca. 8500 DM
Motto Leuchtendes Hängedach

Objektname Villa Steiner LST 2
Entstehungsjahr 1910
Designer Adolf Loos
Material Lackiertes oder vernickeltes Messing
Maße/cm H 65 / D 35
Gibt es auch als Stehlampe
Firma Woka
Preis Ca. 2350 DM
Motto Klassizistische Strenge

Adolf Loos war ein gestrenger Herr, dem die überbordende Stilmaskerade des Historismus ebenso verhaßt war wie die Emphase des Jugendstils. So orientierte er sich bezüglich Maß und Form an der Klassik und führte jenen zurückhaltenden Geist in die Baukunst und die angewandten Künste ein, der sie mehr als ein halbes Jahrhundert beherrschen sollte. Wo hier noch zu Formen der Architektur gegriffen wird – wie bei der Kannelierung des Lampenschaftes oder bei der Kuppel –, benutzt die spätere Bauhaus-Lampe (siehe Seite 145) die Sprache der Technik und der modernen Materialien. Von der gleichen Form gibt es auch eine Stehlampe, die größer und im Sockel massiver ausfällt. Andere Lampen sind eng mit denen Hoffmanns (siehe unten) verwandt.

Beleuchtung

STEH-LEUCHTEN

Objektname Stehlampe Nr. Sch. 1
Entstehungsjahr 1912
Designer Josef Hoffmann
Material Lackiertes oder vernickeltes Messing
Maße/cm H 180 / D 50
Firma Woka
Preis Ca. 5100 DM
Motto Von dorischen Säulen inspiriert

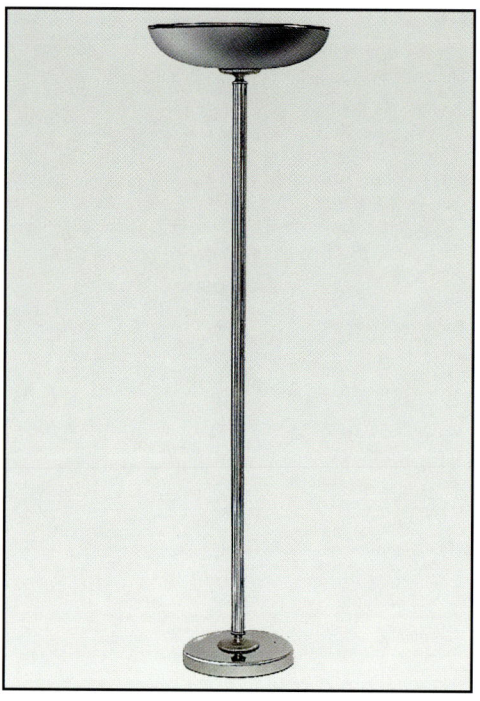

Nach den Exzessen des Jugendstils kam es in ganz Europa zu einer klassizistisch getönten Reaktion gegen die überbordende Ornamentik. Auch diese Lampe entstammt dieser reizvollen Zwischenphase kurz vor Ausbruch des Ersten Weltkrieges, in der von Jugendstil nicht mehr, vom Art deco aber noch nicht gesprochen werden kann. Bezeichnend für Hoffmanns Stil in dieser Zeit ist seine Vorliebe für Kanneluren und den Kontrast von großen, einfachen Formen und kleinteiligen, meist in simplen Reihungen bestehenden Ornamenten, wie wir sie hier in der Lampenbasis und dem unteren Ende des Lampenschirms sehen können. Das Ganze wirkt klassisch und filigran und zeugt – bei aller gestalterischen Zurückhaltung – von großer gestalterischer Sensibilität.

Rietveld ist der einzige Schreiner des 20. Jahrhunderts, der in die Kunstgeschichte eingegangen ist und dessen rot-blauen Stuhl jeder Kunstinteressierte kennt. Und ebenso wie dieser berühmte Stuhl eher eine Skulptur ist als ein Sitzmöbel, so ist auch Rietvelds Lampe L 40 eher ein hängendes Kunstwerk, eine leuchtende Skulptur, denn eine schnöde Lampe, die nur dazu da ist, um Licht zu spenden. Entsprechend den formalen Vorstellungen des de Stijl vereinfacht er die Form auf senkrechte und waagrechte Linien, die zu einer spannungsvollen Komposition zusammengesetzt werden. Im Grunde sind es nur drei von viereckigen schwarzen Fassungen gehaltene Leuchtröhren, die allein durch ihre Anordnung im Raum ihren spezifischen Charakter erhalten. Rietveld nimmt mit seiner Lampe vergleichbare Experimente des Neonlichtkünstlers Dan Flavin um fast ein halbes Jahrhundert vorweg. Wen wundert es, daß diese Lampe im Direktionszimmer des Weimarer Bauhauses hing?

Objektname Hängelampe L 40
Entstehungsjahr 1920
Designer Gerrit T. Rietveld
Material 6 Röhren Acrylglas, 3 Soffitten, 40 Watt, Fassung Holz
Maße/cm H 155 / B 40 / T 40
Firma Tecta
Preis 900 DM
Motto Für Freunde der klassischen Moderne

HÄNGE-LEUCHTEN Beleuchtung

In der Stehlampe bilden verschieden große Scheiben und Zylinder einen spannungsvollen Rhythmus der Formen und Materialien. In diese Systematik der runden Formen fügt sich auch die schwarze Kugel der Schalterkette. Bei aller technischen Anmutung und geometrischen Zurückhaltung enthält die Grundform vielleicht doch eine erotische Komponente, an der Freud seinen Spaß gehabt hätte: In der Durchdringung von männlichen und weiblichen Formen entstünde das Licht. Die bestürzend einfache Anordnung der Leuchte wurde zum Vorbild einer Unzahl moderner Entwürfe, wobei hier nur auf Frisbi aus dem Jahre 1979 (siehe Seite 159) hingewiesen sei. Gyula Pap, ein gebürtiger Ungar, kam 1925 ans Bauhaus. Er wurde berühmt durch seine Metallarbeiten.

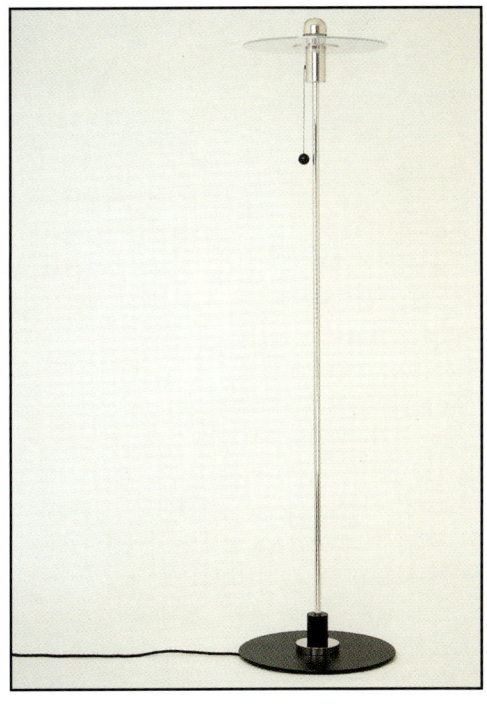

Objektname Bauhaus-Stehlampe
Entstehungsjahr 1923
Designer Gyula Pap
Material Schwarz lackiertes Eisen und vernickeltes Messing, Glas ätzmattiert
Maße/cm H 168 / D 40
Firma Tecnolumen
Preis Ca. 2600 DM
Motto Erotische Symbolik?

Beleuchtung STEH-LEUCHTEN

Objektname Stehlampe
Entstehungsjahr Um 1923
Designer Bauhaus-Umkreis
Material Vernickeltes Metall
Maße/cm H 161 / B 76
Firma Tecnolumen
Preis Ca. 3000 DM
Motto Licht im Gleichgewicht

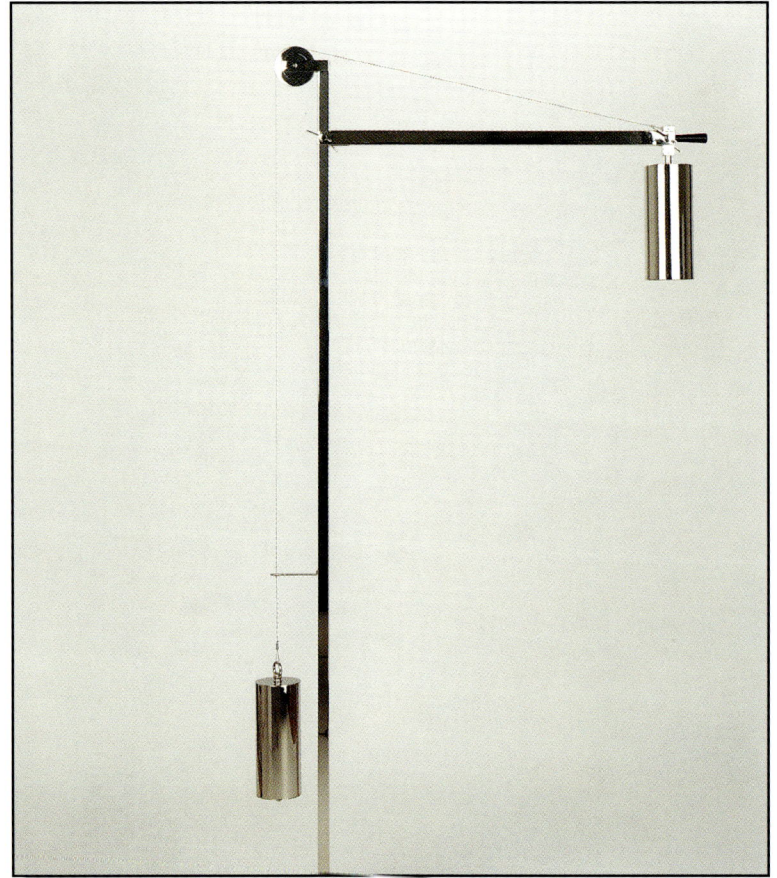

Die Lampe ist im Grunde eine konstruktivistische Plastik. Sie basiert auf der Idee, Lampenschirm und Gegengewicht des Lampenarms auch visuell ins Gleichgewicht zu setzen. Zwei gleich dicke Zylinder sind über eine Rolle an der Spitze des Gestells miteinander verbunden. Das Ganze wirkt wie ein Lichtkran, mit dem eine neue Lichtarchitektur erbaut wird. Die elementare Wucht der einzelnen Teile wird durch die dünne, fast unsichtbare Schnur, an der das Gegengewicht hängt, optisch noch verstärkt. Trotz der optischen Gemeinsamkeit der vorherrschenden Zylinderformen, die im Kontrast zum Vierkantrohr der Trägerkonstruktion stehen, überwiegt der Eindruck schroffer Kontraste und einer strengen graphischen Gesamtkomposition. Der Entwerfer dieser sehr schönen Leuchte ist bisher nicht identifiziert worden; es ist nicht einmal sicher, ob sie am Bauhaus selbst entworfen wurde. Wenn man bedenkt, daß nicht einmal die Entstehungsgeschichte der legendären Bauhaus-Lampe (siehe Seite 145) genau geklärt ist und Wilhelm Wagenfeld nur einer ist, der die Autorschaft für sich beansprucht, so ist dies auch gar nicht weiter verwunderlich. Zeitgenossen zeigten sich sogar darüber verwundert, daß man mit der Zeit von einem eigenständigen Bauhaus-Stil sprach. Denn im Grunde war der Bauhaus-Stil der avantgardistische Stil der 20er Jahre, also gab es den Internationalen Stil schon, bevor der Begriff geprägt wurde. So ist der Entwurf dieser Leuchte zwar relativ genau datierbar, aber nicht genau lokalisierbar.

Desny, eine Pariser Firma des gehobenen Bedarfs, produzierte in den Jahren 1927 bis 1933 an den Champs-Élysées. Die führenden Designer waren Desnet und Mauny, und der Firmenname ergab sich, wie sich unschwer erahnen läßt, aus der Zusammenziehung der beiden Namen. Ihre Erzeugnisse gehörten unzweideutig dem damals in Frankreich sich langsam durchsetzenden Modernismus an, und ihre Aushängeschilder verbanden verchromte Metallflächen mit Glas in einer funktionalistischen Gestaltung. Dabei waren bei den französischen Designern Funktion und Eleganz keineswegs unvereinbare Gegensätze. Ein Beispiel dafür ist diese heute wieder hochaktuelle Lampe, die keinerlei Patina angesetzt hat. An seiner exzentrischen Gelenkkonstruktion läßt sich der Lampenschirm bis zu einem Meter im Kreis schwenken. Formal wiederholt der Lampenschirm die Form der schwergewichtigen Basis.

Objektname Tischlampe AD 10
Entstehungsjahr 1924
Designer Werkentwurf der französischen Designfirma Desny
Material Messing oder vernickelt
Maße/cm H 48 / D 39
Firma Woka
Preis Ca. 2300 DM
Motto Die Lampe der starken Gelenke

STEH-LEUCHTEN Beleuchtung

Die 20er Jahre berauschten sich geradezu an den dekorativen Möglichkeiten des verchromten Stahls, der einerseits an Silber erinnerte, andererseits den modernen, zukunftsweisenden Schimmer der Technik ausstrahlte. Lampen wurden nun förmlich zu Fetischobjekten modernistisch-eleganter Gestaltung. Raffinierte Konstruktionen und demonstrative Effekte der Metallbearbeitung erzeugten keine einfachen Funktionsgegenstände, sondern Schmuckstücke besonderer Art, die auf allen historischen Zierrat getrost verzichten konnten, ohne nackt und langweilig zu wirken. Bei dieser Lampe hält eine kleinere Kugel die größere „Leuchtkugel" über eine sehr kleine Gelenkkugel in einem spannungsvoll asymmetrischen Gleichgewicht. Entwerfer der Postmoderne knüpfen heute wieder gern an diese Kostbarkeiten der 20er Jahre an, doch erreichen sie nur selten deren Charme und Stimmigkeit.

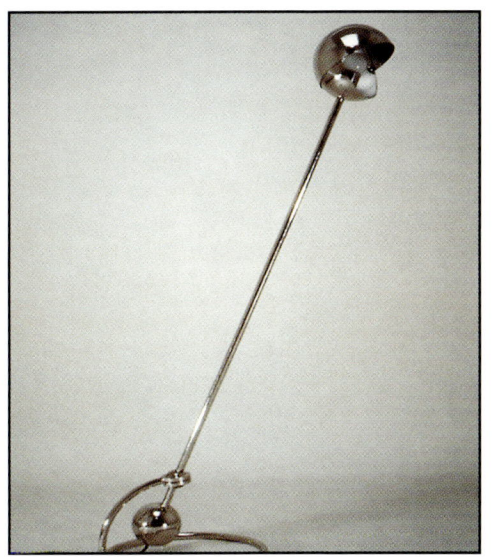

Objektname Stehlampe AD 5
Entstehungsjahr 1924
Designer Desny
Material Messing oder vernickelt
Maße/cm H 130 / B 35 / D 16
Firma Woka
Preis Ca. 2200 DM
Motto Asymmetrisches Gleichgewicht

Objektname AD 8
Entstehungsjahr 1924
Designer Desny
Material Lackiertes oder vernickeltes Messing
Maße/cm H 48 / B 18 / T 25 / D 22
Firma Woka
Preis Ca. 1100 DM
Motto Lichtschale

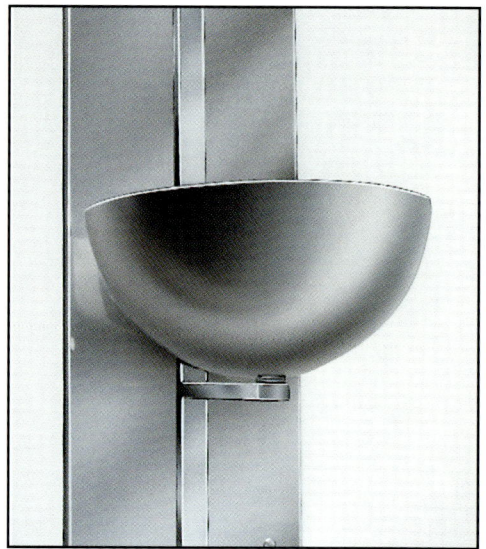

Manchmal hat man das Gefühl, als ob die Entwerfer der 20er Jahre bei ihren Lampen einfach nichts falsch machen konnten. Sie nahmen verchromtes Metall, setzten ein paar geometrische Körper zusammen, fügten Profile oder Stege dazu, brachten das Ganze in eine gewisse proportionale Spannung, und fertig war ein hervorragendes Design. Noch nach über 50 Jahren sehen sie prickelnd und frisch aus und behaupten sich neben ihren neuen, jungen, für den aktuellen Markt eigens entworfenen, durch Marktforschung, Zeitgeistscouts usw. erforschten Produkten – obwohl sie aufgrund aufwendigerer Herstellungsverfahren meist nicht weniger, sondern mehr kosten. Aber, das fragt sich natürlich der kundige Konsument, warum einen schlechten neuen Entwurf kaufen, wenn es doch schon so gute aus den 20er Jahren gibt? Schließlich hört man sich auch in der Orchestermusik die alten Stücke wieder und wieder an.

Beleuchtung STEH-LEUCHTEN

Objektname Tischlampe AD 2
Entstehungsjahr 1924
Designer Desny
Material Lackiertes oder vernickeltes Messing
Maße/cm H 57 / D 45
Firma Woka
Preis Ca. 2850 DM
Motto Das Licht wird serviert

Eine elegante Tischlampe, die aus lauter einfachen Rotationskörpern zusammengesetzt wurde. Ein spitzer Kegel steht auf einem flachen, von ihm strahlen vier Halterungsstäbe aus, die ein Kugelsegment tragen, den eigentlichen Lampenschirm, der das Licht nach oben abblendet. Das Ganze hat die Anmutung eines Trinkgefäßes, in dem eben kein Getränk, sondern elegant verstreutes Licht präsentiert wird. Extravagant mutet das Detail an, wie das Kabel in einem Loch im Sockel verschwindet. Desny steht als bekannte Pariser Firma für bestes französisches Art deco der ausgehenden 20er Jahre. Die Formgebung ist vornehm zurückhaltend und modernistisch, aber nicht zu sachlich. Auf Ornamente wurde gänzlich verzichtet, vielmehr ist die Form insgesamt als ornamentales Spiel aufgefaßt. Kennzeichnend für die Zeit sind dabei die starken formalen Kontraste, mit denen dünne gegen ausladende, runde gegen gerade, stumpfe gegen spitze, lange gegen kurze Formen gesetzt werden.

Poul Hennigsen ist in Dänemark eine Institution. Man nennt ihn dort kurz und knapp nur PH. So hat er auch seine Lampen genannt. Mit der PH, die es auch als Deckenlampe gibt, gewann er bereits 1925 auf der legendären Art-deco-Ausstellung in Paris eine Goldmedaille. Die Lampe war damals wahrhaft so revolutionär und zukunftsweisend, daß PH mit ihrem Nachfolgermodell PH 5 im Jahre 1957 (!), also über 30 Jahre später, seinen größten Erfolg erzielte. Diese behielt das Prinzip der konzentrischen Schalen bei, nur mit dem Unterschied, daß sie auch nach oben gedämpftes Licht abstrahlt. PH verstand sich nicht nur als Lampendesigner, sondern vor allem als Lichtingenieur. Dabei ging es ihm weniger um Helligkeit, denn die könnte man am besten mit einer nackten Glühbirne erzielen. Seine Lampen sollten vor allem nicht blenden, keine harten Schatten werfen und die Temperatur des Lichtes günstig beeinflussen.

Objektname PH Tischleuchte
Entstehungsjahr 1924
Designer Poul Hennigsen
Material Mattweiß lackierter Aluminiumschirm, Fuß und Säule verchromtes Metall
Maße/cm H 55 / D 45
Firma Louis Poulsen
Preis Ca. 1000 DM
Motto Schon 1925 preisgekrönt

STEH-LEUCHTEN Beleuchtung

Die Bauhaus-Lampe ist sicher das berühmteste Lampendesign. Schon ganze Monographien sind über sie geschrieben worden – und über die Frage, wer sie denn nun eigentlich gestaltet hat. Die Auskünfte, die Wagenfeld und C. J. Junkers darüber geben, weichen nämlich in entscheidenden Passagen voneinander ab. Heute ist man allerdings geneigt, Wagenfeld, dem bedeutendsten deutschen Glasdesigner dieses Jahrhunderts, die Priorität bezüglich der Lampe zuzugestehen. Entscheidend für die Ästhetik der Lampe ist, daß sie sich vom architektonischen Vokabular ab- und der technischen Formensprache zuwendet. Gewinde z.B. werden nun durchaus im Sinne eines Ornaments in die formale Rechnung mit einbezogen. Dabei haben wir es hier noch mit einer heute bereits mit romantischen Gefühlen rezipierten, stark handwerklich ausgerichteten Herstellungsweise zu tun, wie sich etwa an den polierten Schweißnähten und der Schalterseilmündung zeigt.

Objektname Bauhaus-Lampe Wa 24 Wg 24
Entstehungsjahr 1924
Designer Wilhelm Wagenfeld
Material Vernickelte Metallteile, Schaft Klarglas, Lampenschirm Glas opal-überfangen
Maße/cm H 36 / D 18
Firma Tecnolumen
Preis Ca. 700 DM
Motto Wie ein Spielzeug aus längst vergangenen Tagen

Objektname Stehlampe WSt L30
Entstehungsjahr 1930
Designer Wilhelm Wagenfeld
Material Vernickeltes Gestell, Fuß schwarz lackiert, Kartonschirm
Maße/cm H 157 / D 60
Firma Tecnolumen
Preis Ca. 1800 DM
Motto Cousine der berühmten Bauhaus-Lampe

Die Stehlampe von Wagenfeld ist nicht so berühmt geworden wie seine Tischlampe, die Bauhaus-Lampe. Doch beide sind eng verwandt. Die Tischlampe mit dem chinesischen Kartonhut besitzt den gleichen Glasfuß und Schaft wie ihre berühmte Schwester und den gleichen putzigen Zugschalter mit Kügelchen. Bei einer Stehlampe mußte die Standfläche natürlich vergrößert und robuster gestaltet werden. So ist die Stehlampe eine legitime Verwandte der berühmten Bauhaus-Lampe, nur eben als Standleuchte und mit einem Kartonschirm statt der Glaskuppel. Konsequent ist sie aus lauter Rotationskörpern zusammengesetzt: Sechs Zylinderscheiben bzw. Röhren werden von einem stumpfen Kegel gekrönt. Ein paar Kugeln und zwei Schnüre ergänzen das Ensemble.

Beleuchtung HÄNGE- & STEH-LEUCHTEN

Objektname Deckenlampe
Entstehungsjahr 1925
Designer Marianne Brandt
Material Vernickeltes Metall mit opalüberfangenem Glas
Maße/cm H 61 / D 40
Firma Tecnolumen
Preis Ab ca. 1500 DM
Motto Ein Kunstwerk aus einfachen Formen

Diese Lampe erinnert in ihrem strukturellen Aufbau, der gerade, kugelige und zylindrische Elemente zu einem eigenständigen, ja eigenwilligen Formenzusammenhang verbindet, an Erzeugnisse der Wiener Werkstätte, ist allerdings spröder und technischer im Charakter. Ein interessantes Detail ist, daß Glaskugel und Aufhängezylinder exakt den gleichen Durchmesser aufweisen. Eine vergleichbare Hängelampe mit etwas breiterem Ansatzring und Kettenverbindungen wird Marianne Brandt ebenfalls zugeschrieben und auf das Jahr 1928 datiert. Der Lampe ist deutlich anzumerken, daß sie von einer gelernten Metallhandwerkerin geschaffen wurde, die sich in die Verarbeitungsmöglichkeiten des verwendeten Materials gründlich eingearbeitet hatte.

HÄNGE-LEUCHTEN Beleuchtung

Objektname Bauhaus-Hängelampe
Entstehungsjahr 1925
Designer Marianne Brandt, Hans Przyrembel
Material Aluminium poliert, gebürstet oder weiß lackiert, mit Rollenzug und Zugbügel
Maße/cm L bis zu 250 ausziehbar / D 50
Firma Tecnolumen
Preis Ca. 1200 DM
Motto Männlicher Ernst und weiblicher Charme

Die Metallentwürfe der Marianne Brandt sind schon seit längerer Zeit Bauhaus-Legenden geworden und die Originalstücke werden im sechsstelligen DM-Bereich gehandelt. Sie war als Frau auch am progressiven Bauhaus ein Eindringling in eine männliche Domäne, verschaffte sich aber rasch Respekt und Anerkennung. Wie Eileen Gray ist sie eine der weiblichen Entwerferinnen, die Sachlichkeit mit Anmut zu verbinden wußten und deren Entwürfe nie auch nur einen Anflug von selbstgerechter Brutalität ausstrahlen – was man von den Erzeugnissen ihrer männlichen Kollegen nicht immer behaupten kann.

Die Lampe ist aus schlichten Rotationskörpern zusammengesetzt, die gerade in ihrer Einfachheit kostbar wirken und sich dennoch unprätentiös der Funktion unterordnen. Neben dem breit ausladenden Lampenschirm mit 50 Zentimeter Durchmesser, der einen größeren Bereich beleuchten kann, gibt es auch eine gedrungenere, kugeligere Form, die ihr Licht entsprechend zielgerichteter verströmt. Beide Schirmtypen kann man sich mit oder ohne Rollenzug liefern lassen, wobei nur das zuglose Modell mit einem Haltegriff ausgestattet ist. So praktisch der Rollenzug auch sein mag, und so elegant auch hier das Problem gelöst ist, so wird durch ihn doch die strenge Konzentrik des Entwurfs durchbrochen. Doch gerade das kann man auch als Pluspunkt werten.

Objektname	Tischlampe AD 9
Entstehungsjahr	1925
Designer	Anonym
Material	Messing oder vernickelt
Maße/cm	H 45 / D 34
Firma	Woka
Preis	Ca. 2250 DM
Motto	Aus dem Kreis entwickelt

Die Lampe ist Teil des modernistischen Art deco der 20er Jahre und nimmt bereits die Stromlinienform der 30er Jahre vorweg. Aus einem einzigen Bogenschwung wächst die Lampe von der massiven, schweren Sockelkuppe auf und entwickelt aus dieser Basis den Lampenschirm. Dem senkrecht gestellten Kreisbogen antwortet der waagrechte Kreis des Lampenschirms.

Entgegen dem eher additiven Stil der frühen 20er Jahre sind die einzelnen Teile dieser Lampe jeweils aus einem Guß und weisen keine Profilierungen oder Ecken auf. Besonders bei den Autokarosserien und im Flugzeugbau entdeckte man in dieser Zeit das Prinzip der Windschlüpfrigkeit und unternahm erste Versuche in dieser Richtung. Die Form sollte möglichst vereinheitlicht werden, um so dem Luftwiderstand keine Angriffsfläche zu bieten. Interessanterweise setzte sich in den 30er Jahren diese Formgebung vor allem im Haushalt durch und bereitete das organische Design der 50er Jahre vor.

Beleuchtung STEH-LEUCHTEN

Objektname	Tube-Licht
Entstehungsjahr	1927
Designer	Eileen Gray
Material	Verchromtes Stahlrohrgestell Linestraröhre 220 V
Maße/cm	H 102 / D 25
Firma	ClassiCon
Preis	Ca. 900 DM
Motto	Subtiles Spiel der Kontraste

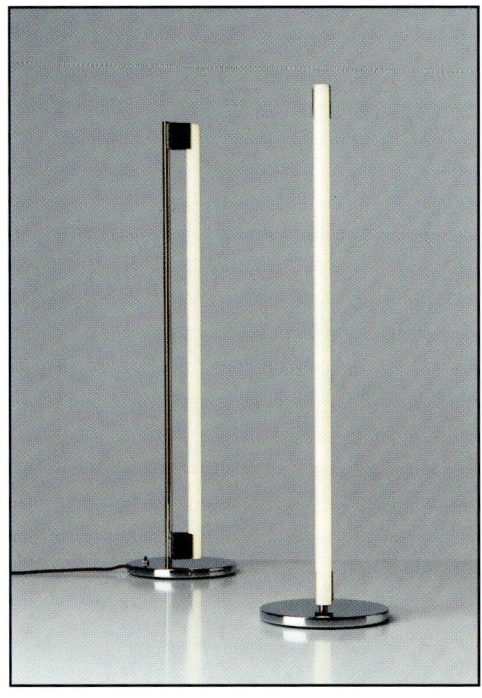

Eileen Gray hat sich in den 20er Jahren zu einer von den modernen Materialien und Gestaltungsweisen in hohem Maße faszinierten Designerin und Architektin entwickelt. Vor allem Glas und Chrom verhalf sie dabei zu einer geradezu erotischen Ausstrahlung. Stilistisches Leitbild waren ihr dabei die Werke des russischen Konstruktivismus. Statt formaler Vereinheitlichung, wie sie in den 60er Jahren von preisgekrönten Entwerfern durchgesetzt wurde, strebte sie hier formale Kontraste und komplexen Reichtum an, wie etwa in dem Gegensatz von Glas- und Metallröhre, dem Spiel mit den verschiedenen Radien, Höhen und Formen. Zu den verschiedenen Zylinderformen, von extrem schlank und hoch bis breit und niedrig, kontrastieren die kubischen Formen der Glasröhrenhalterung.

Das Spiel mit Zylindern und Kugeln ist typisch für das strenge Art deco. Die hier verwendeten Zylinderformen weisen sehr unterschiedliche Höhen und Radien auf. Zwischen die untere Auflagefläche und das Ständerrohr mit zwei Anschlußstücken ist ein schwarz lackierter Zylinder mit dem Schalter geschoben, das untere Stück der Lampenkugel ist poliertes Aluminium. Bis hierhin ist noch alles in der symmetrischen Reihe. Der eigentliche Clou der Lampe aber ist die kokette, fast wie eine Mütze sitzende obere halbkreisförmige Metallkappe, die als Blendschirm dient. Daß man diese Leuchte zwanglos in eine Reihe mit Bauhaus-Entwürfen stellen kann, relativiert auch den Mythos des Bauhaus-Stils etwas, der teilweise einfach den avantgardistischen Stil der Zeit verkörperte.

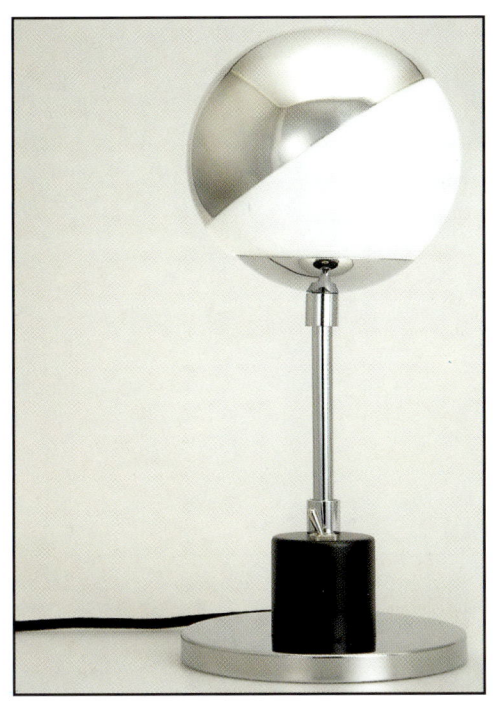

Objektname Tischleuchte mit Halbkugel
Entstehungsjahr Schweden um 1928
Designer Anonym
Material Metall verchromt oder schwarz lackiert, poliertes Aluminium und opalüberfangenes Glas
Maße/cm H 39 / D 16,5
Firma Tecnolumen
Preis Ca. 700 DM
Motto Strenge Lampe mit koketter Kappe

STEHLEUCHTEN Beleuchtung

Charles Martin war ein französischer Zeichner, Illustrator und Entwerfer, dessen Lampendesigns sich durch exaltierte Extravaganz auszeichnen. Hier werden in spielerischem Übermut bei gleichzeitig, demonstrativ zur Schau gestelltem technischen Ernst alle traditionellen Formen über Bord geworfen und abenteuerliche Gelenkkonstruktionen erprobt, die durch die nötigen Gegengewichte einen fast mobileartigen skulpturalen Reiz ausüben.
Die Leuchte von Charles Martin aus dem Jahr 1928 ähnelt in fast nichts den gängigen Vorstellungen einer Stehlampe mit Fuß, tragender Säule und breitem Lampenschirm. Sie erinnert weit eher an ein technisches Gerät, dessen Zweck Normalsterblichen unbekannt bleibt.

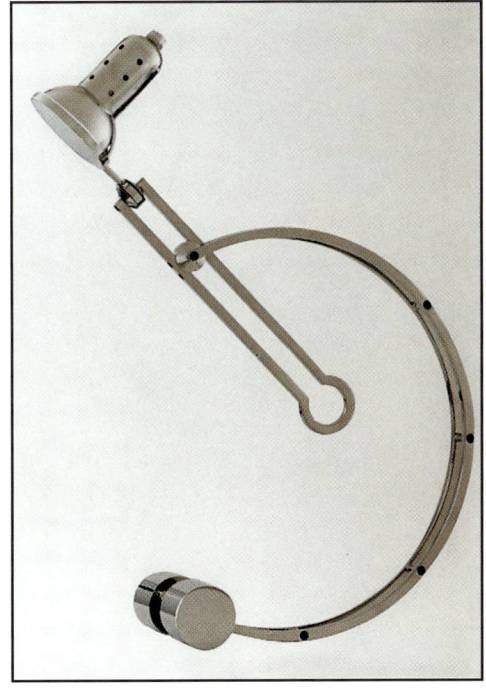

Objektname Stehlampe AD 11
Entstehungsjahr 1928
Designer Charles Martin
Material Messing oder vernickelt
Maße/cm H 55 / D 40
Firma Woka
Preis Ca. 2250 DM
Motto Mobileartige Leuchtskulptur

Objektname	Wandlampe Apollo
Entstehungsjahr	1929
Designer	Carl Witzmann
Material	Messing oder vernickelt
Maße/cm	H 23 / T 20 / D 14
Firma	Woka
Preis	Ca. 800 DM
Motto	Ornamentbereinigtes Art deco!

Die Art-deco-Fassung eines traditionellen Lampentypus, der ursprünglich einmal einen Arm mit einer ringförmigen Öffnung darstellte, in die man eine Fackel steckte. Typisch für die bereits den modernistischen 30er Jahren zugeneigte Form ist der betonte Kontrast zwischen elementar runden und eckigen Formen. Das Ornament ist stark reduziert, aber entgegen dem streng sachlichen Design nicht völlig eliminiert.

Dem österreichischen Designer Carl Witzmann, der auch eigenwillige Möbelentwürfe geschaffen hat, gelang hier eine überzeugende Synthese von traditionellen und modernen Formen. Insgesamt führt eine konsequente, in sich folgerichtige Entwicklung von den Ausprägungen des streng geometrischen Wiener Jugendstils, die von dem Schotten Charles R. Mackintosh angeregt worden waren, hin zum Art deco, in dem nun die abstrakten Formen der modernen Kunst, etwa des Konstruktivismus und des Kubismus, Eingang ins Kunstgewerbe fanden.

Beleuchtung WAND- & STEH-LEUCHTEN

Objektname	Mehrzweckleuchte
Entstehungsjahr	1930
Designer	Wilhelm Wagenfeld
Material	Metall und Opalglas
Maße/cm	H 28 / D 10
Firma	Tecnolumen
Preis	Ca. 800 DM
Motto	Unprätentiöse Schönheit

Die Mehrzweckleuchte von Wilhelm Wagenfeld läßt sich als Tischlampe aufstellen oder als Wandlampe an die Wand hängen. Zwei Gelenke in der Halterung sind entsprechend kippbar. Der technische Charakter ist zugleich geometrisch und skulptural. Das Ganze ist ein Motiv in Zylindern mit drei verschiedenen Radien und Höhen. Bezeichnend für den unprätentiösen Charakter sind die offen gezeigten Verschraubungen, die dem spiegelnden Metall etwas von seiner Glätte und Eleganz nehmen. Das Ganze wirkt kantig und herb, künstlerisch gestaltet, aber nicht prätentiös.

Die Lampe ist ein Musterbeispiel für funktionalistische Ästhetik. Die Formen ergeben sich aus der Logik des Materials, ihrer damals gebräuchlichen Verarbeitungsmöglichkeiten und einem geometrisch denkenden, vom russischen Konstruktivismus maßgeblich beeinflußten Schönheitsempfinden! Heutige Arbeits- und Baulampen haben sich oft dieses Design entlehnt.

STEH-LEUCHTEN Beleuchtung

Diese Art-deco-Lampe ist formal mit der etwas stärker profilierten und meist mit einem schwarzen Holzschaft versehenen Lampe Mazda verwandt, die heute im Original oder als Nachbau noch öfter auftaucht. Kennzeichnend für diesen Lampentypus sind der tulpenförmige Glaskelch und der lang aufstrebende Stiel auf breiter, scheibenförmiger Basis. Die hier gezeigte Ausformung ist formal reduziert, modernistisch, sehr sparsam im Dekor und bezüglich ihrer Halterung der Bauhaus-Lampe nahe verwandt. Im Gegensatz zu dieser besitzt sie allerdings keine Schalterkügelchen, sondern ein kleines Zylinderstück, das analog zum Kabel schwarz ausfällt. Besonders geschickt ist bei dieser Lampe der Gegensatz zwischen dem technisch anmutenden Metall und der fließenden Linie des Glases herausgearbeitet, der ihr eine unnachahmlich schöne Gesamtwirkung verleiht. Bis in die Zeit des Art deco konnte Frankreich noch seinem überragenden Prestige im Bereich des Kunstgewerbes gerecht werden und die Welt der angewandten Künste beherrschen. Allerdings zeigte sich bereits vor dem Ersten Weltkrieg der große Konflikt zwischen der deutschen und der französischen Formauffassung. Dabei verkörperte Frankreich die traditionsbewußte, letztendlich auf den erlesenen Geschmack einer betuchten Elite setzende Richtung, die sich auch aus der streng zentralistischen Tradition und dem elitären Kulturanspruch des Landes ergab. Entwerfer wie Jacques Ruhlmann konnten noch einmal an die große Tradition des 18. Jahrhunderts anschließen, aber gegen Ende der 20er Jahre neigte sich ihre Ära unwiderruflich dem Ende zu. Von nun an beherrschte das deutsche Verständnis der industriellen Massenproduktion und des Industriedesigns, am prominentesten verkörpert durch das Bauhaus, die internationale Bühne und konnte auch von den Nazis nicht gestoppt werden. Im Gegenteil, durch die erzwungene Emigration vieler Bauhaus-Künstler wurde der Bauhaus-Gedanke in die – vorzugsweise Neue – Welt hinausgetragen. Erst mit den neuen Designstars wie Philippe Starck konnte Frankreich wieder an einstige Glanzzeiten, die von dieser Lampe eindrucksvoll verkörpert werden, anschließen.

Objektname Art-deco-Lampe
Entstehungsjahr Frankreich um 1930
Designer Anonym
Material Fuß und Rohr verchromt, obere Fußplatte vernickelt, opalüberfangenes Glas
Maße/cm H 78 / D 26
Firma Tecnolumen
Preis Ca. 850 DM
Motto Art-deco-Tulpe

Objektname Scherenwandleuchte
Entstehungsjahr Anfang der 30er Jahre
Designer Anonym
Material Verchromter Stahl oder schwarz lackiert
Maße/cm L max. 80 / D 17
Firma Manufactum
Preis Ca. 480 bzw. 340 DM
Motto Fast schon archaisch

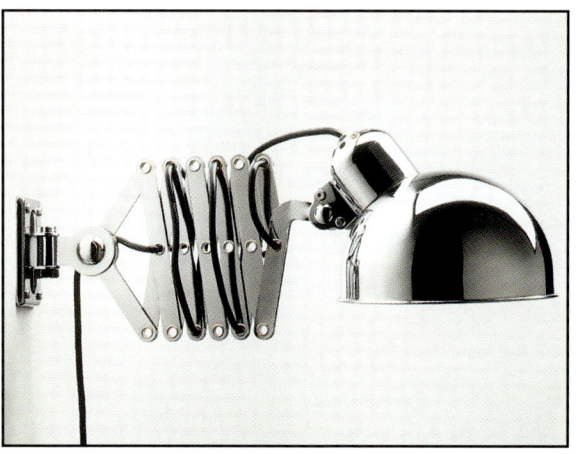

Die Scherenwandleuchte gehorcht einem alten Prinzip. Über eine Vielzahl von Gelenken läßt sich eine Metallkonstruktion durch Ziehen verlängern oder zusammenstauchen. Durch weitere Gelenke ist die Lampe in alle Richtungen drehbar. Im Grunde wird hier auf eine Vielzahl von Gelenken verteilt, was bei der Anglepoise (siehe Seite 154) mit zwei Armen möglich ist. Durch die Klemmung der einzelnen Gelenke ist jede gewünschte Position stabil, kann allerdings auch nur mit einem gewissen Kraftaufwand verändert werden. Bei der Scherenwandleuchte handelt es sich um eine frühe Form des High-Tech. Dabei wird ein Gegenstand, der im Arbeitsalltag aus rein praktischen Gründen Verwendung findet, gerade unter dem Aspekt der Ästhetik in den Wohn- oder gar Repräsentationsbereich hinübergenommen und so sein Anmutungscharakter ganz anders beurteilt. Im Gegensatz zu dem Stil um 1980 aber sind hier die Formen doch von einer viel elementareren Wucht, viel weniger „sophisticated", ja im Grunde noch von handwerklichem Charme.

Beleuchtung WAND- & HÄNGE-LEUCHTEN

Objektname Bolich Klassikleuchte
Entstehungsjahr 1930
Designer Werkentwurf
Material Pulverbeschichteter Stahl, schwarz, Gußaufhänger
Maße/cm H 150 / D 40
Firma Manufactum
Preis Ca. 250 DM
Motto Zurück zu den Wurzeln!

Im Grunde ist diese Lampe eine typische Vertreterin des anonymen Designs, ein Werkentwurf, der keine explizit künstlerischen Ambitionen aufweist, sondern eher einem bodenständig-funktionalen Ethos huldigt und für zweckbezogene Räume vorgesehen war. Inzwischen haben sich aber solche einfachen, nichtambitionierten, traditionsverhafteten Lampen zwischen all dem Designschnickschnack einen neuen Käuferstamm erworben und symbolisieren eine unterschwellige, zunehmend stärker werdende Tendenz „zurück zu den Wurzeln". Von der gleichen Firma gibt es auch andere Modelle mit halbrundem, abgeflachtem oder konischem Schirm; die Klassikleuchte aber vertritt die ursprüngliche Form. In ihr wird zwischen der pilzförmigen Aufhängung, der konisch zulaufenden Fassung und dem kegelstumpfförmigen Lampenreflektor deutlich unterschieden. Trotz völliger Ornamentlosigkeit zeigt die Leuchte einen wohltuenden Reichtum der Formen.

Gegenüber dem Vorläufermodell aus dem Jahre 1930 ist diese Dell-Lampe schnittiger, stromlinienförmiger und formal einheitlicher geworden. Christian Dell war 1922 bis 1926 handwerklicher Leiter der Metallwerkstätte am Bauhaus, zunächst noch in Weimar. Gelernt hatte er zuvor am Vorgängerinstitut, der Kunstgewerbeschule unter dem international berühmten Jugendstilkünstler und Schulgründer Henry van der Velde. Dell entwickelte das revolutionäre Prinzip des Metallreflektors für Arbeitslampen statt der bis dahin üblichen Glasschirme. Gegenüber dem Kugelsegment der Basis ist der Lampenschirm asymmetrisch geformt. Der runde Arm ist schwenkbar. Über viele Jahre hinweg gehörten Lampen des Entwerfers Dell, teilweise in der Fabrikation des Lampenherstellers Kaiser, zur Standardausstattung von Büros und Amtsstuben. Eine Lampe hieß sogar „Kommissar" und stand in der gleichnamigen Fernsehserie auf dem Schreibtisch des Protagonisten.

Objektname Schreibtischleuchte
Entstehungsjahr Weiterentwicklung eines Entwurfs von 1930
Designer Christian Dell
Material Schwarz pulverlackierter Stahl
Maße/cm H 49 / D 27
Firma Manufactum
Preis Ab ca. 400 DM
Motto Kenner nennen sie „Kommissar"

STEH-LEUCHTEN Beleuchtung

Die „kegelförmige" Stehlampe des Gio Ponti, zu der es eine entsprechende „kugelförmige" Deckenleuchte gibt, verkörpert die zweite, technisch-modernistisch ausgerichtete Phase des Art deco, dem sich auch Italien mit einer gewissen Zurückhaltung öffnete. Die Lampe zitiert den älteren Glaskegel, wie er seit etwa 1900 gebräuchlich war (siehe Seite 136), zerschneidet ihn aber in lauter Scheiben, die sich in gleichmäßigen Abständen lamellenartig um einen Glaszylinder aus satiniertem Glas kragen. Die progressiven Lampenentwerfer der damaligen Zeit verstanden sich nicht mehr als Kunsthandwerker, die die Lichtquelle ornamental einkleideten, sondern als Lichtingenieure, die das Licht entsprechend ihren Vorstellungen fokussierten, streuten und im Raum verteilten.

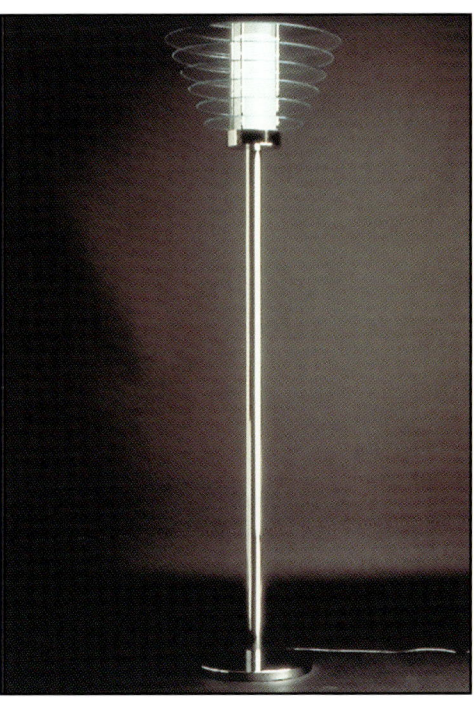

Objektname Modell 0024
Entstehungsjahr 1931
Designer Gio Ponti
Material Klare Kristallglasscheiben und satinierter Glaskubus in verchromter Messingfassung
Maße/cm H 190 / D 55
Firma Fontana Arte
Preis Ca. 2600 DM
Motto Ein Traum aus Glas und Chrom

Objektname Anglepoise
Entstehungsjahr 1932
Designer George Carwardine
Material Schwarz lackiertes Metall, Stahlfedern
Maße/cm Sockel 15 x 15 / Armlänge 85 / H 92
Firma Tecta
Preis Ca. 650 DM
Motto Revolutionäre Erfindung

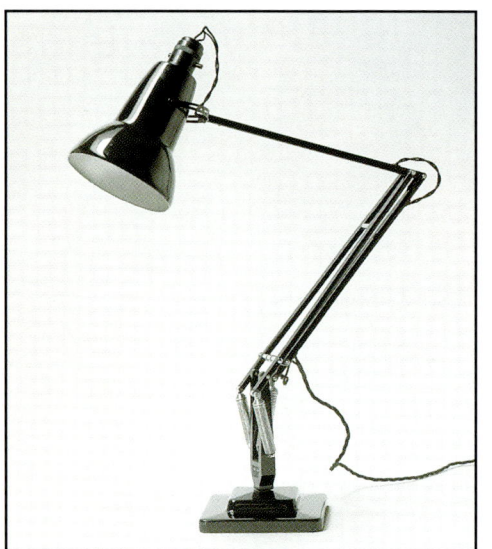

Im Gegensatz zu der einige Jahre früher entwickelten Tischlampe von Buquet, die auf dem Prinzip der Gegengewichte basierte, benutzt Carwardine Stahlfedern, um die Lampe in der gewünschten Lage zu halten. Er orientierte sich dabei am Bau des menschlichen Arms. Die Anglepoise war der Prototyp des heute geläufigen Typus der Schreibtischlampe, die in unzähligen Varianten und Exemplaren seither verkauft worden ist. Bereits 1937 hatte der Däne Jacob Jacobsen die skandinavischen Rechte an der Lampe erworben und baute eine leicht veränderte Version, die Luxo, die ein internationaler Verkaufserfolg wurde. Jacobsen veränderte einige Details, etwa die Form des Lampenschirms, und verzichtete auf die getreppte Bodenplatte. Interessanterweise war es eine Stahlfederfirma, die George Carwardines Lampe zuerst produzierte. Heute werden bei den leichtgewichtigen Halogenleuchten keine so starken Zugkräfte mehr benötigt.

Beleuchtung STEH- & WAND-LEUCHTEN

Objektname Deckenstrahler
Entstehungsjahr 1958
Designer Egon Eiermann
Material Verchromtes und lackiertes Metall
Maße/cm H 171 / D 15
Firma Tecnolumen
Preis Ca. 820 DM
Motto Lampen vom Eiermann

Der kühl zurückhaltende Deckenstrahler wurde 1958 für die Weltausstellung in Brüssel entworfen. Obwohl der Geist des Bauhauses unverkennbar ist, wirkt das Design insgesamt doch formal vereinheitlicht, abgerundet, weniger detailverspielt und sachlich nüchterner. Aus dem avantgardistischen Spiel der 20er Jahre wurde ein technokratischer Systemzwang in einer durchorganisierten, tendenziell langweiligen Rasterwelt. Eine stilistische Weiterentwicklung stellt die Stehleuchte Callimaco (siehe Seite 160) von Ettore Sottsass aus dem Jahr 1982 dar, der den zylindrischen Ansatz der Lampe nach unten bis zur konischen Basis verlängerte und diese nicht an den Kanten abflachte. Der provozierende Gegensatz von Stange und „Körper" wird dadurch aufgehoben.

HÄNGE-LEUCHTEN Beleuchtung

Objektname Deckenleuchter 2097/30
Entstehungsjahr 1952
Designer Gino Sarfatti
Material Verchromtes oder vermessingtes Metallgestell
Maße/cm H 87/66 / D 100/88
Firma Arteluce Flos
Preis Ca. 2000 DM
Motto Moderner Kronleuchter

Gino Sarfatti war einer der Gründungsväter des modernen italienischen Lampendesigns in Italien. Die Firma Arteluce wurde von ihm aufgebaut. Sie lieferte die passenden Beleuchtungskörper zu der nach dem Krieg entstandenen modernen Architektur. Der Kronleuchter ist eine moderne, funktionalistische Fassung des altehrwürdigen Typus, der ursprünglich für Kerzen entwickelt worden war und vor allem auch repräsentative Aufgaben hatte. Dieser repräsentative Charakter ist bei Sarfatti merkwürdig gebrochen und verfremdet, indem er ihn sozusagen nackt ins Technische übersetzt und die bloßen Birnen mit ihren unverhüllten Kabeln präsentiert. Wie für einen Italiener selbstverständlich, wird dies natürlich elegant vorgetragen und in edelsten Materialien übersetzt. So bietet Sarfattis Kronleuchter einen wirkungsvollen Gegensatz zwischen technischer Ars povera und feudalem Prunk. In Deutschland wäre ein solcher Entwurf völlig undenkbar. Im Gegensatz zum deutschen Funktionalismus hat Italien das Primat der Schönheit auch im 20. Jahrhundert nie aufgegeben und ist immer ein Land geblieben, das einem Schönheitskult huldigt. Dieser Schönheitskult akzeptiert, ja verehrt im Gegensatz zum deutschen Sozialneid Eliten und gesteht ihnen durchaus einen gehobenen Status zu, der sich nicht nur durch einen avantgardistischen Geschmack, sondern auch die Anknüpfung an traditionelle Formen wie eben den Kronleuchter auszeichnet.

Objektname AJ Tischlampe und Stehlampe
Entstehungsjahr 1960
Designer Arne Jacobsen
Material Metall
Maße/cm Tischlampe H 54 / D 17,5
Stehlampe H 130 / D 17,5
Firma Louis Poulsen
Preis Tischlampe ca. 900 DM
Stehlampe ca. 1430 DM
Motto Rund geknickt

Die Lampe markiert ziemlich exakt den Zeitpunkt, an dem die organisch kurvilinearen Formen des Nierentischzeitalters der 50er Jahre sich in die kantigeren, futuristischen der 60er Jahre verwandeln. Statt sphärischen weichen Kurven finden wir kristallin geometrische Formen, die jedoch in ihren stumpfen Winkeln und ovalen Überresten ihre Herkunft nicht verleugnen können. Der sphärische Irrationalismus und der etwas behäbige, rundliche, bei Spießern so überaus beliebte Look werden durch einen sachlicheren, frischeren Geist abgelöst, der um 1960 die Kunst- und Kulturszene durcheinanderschüttelte, die Pop-art hervorbrachte und die neue Jugendbewegung ankündigte. Spitz stößt der Lampenschirm in den Raum vor und eröffnet ein kaltes, technizistisches Designzeitalter. Geschickt spielt Arne Jacobsen mit Asymmetrie und Formtrennung. Die Lampentüte ist sowohl homogen mit dem hinteren Zylinderstück verbunden als auch winklig dagegen abgesetzt.

Beleuchtung STEH-LEUCHTEN

Objektname Arco
Entstehungsjahr 1962
Designer Achille und Piero Castiglioni
Material Polierter Aluminiumreflektor, Stahlschaft und Marmorsockel
Maße/cm H 250 / B 200
Firma Arteluce Flos
Preis Ca. 2200 DM
Motto Modernes Hoheitszeichen

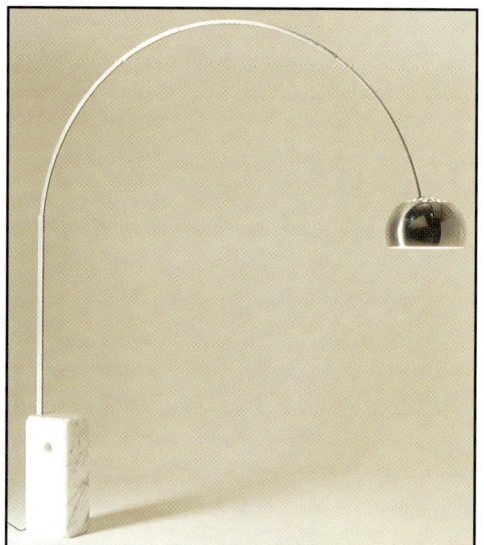

Trotz der modernen leichten Materialien der Lampe ist ein immerhin 60 Kilogramm schwerer Marmorblock nötig, um dem „Bogen" ein sicheres Gegengewicht zu verleihen. Mit ihm kann man auch größere Tische beleuchten. Er entstammt einer Zeit, in der große, einfache Gesten gefragt waren und Raum — man denke nur an die obligatorischen Rasenflächen zwischen den Wohnblöcken — dazu da war, verschwendet zu werden. Die einfache Form wurde mit anspruchsvollen Materialien aufgewogen. Das ehemals avantgardistische Design der 30er Jahre hatte — teilweise noch ins Rundliche verniedlicht — nun Einzug in die repräsentativen Räume des Establishments gehalten, das sich als modern verstand. Im Grunde ist die Arco nicht nur eine Lampe, sondern auch ein ambitioniertes Hoheitszeichen, vergleichbar etwa jenen Federfächern, die man hinter indischen Potentaten hertrug. Durch das Loch im Sockel kann eine Stange gesteckt werden, um den Transport zu erleichtern.

STEH-LEUCHTEN Beleuchtung

Die Tizio gilt als eines der erfolgreichsten Designobjekte überhaupt und besitzt unter den Lampen einen legendären Ruf. Wie viele erfolgreiche Produkte hat sie viele Nachahmer gefunden, doch konnte sich das Original mühelos behaupten. Technisch gesehen wartet die Tizio mit einer Halogenlampe auf, wie sie heute üblich geworden sind. Durch einen Transformator im Sockel wird die Spannung so heruntergesetzt, daß für den Strom keine eigenen Leitungen nötig sind, sondern das Gestänge als Leiter dienen kann. Wegen des leichten Plastikmaterials, das zur Ummantelung der Lampe und des Gestänges Verwendung fand, tritt kein Stabilitätsproblem auf. Ihren optischen Charakter erhält die Lampe vor allem durch die Widerlager. Sie erinnern an Kräne und verleihen der Lampe einen herben, technischen Ausdruck. Stilistisch kann man die Tizio als Vorläufer des High-Tech betrachten, so daß es wenig verwunderlich erscheint, daß sie vor allem von Männern geliebt wird. Im Grunde hat Richard Sapper die Tizio für sich selbst entworfen und auf seine ganz persönlichen Interessen und Bedürfnisse zugeschnitten. Nur die Stelle, an der er gerade arbeitet, sollte hell erleuchtet sein, der Rest dagegen im Dunkel bleiben, denn so könne man sich besser konzentrieren. Mit einem Finger läßt sie sich genau dorthin bewegen, wo man sie gerade braucht, und bleibt in jeder Stellung stabil stehen. Im Gegensatz zu anderen, vor allem italienischen Designern ist Richard Sapper ein Entwerfer, der großartigen Designtheorien eher skeptisch gegenübersteht. Am liebsten ist es ihm, wenn der Entwurf, die Sache für sich spricht und sich sozusagen selbst erklärt. Ständig ist er auf der Suche nach neuen Herausforderungen. Diese Vielseitigkeit deutete sich bereits in seinem Studiengang an. Er studierte Philosophie, Anatomie, Ingenieurswesen und Graphik in seiner Heimatstadt München. Design lernte er in der Entwurfsabteilung von Mercedes Benz in Stuttgart von der Pike auf, bevor er zu Gio Ponti nach Italien ging und hier mit verschiedenen Partnern immer wieder neuartige Designprojekte in Angriff nahm.

Objektname Tizio
Entstehungsjahr 1970
Designer Richard Sapper
Material Metall und Kunststoff
Maße/cm H max. 118 / Reichweite max. 108
Firma Artemide
Preis Ab ca. 400 DM
Motto Der Blockbuster

Objektname	Macumba
Entstehungsjahr	1974
Designer	Örni Halloween
Material	Matt vernickeltes, perforiertes Metall
Maße/cm	H 63 / D 80
Firma	Artemide
Preis	Ca. 1900 DM
Motto	Diffuses Licht nach oben

Örni Halloween, der eigentlich Ernesto Gismondi heißt, war weniger als Designer, sondern vielmehr als Gründer und Geschäftsführer von Artemide tätig. Deshalb versteckte er sich auch anfangs hinter dem Pseudonym Halloween – eigentlich ein Festtag in Amerika, an dem ausgehöhlte Kürbisköpfe als Laternen umhergetragen werden. Seine Lampe Macumba ist sehr funktional und vor allem auf die Lichtqualität ausgerichtet. Durch Verschieben der Halogenbirne läßt sich der Lichtkegel schmaler und breiter machen. Der perforierte Schirm gibt auch diffuses Licht nach oben ab. Entsprechend der eher technischen Ausrichtung ihres Entwerfers ist es weniger die plastische Form, die die Macumba zu etwas Besonderem macht – schließlich gab es schon sehr früh ähnlich geformte Lampenschirme, die unter der Lampe einen Bügel aufwiesen, etwa einer Lampe von Marianne Brandt und Hans Przyrembel aus dem Jahr 1925 am Bauhaus.

Beleuchtung STEH-LEUCHTEN

Objektname	Tischleuchte Atollo 233
Entstehungsjahr	1976/77
Designer	Vico Magistretti
Material	Lackiertes Metall
Maße/cm	H 70 / D 50
Firma	O-Luce
Preis	Ca. 1100 DM
Motto	Metallformen des Plastikzeitalters

Auch ohne Datierungsangabe erkennt das geschulte Auge sofort die Entstehungszeit in den 70er Jahren. Selbst wenn es nicht der Fall ist, sieht hier alles so aus, als wäre es aus Kunststoff gefertigt. Formen, die wenige Jahrzehnte filigran und zerbrechlich dünn entworfen wurden, werden nun geradezu aufgeblasen und erreichen ein irritierendes Volumen, dem kein Größenverhältnis mehr zuzuordnen ist. Halbkugel, Kegel und Zylinder werden hier zu einer an Kinderbauklötzchen erinnernden Gestalt kombiniert, die ihr Raffinement durch den optischen Schwebeeffekt des Lampenschirms erhält. Im beleuchteten Zustand bleibt die Kuppel dunkel, der Kegel reflektiert das Licht hell, während der Zylinder nur wenig Licht abbekommt. Vico Magistretti gelang mit dieser Lampe der große Wurf der 70er Jahre im Bereich der Tischleuchten. Er erinnert in der formalen Grundkonzeption an die Bauhaus-Lampe Wagenfelds und weist auf den additiven skulpturalen Stil Ettore Sottsass' voraus.

Natürlich ist die Lampe Frisbi nicht zum Werfen da – aber sie sieht auf den ersten Blick genauso aus, als wäre sie hinten in einer Flugbewegung erstarrt. Von drei Stahldrähten praktisch unsichtbar gehalten, scheint sie in der Luft zu schweben und dient dazu, das Licht, das von dem eigentlichen Strahler kommt, diffus im Raum zu verteilen. Die Idee ist ebenso einfach wie wirkungsvoll und deshalb oft nachgeahmt worden. Ein weiterer Vorteil der Lampe ist, daß sie sich gut zerlegen läßt und somit leicht zu transportieren ist – nicht so leicht wie eine wirkliche Frisbischeibe, aber beinahe. Die Lampe ist passend für alle Menschen, die Freude an spielerischen Ideen haben und keine Angst davor, daß sich ihr Leuchtkörper plötzlich an das Vorhandensein der Schwerkraft erinnern könnte und ihnen plötzlich eine runde Glasplatte auf den Kopf saust. Achille Castiglioni ist auch heute noch für seine pfiffigen und espritvollen Einfälle bekannt.

Objektname Frisbi
Entstehungsjahr 1978
Designer Achille Castiglioni
Material Verchromter Metalreflektor und Glasscheibe
Maße/cm H 73 / D 60
Firma Arteluce Flos
Preis Ca. 500 DM
Motto Schwebende Scheibe

HÄNGE- & STEH-LEUCHTEN Beleuchtung

Der ultimative Schnüffeligel mit sechs bunten Lampen ist der Auftakt zu einer zunehmend belebter werdenden Reihe von leuchtenden Tiergestalten, die ganz ohne illusionistische Mittel Assoziationen an Tiere wachrufen und so mit einem Schlag die ganze abstrakte Doktrin der reinen Form in den Orkus kippen. „Learning from Las Vegas" predigte Venturi im Jahr 1972, und Martine Bedin hat sich daran gehalten. Licht ist nicht nur Funktion, sondern auch Illusion. Wer aber möchte bestreiten, daß eine Batterie von Lampen, die man auf einem kleinen Wägelchen hinter sich herziehen kann, neben ihrem suggestiven Reiz auch durchaus ihre funktionelle Seite besitzt? Bezeichnend und typisch für die Entwürfe der Gruppe „Memphis" ist, daß sie mit einfachsten geometrischen Elementen operiert und sie nach dem Baukastenprinzip zusammensetzt. Bei dieser Lampe ist alles aus runden Elementen gefügt, wobei die Glühbirnen in dieses formale Spiel mit einbezogen werden.

Objektname Leuchte super
Entstehungsjahr 1981
Designer Martine Bedin
Material Metall und Kunststoff
Maße/cm H 50 / B 40 / T 10
Firma Memphis
Preis 900 DM
Motto Der lustige Lampenigel

Objektname Stehleuchte Callimaco
Entstehungsjahr 1982
Designer Ettore Sottsass
Material Mehrfarbig lackiertes Metall
Maße/cm H 200 / D 40 (Sockel)
Firma Artemide
Preis Ca. 1400 DM
Motto Lichtsäule mit Griff

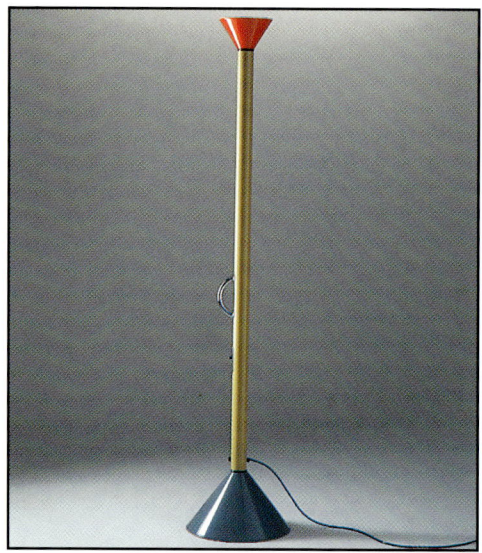

Zweifellos entstammt Ettore Sottsass stilgeschichtlich den 70er Jahren. Seine Leistung besteht aber vor allem darin, mit den formalen Prinzipien dieses Jahrzehnts gebrochen und die 80er Jahre auf den Weg gebracht und mitgeprägt zu haben. Die Stehleuchte Callimaco ist dafür ein gutes Beispiel. Grundsätzlich besteht sie, wie in den 70ern üblich, aus geometrisch ähnlichen, im Maßstab einander angenäherten, kontrastreduzierten Formen. Doch nun begeht Sottsass einen Systembruch. Er montiert an diesen Gegenstand einen relativ kleinteiligen Griff, der im Größenverhältnis stark gegen die großen Zylinder- und Kegelformen kontrastiert, und setzt als I-Tüpfelchen einen winzigen Schalter auf. Diesen hätte man normalerweise unsichtbar in die Gesamtform integriert. Bei Sottsass aber wird das Vereinheitlichungsstreben des modernistischen Designs aufgebrochen und in das Gegenteil, eine additive Struktur, katapultiert, die auf einmal ganz andere Formkombinationen möglich macht.

Beleuchtung

HÄNGE- & STEH- LEUCHTEN

Objektname Tischleuchte Kandido
Entstehungsjahr 1982/83
Designer F. A. Porsche
Material Druckguß, Kunststoff
Maße/cm H 28–86
Firma Luci Leuchten
Preis Ca. 500 DM
Motto Das Leuchtenteleskop

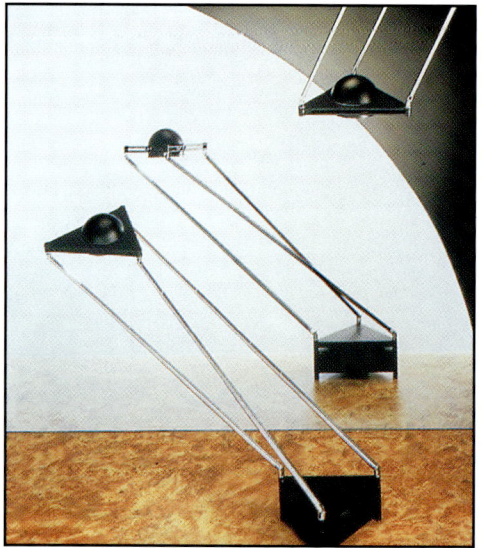

Eine verblüffend einfache Idee des High-Tech-Zeitalters. Mit der Einführung der leichten Niedervolthalogenlampen war es möglich, einen Leuchtstrahler auf drei filigrane, an Grashalme erinnernde, ansonsten vorwiegend bei Radioantennen eingesetzte Teleskoprohre zu montieren, die eine praktisch beliebige Verstellbarkeit der Lampe im Raum ermöglichen. Porsche spielt hier souverän mit den gegebenen Möglichkeiten der geometrischen Grundformen und dem technischen Repertoire. Von einem dreieckigen, schweren Sockel aufsteigend, tragen die Teleskoparme einen halbkugelförmigen Reflektorschirm. Im Grunde handelt es sich um eine bewegliche Skulptur, die die nützliche Eigenschaft aufweist, Licht zu spenden. Wie bei allen Entwürfen, die F. A. Porsche, der Enkel des berühmten Automobilkonstrukteurs, abliefert, ist auch bei dieser Leuchte der prägende Einfluß der Ulmer Hochschule für Gestaltung, die sich als Nachfolgeorganisation des Bauhauses verstand, spürbar.

HÄNGE-LEUCHTEN Beleuchtung

Der Name ist Programm. Ingo Maurers Niedervoltleuchten eroberten mit ihrer spielerischen Ausgelassenheit Mitte der 80er Jahre die Zimmer experimentierfreudiger Zeitgenossen. Durch die neue Technik war es möglich geworden, Strom auch ohne schützende Isolierkabel einzusetzen. In vergleichbarer Weise fließt bei der Tischlampe Tizio (siehe Seite 157) der Strom nur über die Schleifkontakte der Gelenke. Man konnte also alle stromleitenden Materialien in einfachen Kombinationen verwenden und auf die lästigen Sicherheitsummantelungen und Steckerverbindungen verzichten. Licht und Kabel gewinnen so eine ganz neue, enthemmte Präsenz, die den Zeitgeist der verspielten 80er exakt traf. Ingo Maurer gehört heute zu den kreativsten und für Überraschungen sorgenden Lichtmagiern der neueren Designerszene, denen immer wieder frappierend einfache und poetische Erfindungen glücken. Er demonstriert im wahrsten Sinne des Wortes, wie man dem Licht Flügel verleiht und mit ihm eine eigene, zauberhafte Welt errichtet.

Der eigenartig und etwas fernöstlich klingende Name stellt angeblich eine Verballhornung der normalen Reaktion auf das Lampensystem dar – er setzt sich aus „Aha" und „Soso" zusammen. Die Idee kam Maurer übrigens auf einer Reise in der Südsee. Dort bemerkte er, wie in abenteuerlichster und in unseren Gefilden wegen der Gefährlichkeit völlig undenkbarer Weise an stromführende Kabel Birnen ohne Fassung gelötet waren. Ingo Maurer und sein Team legten übrigens großen Wert auf die Feststellung, daß ihre Leuchten trotz aller spielerischen Eleganz doch auf das Notwendigste reduziert und in hohem Maße funktional seien, während die Nachahmer oftmals vor allem Nonsens und „visuellen Lärm" produzieren würden. Damit ist zugleich ein Grundproblem des Designs der 80er Jahre angesprochen, in dem spielerische Ausgelassenheit nicht selten in Exaltiertheit und Kitsch ausartete und die Qualität ursprünglich guter Entwürfe durch Plagiatoren in Mißkredit gebracht wurde.

Objektname YaYaHo
Entstehungsjahr 1985
Designer Ingo Maurer
Material Montageteile aus Metall, Spezialseile, Reflektoren
Maße/m Parallelseile 6, 8 und 10
Firma Ingo Maurer
Preis Je nach Ausstattung
Motto Verspielte Lichtkobolde

Objektname	Chicago Tribune
Entstehungsjahr	1985
Designer	Matheo Thun mit Andrea Lera
Material	Lackiertes, perforiertes Metall
Maße/cm	H 190 / B 30
Firma	Bieffeplast
Preis	Ca. 300 DM
Motto	Lichtarchitektur

Eine Lampe als Skulptur und Kunstobjekt. Thun schließt an die Tradition des Wiener Jugendstils an, vor allem die der seriellen Ästhetik der Wiener Werkstätte. Eine einfache Gesamtgestalt mit untergliedernden, regelmäßigen Reihungen bestimmt das Erscheinungsbild der Chicago Tribune. Elementare geometrische Gegensätze wie rund und eckig, hell und dunkel werden eingesetzt. Dabei werden zwei Zonen gestalterisch klar unterschieden: die eckige, aus lauter kubischen Formen zusammengesetzte, dunkle Sockelzone und der runde, zylindrisch aufsteigende und ihr Licht in kreisrunden Öffnungen verstrahlende, leuchtende Bereich. Bereits im Titel wird das architektonische Programm angedeutet: Thun erinnert mit seiner Leuchte an einen berühmten Architekturwettbewerb für das Hochhaus der Chicago Tribune. Solche Mikroarchitektur war zur Zeit der Postmoderne ausgesprochen beliebt.

Beleuchtung STEH-LEUCHTEN

Objektname	Dove
Entstehungsjahr	1985
Designer	Mario Barbaglia, Marco Colombo
Material	Schwarzer Metallbügel mit freischwingendem Kunststoffarm auf drehbarer Basis
Maße/cm	H 27–92 / D 12
Firma	Italiana Luce
Preis	Ca. 400 DM
Motto	Eine Möwe, die leuchtet

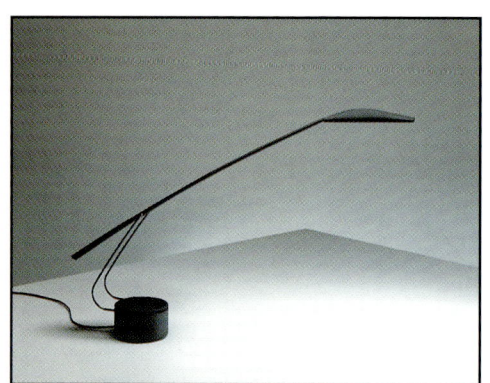

Das Frappierende an der Halogenleuchte Dove (Möwe), ist, daß sie High-Tech mit eleganter Stromlinienform und einer suggestiven physiognomischen Gestaltanmutung verbindet. Die Lampe ist neben Schwarz in den Farben Bordeaux, Grün, Dunkelblau und Rot erhältlich. Die Lichtstärke der Niedervoltlampe ist zweistufig regelbar. Distanzierte Eleganz und anheimelnder Wiedererkennungseffekt sind garantiert!
Dove verkörpert in prominenter Weise die Abkehr von einem Formkonzept, das alle Bereiche der bildenden Kunst von der Architektur bis zum Design im 20. Jahrhundert grundlegend geprägt hatte. Bis heute gibt es kein griffiges Wort für dieses Streben nach formaler, inhaltlicher und struktureller Reduktion auf den elementaren Formkern, der mit den Begriffen „Abstraktion" oder „Funktionalismus" allenfalls gestreift bzw. sogar fehlinterpretiert wurde.
Im Grunde war das Konzept der abstrakten Kunst immer schon in Konflikt geraten mit dem menschlichen Anmutungsbedürfnis, das automatisch in gewisse Formen etwas „hineinsah". Die Dove kämpft dagegen nicht an, sondern benutzt diesen Effekt.

Im Gegensatz etwa zur Tolomeo stellt die Berenice eine fragile, leichtgewichtige Lampe dar. Sie sieht dünn und zerbrechlich aus und ist schlank und elegant. Das Prinzip variiert das der legendären Anglepoise, einer Lampe wie ein menschlicher Arm, deren beide Glieder je 45 Zentimeter lang sind. Durch die Halogenlampentechnik ist ein sehr kleiner, leichtgewichtiger Reflektorschirm möglich. Die Lampe gibt es in verschiedenen Typen: als Tischlampe mit Klemme oder massivem Fuß oder auch als Standleuchte. Es gibt sie in Silber und Schwarz. Besonders charakteristisch ist sie mit giftgrünem Glasreflektor. Die High-Tech-Anmutung wird wesentlich unterstützt durch den Zahnradkranz um den Reflektorschirm, der gegenüber dem sich erhitzenden Metall zum Anfassen einlädt. Wie auch die Leuchte Dove (siehe Seite 162) entstammt die Berenice der Zusammenarbeit zweier Designer. Teamarbeit wurde selbst von den großen Meistern Le Coibusier und Mies van der Rohe nicht verschmäht.

Objektname Berenice
Entstehungsjahr 1985
Designer Paulo Rizzatto, Alberto Meda
Material Tisch- oder Standversion aus Kunststoff und Metall
Maße/cm 45 x 45
Firma Luce Plan
Preis Ca. 400 DM
Motto Schlank und rank

STEH- & WAND-LEUCHTEN Beleuchtung

Grundsätzlich gibt es zwei verschiedene Ansichten über Lampen im Wohnbereich. Für die eine Auffassung hat eine Lampe vor allem schön zu sein, muß sich stilistisch ins Ambiente einfügen und quasi wie eine auch leuchtende Skulptur wirken. Für diese Auffassung ist das Styling der Lampe selbst wichtiger als das Licht, das sie wirft. Für die entgegengesetzte Auffassung ist eine Leuchte vor allem ein Gerät, das Licht und Helligkeit zu erzeugen hat, und zwar nicht irgendein Licht, sondern exakt das beabsichtigte. Dabei ist das Aussehen der Lichtmaschinen und Scheinwerfer völlig belanglos. Für Fotografen und andere mit Licht professionell arbeitende Berufsgruppen ist ein solcher Umgang mit Licht ganz alltäglich. Natürlich gibt es alle möglichen Zwischenstufen und Mischformen dieser beiden Extremhaltungen. Zweifellos neigt sich Mario Bellinis Strahler Eclipse eher der funktionalistischen Licht- und Leuchtenphilosophie zu, wenngleich er dabei eine leistungsfähige Lichtmaschine entwarf, die gleichermaßen unter ästhetischen Gesichtspunkten zu überzeugen vermag. Mit einer Reihe solcher Strahler ist jede auch noch so komplizierte Wohnlandschaft auszuleuchten, ohne daß am Design Abstriche gemacht werden müßten.

Objektname Deckenstrahler Eclipse
Entstehungsjahr 1987
Designer Mario Bellini
Material Lichtschienensystem, Gehäuse mit variablen Lichtköpfen bestückbar; Zubehör: Filter, Linsen, Wabenraster, Blendschutz, Lichtköpfe
Maße/cm D 9 bzw. 12,5
Firma Erco
Preis Ab ca. 700 DM
Motto Lichtmaschinen vom Ingenieur

Objektname Tolomeo
Entstehungsjahr 1987
Designer Michele de Lucci, Giancarlo Fassima
Material Mit Standfuß, Tischklemme, Wandhalterung; auch als Stehleuchte
Maße/m Ca. 1 Reichweite
Firma Artemide
Preis Ca. 300 DM
Motto Lichtkran

Tolomeo verströmt den herben Charme einer Arbeitslampe, ist funktional und vielfältig einsetzbar, zugleich kühl und zurückhaltend gestylt, dafür aber von fast imperialer, gestalterischer Wucht. Sie verbindet High-Tech mit den spielerischen Ansätzen der Designergruppe „Memphis". Ihre kranartige Verstrebung geht zurück auf das Grundprinzip aller Gelenklampen, wie wir es zum ersten Mal bei der Anglepoise aus dem Jahr 1932 finden. Statt über die meist voluminösen und visuell dominanten Stahlfedern einerseits oder die filigrane Ausbalancierung etwa der Gelenkleuchte von Buquet (siehe Seite 134) oder der Tizio (siehe Seite 157) andererseits wird hier der Positionswechsel über ein Zugsystem bewerkstelligt, von dem äußerlich nur dünne Stahlseile sichtbar sind. Das Ergebnis ist ein Kran, eine hochästhetische Baumaschine, deren Nutzlast das Licht ist. In Deutschland ist die Tolomeo heute fast so verbreitet wie die Tizio von Sapper.

Beleuchtung STEH-LEUCHTEN

Objektname Tischlampe Jazz
Entstehungsjahr 1989
Designer F. A. Porsche
Material Kunststoffgehäuse
Maße/cm L 30–61 / B 13,5 / H 4,5
Firma Italiana Luce
Preis Ca. 300 DM
Motto Ein leuchtendes Telefon

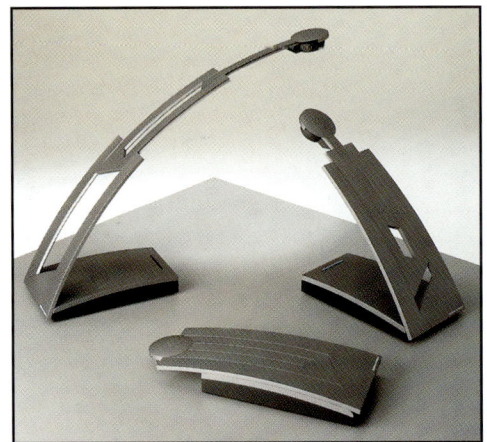

Im Grunde handelt es sich bei dieser Tischlampe um einen gestalterischen Gag. Dieser ist typisch für die Zeit der 80er Jahre, als das abstrakte, spröde Dogma der klassischen Moderne zunehmend in Verruf geraten war und als langweilig und einfallslos abgelehnt wurde. Eine Funktion von Gegenständen, wenn man denn schon bei dem funktionalistischen Dogma bleiben wollte, war, daß sie Spaß machen und das Leben kreativ bereichern sollten. Die geradezu panische Angst vor Kitsch war dabei einem entspannteren Verhältnis zu gestalterischen Spielereien gewichen. So gibt diese Tischleuchte – und für einen traditionell modernen Entwerfer wäre das eine Todsünde gewesen – vor, ein Telefon zu sein. Dieses läßt sich aufklappen und je nach Bedarf durch eine Teleskopkonstruktion verlängern, so daß man hier eine zusammenklapp- und -schiebbare Lampe besitzt, die, wenn man sie nicht braucht, relativ einfach aus dem Weg geräumt werden kann. Mit Sicherheit eine durchaus funktionelle, aber eben auch spielerisch-pfiffige Lösung, die durch das edle Material und die solide Oberflächenbearbeitung überzeugt.

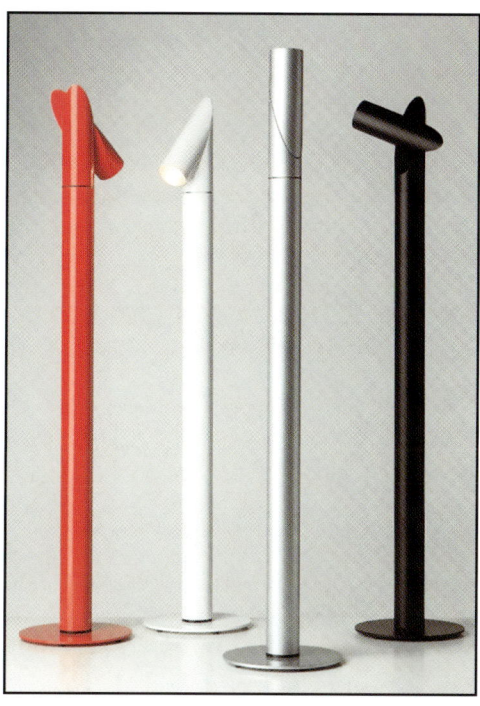

Die als einfache Säule oder Zylinder im Raum stehende Leuchte ist durch einen raffinierten Mechanismus an einem Schrägschnitt knapp unterhalb des oberen Endes drehbar, so daß das Licht in alle möglichen Richtungen geführt werden kann. Ein spitzwinkliger Knick entsteht dann, wenn die Lampe um 180 Grad gedreht wird. Bei aller formalen Strenge kehrte in den letzten Jahrzehnten doch ein fast kindlicher Spieltrieb ins Design zurück und benutzte elementare Formen wie die Bauklötzchen aus einem Spielzeugkasten. Dieser Minimalismus kam in den 80er Jahren an einen Punkt, an dem grimmiger Ernst in sein schieres Gegenteil umschlug. Genau diese Richtungsänderung scheint in der abwinkelbaren Orion Gestalt angenommen zu haben.

Objektname Orion
Entstehungsjahr 1989
Designer Schlagheck & Schultes
Material Metall
Maße/cm H 190 / D 37
Firma ClassiCon
Preis Ca. 1500 DM
Motto Schwenkbare Lichtsäule

STEH- & HÄNGE-LEUCHTEN Beleuchtung

Fünf verschiedene, auswechselbare Farbfilter ermöglichen die unterschiedliche Färbung des Gehäuses, das als ein grünes, rotes, gelbes Raumschiff an der Zimmerdecke schwebt oder aber als ein zweigefärbtes. Das Ganze ist eine Mischung aus High-Tech und Fantasy. Die skelettartige Struktur gewinnt ein plastisches Eigenleben, wirkt gleichzeitig massiv und voluminös als auch leicht und filigran. Neben der Berenice (siehe Seite 163) gelang dem Designergespann Paulo Rizzatto und Alberto Meda mit der Titania ein weiterer Hit, der sich international durchgesetzt hat. Für diese Lampe erhielten sie 1992 den Designerpreis bei der Frankfurter Designerausstellung. Der in Mailand gebürtige und ansässige Rizzatto hatte zunächst längere Zeit Lampen für die Firma Arteluce entworfen, bevor er sich 1978 selbständig machte und die Firma Luce Plan gründete. Alberto Meda war Ingenieur und Designer bei Alfa Romeo, bevor er sich ab 1986 dem Möbeldesign zuwandte.

Objektname Titania
Entstehungsjahr 1990
Designer Paulo Rizzatto, Alberto Meda
Material Abschirmrastergehäuse aus Aluminium, schwarz, silbern, Nylonfadenaufhängung mit Gegengewicht
Maße/cm H 8 / L 70 / B 27
Firma Luce Plan
Preis Ca. 450 DM
Motto Lichtraumschiff

Überblick

Wie unterschiedlich Sessel ausfallen können, obwohl sie aus einer zeitgleichen Epoche stammen, verdeutlichen diese Möbel: der 1982 im Stile von „Memphis" entstandene Bel Air des Amerikaners Peter Shire (siehe oben) sowie der 1987 gebaute Feltri des Mailänder Architekten und Designers Gaetano Pesce (siehe rechts).

1842 Patent an Michael Thonet, Holz zu biegen

1886 Siegfried Bing beauftragt Henry van de Velde mit der Ausstattung seines Kunstsalons in Paris

1898 Beginn der Zusammenarbeit Thonets mit führenden Wiener Architekten und Designern wie Adolf Loos, Otto Wagner, Josef Hoffmann usw. Gründung der „Vereinigten Werkstätten für Kunst im Handwerk" in München von Bruno Paul und Richard Riemerschmied und die „Dresdner Werkstätten für Handwerkskunst"

1903 Gründung der „Wiener Werkstätte"

1907 Gründung des „Werkbundes" in Deutschland

1908 „Typenmöbel" von Bruno Paul

1909 Philippo Tommaso Marinetti veröffentlicht Manifest des Futurismus

1912 Gründung des „Österreichischen Werkbundes"

1913 „Armory Show" in USA

1916 Dadaismus im „Cabaret Voltaire" in Zürich

1917 Rietveld baut seinen berühmten Stuhl Red and Blue

1919 Gründung des Bauhauses

1922 Le Corbusier veröffentlicht „Vers une Architecture"; Eileen Gray eröffnet ihre Galerie Dean Désert in Paris

1925 Das Bauhaus zieht nach Dessau um; Internationale Kunstgewerbeausstellung in Paris

1925–27 Einführung der Stahlrohrmöbel durch Marcel Breuer, Mart Stam und Ludwig Mies van der Rohe

1926 Le Corbusier veröffentlicht die Kommende Baukunst
Mart Stam erfindet den hinterbeinlosen Freischwinger

1927 Weißenhofsiedlung in Stuttgart

1927 Gründung der Firma Standard-Möbel von Kalman Lengyel und Marcel Breuer

1928 Gio Ponti gründet die Zeitschrift „Domus" für Architektur und Design

1928 Thonet stellt serienmäßig Stahlrohrmöbel her

1928 Gründung des CIAM (Congrès internationaux D'Architecture Moderne)

1929 Mies van der Rohe baut den deutschen Pavillon der Weltausstellung in Barcelona

1930 Baubeginn des Königspalastes im indischen Indore nach Plänen von Eckhart Muthesius

1931 Bauausstellung in Berlin mit Bauformen aus Stahl, Eisenbeton und Glas
Gründung der Firma PEL, Practical Equipment Limited in England.

Überblick

1932	Die Anglepoise gilt als neuer Schreibtischlampentypus
1933	Schließung des Bauhauses
1935	Gründung von Artek, die sich vor allem der Fabrikation und Vermarktung von Alvar Altos Möbelentwürfen, die internationale Verkaufsschlager waren, annahm
1937	P. L. Troost errichtet das „Haus der deutschen Kunst" in München
1938	Landi-Stuhl von Hans Coray eröffnet das Aluminiumzeitalter im Möbelbau
1940	Wettbewerb des Moma Organic Design in Home Furnishings
1946	Mit der Vespa beginnt der Siegeszug des italienischen Designs um die Welt
1948	Neuauflage des Barcelona-Stuhls und erste Glasfaserstühle durch Hans Knoll
ab 1949	Herman Miller bringt alle Eames-Modelle auf den Markt
1949	Ausstellung „Wie wohnen" in Stuttgart; die italienische Firma Kartell beginnt Produktion von Plastikartikeln
1950	„Low Cost Furniture"-Wettbewerb des Moma mit frühestem Plastikstuhl von Charles Eames; Arflex Polstermöbel
1951	Gründung von Knoll International; Marco Zanusos Lady begründet Schaumstoffboom
1953	Wire Chairs von Harry Bertoia; Gründung der Ulmer Hochschule für Gestaltung
1954	Das Kaufhaus La Rinascente stiftet den Designpreis „Compasso d'Oro"
1962	Reeditionswelle beginnt mit dem Stuhl Wassily bei Govina in Bologna
1966	Bofinger-Stuhl läutet Plastik-Zeitalter ein
1965	Cassina reedierte Le Corbusier
1966	Gründung von „Superstudio"; erste kaltgeschäumte Möbel
1968	Sitzsack für zeitgemäßes Sitzen der Hippiegeneration
1968	„2001 – Odyssee im Weltraum" mit Olivier Mourgues Dijnn
1968	Antidesign; Gründung von Casa Vogue
1969	Plia, der erste Plastik-Klappstuhl von Giancarlo Piretti bei Castelli
1972	Die Ausstellung „The New Domestic Landscape" im Moma
1973	Reedition von Mackintosh bei Cassina
1978	Redesignprojekte von Mendini
1981	Präsentation von „Memphis" in Mailand wird ein internationaler Erfolg
1984	Alessi präsentiert Tea-&-Coffee-Piazza in Mailand nach Entwürfen führender Architekten; italienisches Design von 1951–1973 wird bei Ketterer versteigert
1988	Teppichfirma Vorwerk bittet Maler, Bildhauer und Architekten um Entwürfe

Spielereien mit Raum und Form: Das Wendeltreppengestell Joy als Ablage für Bücher und das berühmte Tulpenarrangement.

Adressen

Adelta: Siehe Finlandcontact

Alias: Via Respighi 2
I-20122 Milano

Artek: Siehe Finlandcontact

Artemide GmbH: Itterpark 5
D-40724 Hilden

Belux AG Beleuchtungs-
körperfabrik: Bremgarterstr. 109
CH-5610 Wohlen

Berliner Messinglampen GmbH:
Alt-Moabit 63
D-10555 Berlin

Bieffeplast: Via Pelosa 78
I-35030 Caselle di Selvazzano

Blattmann Metallwarenfabrik
AG: Zugerstr. 64
CH-8820 Wädenswil

Cappellini s.p.a.: Via Marconi 31, I-22060 Arosio

Cassina s.p.a.: Via Busnelli 1
I-20036 Meda/Milano

Castelli: Bavariaring 28
D-80336 München

ClassiCon GmbH: Perchtinger
Str. 8, D-81379 München

Driade s.p.a.: Via Padana
Inferiore 12, I-29012 Fossadello
di Caorso

Ecart: Rue St. Antoine
F-75004 Paris

Edra: Via Toscana 11
I-56030 Perignano

Erco Leuchten GmbH:
Brockhauser Weg 80–82
D-58507 Lüdenscheid

Finlandcontact GmbH
(Vertretung für Adelta und
Artek): Friedrich-Ebert-Str. 96
D-46535 Dinslaken

Flos (Arteluce) GmbH
Beleuchtungskörper: Am
Probsthof 94, D-53121 Bonn

Fontana Arte s.p.a.:
Alzaia Trieste 49
I-20094 Corsico/Milano

Habit
Ulrich Lodholz GmbH:
Im Heider Feld 2
D-51515 Kürten-Engeldorf

Hansen, Fritz A/S: Allerodvej 8
DK-3450 Allerod

Intraform – deutsche String
Hans J. Ziersch: Ebersberger
Str. 11, D-81679 München

Italiana Luce s.r.l.: Via Edison
118, I-20019 Settimo Milanese

Knoll International: Gottlieb-
Daimler Str. 35, D-71711 Murr

Ligne Roset Möbel GmbH:
Industriestr. 5
D-79194 Gundelfingen

Luce Plan s.p.a.: Via E.T.
Moneta 44/46
I-20161 Milano

Luci – Leuchten /Luci – Italia:
Bürglen 16,
D-88090 Immenstaad

Manufactum Hoof & Partner
KG: Elbestr. 12
D-45768 Marl

Maurer, Ingo GmbH:
Kaiserstr. 47,
D-80801 München

Memphis s.r.l.: Via Olivetti 9
I-20010 Pregnana Milanese

Memphis Wolfgang Maurer:
Kurfürstenstr. 17
D-80799 München

Mormann Möbel Produktions-
und Handels GmbH:
Frasdorfer Str. 2
D-83229 Aschau

Moroso: Via Nazionale 60
I-33010 Cavalicco (Ud)

Moroso: Volkartstr. 57
D-80636 München

Müller Möbelwerkstätten
GmbH: Urwaldstr. 8
D-26345 Bockhorn

O – Luce: Via Conservatorio 22
I-20122 Milano

Poltrona Frau:
I-62029 Tolentino

Poulsen, Louis & Co. GmbH:
Eifelstr. 4
D-42781 Haan

Present Perfekt Design
Management Möbeldesign und
Möbelvertrieb GmbH:
Frauenlobstr. 95
D-55118 Mainz

Stöhr Import- Export GmbH:
Uhlandstr. 32
D-74354 Besigheim

Tecnolumen Walter Schnepel
GmbH: Lötzener Str. 2
D-28207 Bremen

Tecta Axel + Werner
Bruchhäuser KG: Sohnreystr. 10
D-37697 Lauenförde

Thonet, Gebrüder GmbH:
Michael-Thonet-Str. 1
D-35066 Frankenberg

USM U. Schärer Söhne
GmbH: Siemensstr. 4a
D-77815 Bühl

Vitra GmbH:
Postfach 1940
D-79574 Weil am Rhein

Weber, Andreas KG
Dipl.-Ing. Architekt Design:
St.-Anna-Platz 10
D-80538 München

Wilde + Spieth GmbH & Co
Zeppelinstr. 126
D-73730 Esslingen

Wittman, Franz Möbel-
werkstätten GmbH:
A-3492 Etsdorf/Kamp

Woka Lamps Vienna
Wolfgang Karolinsky:
Singerstr. 16
A-1010 Wien

Zanotta: Via Vittorio
Veneto 57
I-20045 Nova Milanese

AUSGEWÄHLTE Biografien

Aalto, Alvar (1898-1976)
Herausragender finnischer Architekt und Designer. Studium in Helsinki, danach eigenes Architekturbüro. Unter seiner Regie entstanden eine Vielzahl von verschiedenen Kommunal- und Kollektivbauten wie Krankenhäuser usw. In den 30er Jahren bedeutende und erfolgreiche Möbel aus Schichtholz, die ab 1935 von der Firma Artek international vertrieben wurden.

Arad, Ron (*1951)
Designerkünstler, der mit seinen eigenwilligen und gewagten Entwürfen die 80er Jahre entscheidend mitprägte. 1979 Architekturstipendium in London. 1981 Gründung von „One Off" u. a. zusammen mit Danny Lane. Ungewöhnlicher Umgang mit dem Material. Nach anarchistischer Phase neobarocke Formen mit schwellenden Sesseln.

Barbaglia, Mario (*1950)
Der in Mailand geborene Architekt und Designer arbeitet seit 1975 erfolgreich mit Marco Colombo zusammen.

Bedin, Martine (*1957)
Die französische Architektin und Designerin arbeitete seit 1978 bei Adolfo Natalini am Superstudio in Florenz und beteiligte sich später mit Entwürfen bei „Memphis".

Bellini, Mario (*1935)
Der bedeutende italienische Designer entwarf neben eher technisch ausgerichteten Geräten (etwa für Olivetti) auch elegante, sachlich zurückhaltende Möbel, die seine Schulung als Architekt nicht verleugnen. 1986 bis 1991 war er Chefredakteur von „Domus".

Bertoia, Harry (1915-1978)
Bildhauer, der heute vor allem durch seine erfolgreichen Stuhlentwürfe bekannt ist. Kunststudium u. a. in Cranbrook (USA). Experimente mit biomorphem Schmuck, ab 1943 Zusammenarbeit mit Charles Eames. 1953 Präsentation des Wire Chair bei Knoll. Daneben Metall- und Drahtskulpturen.

Blomstedt, Paul E. (1900-1937)
Der finnische Architekt und Designer war in einer dem Bauhaus vergleichbaren funktionalistischen Gruppe tätig. Das Werk des Frühverstorbenen war lange vergessen.

Brandt, Marianne (1893-1983)
Die deutsche Künstlerin und Designerin gilt als eine der bedeutendsten Entwerferinnen für Metallarbeiten am Bauhaus, wo sie 1928 bis 1932 die Metallwerkstätte leitete.

Breuer, Marcel (1902-1981)
Einer der bedeutendsten Möbelentwerfer dieses Jahrhunderts, vor allem von Stahlrohrmöbeln. 1920 Lehre in der Tischlerei am Bauhaus. Experimente mit Lattenstühlen. Nach Umzug des Bauhauses nach Dessau Leiter der Möbelwerkstätte, Entwurf erster Stahlrohrstühle. 1928 Weggang vom Bauhaus. Arbeitete u. a. in der Schweiz und in England an architektonischen und Designprojekten. Lehrte ab 1937 Architektur in Harvard. Nach dem Krieg stieg Breuer zu einem der führenden Architekten der USA auf (u. a. Whitney-Museum in New York).

Carwardine, George (1887-1948)
Der englische Autoingenieur ging durch den Entwurf der Arbeitslampe Anglepoise im Jahr 1934 in die Geschichte des Designs ein.

Castiglioni, Achille (*1918), Pier Giacomo (1913-1968) und Livio (1911-1954)
Die Brüder Castiglioni, von denen Achille der herausragende ist, stellen im italienischen Design eine Klasse für sich dar. Berühmt sind sie vor allem für ihre originellen und überraschend einfachen Entwürfe, die Hand in Hand mit einer systematischen Grundlagenforschung gehen. Einige Entwürfe von Achille sind in der Sammlung des Moma aufgenommen. Zudem wurde er siebenmal mit dem weltweit beachteten Designpreis „Compasso d'Oro" bedacht.

Teile aus einem um 1901 entstandenen Glasservice der Villa Behrens in Darmstadt. Der Designer Peter Behrens gilt als der erste Industriedesigner, der ein komplettes Corporate Identity (für AEG) erstellte.

Biografien AUSGEWÄHLTE

Colombo, Marco (*1952)
Der italienische Architekt und Designer ging 1975 mit Mario Barbaglia eine erfolgreiche Zusammenarbeit ein, der 1984 die Lampe Dove entsprang.

Colombo, Joe Cesare (1930-1971)
Frühverstorbener Designer der futuristisch geprägten 60er Jahre. Studium der Malerei und Architektur. Erwarb sich in kurzer Zeit den Ruf eines führenden Industriedesigners, der sich vor allem den neuen Materialien wie Plastik und Kunststoff verschrieb.

Coray, Hans (1907-1991)
Schweizer Designer und Künstler. Doktor der Philosophie. Berühmt geworden durch den 2,9 Kilogramm leichten Aluminiumstuhl Landi. Daneben auch andere Möbelentwürfe, etwa für die Schweizer Firma Wohnbedarf.

De Lucci, Michele (*1951)
Der italienische Architekt und Designer gehört in der jüngeren Generation zu den kreativsten und vielseitigsten. Nach seiner Mitgliedschaft bei „Alchemia" gehörte er auch zu den Gründungsmitgliedern von „Memphis".

Dell, Christian (1893-1947)
Der deutsche Designer hat sich vor allem im Bereich von funktionalistischen Schreibtischlampen einen Namen gemacht. 1922 bis 1925 war er als handwerklicher Meister für die Metallwerkstätte am Bauhaus zuständig.

Desny (1927-1933)
Die französische Designfirma war vorwiegend auf Art-deco-Lampen spezialisiert. Der Name setzt sich zusammen aus den Namen der beiden Firmengründer Desnet und Mauny.

Dixon, Tom (*1959)
Schon 1983 entwickelte der Londoner Bildhauer und Designer seine erste eigene Innenausstattung. Er verkörpert die junge britische Designergeneration. Am bekanntesten sind seine Stühle aus Korbgeflecht, Metall oder Hartgummi mit ihren schlanken, organischen Formen.

Eames, Charles (1907-1978)
Bedeutendster Stuhldesigner des 20. Jahrhunderts, der vor allem die 50er Jahre dominierte. Nach dem Studium der Architektur wurde er von Eliel Saarinen, dem Leiter der Cranbrook Academy, eingeladen, die Abteilung Industriedesign zu leiten. 1940 gewann er zusammen mit Eero Saarinen den 1. Preis des Wettbewerbs „Organic Design in Home Furnishings" des Moma. Zusammen mit seiner Frau Ray experimentierte er mit Verformungstechniken bei Schichtholz und Glasfaser. 1948 begann die Zusammenarbeit mit Herman Miller Furniture Co. Die Verbindung von Schönheit und funktionaler Ausgereiftheit macht Eames' Stühle zu zeitlosen Klassikern.

Eiermann, Egon (1904-1970)
Der Architekt und Designer steht, wie auch seine Frau Charlotte, für den schlichten und strengen deutschen Nachkriegsfunktionalismus. Bekannt wurde er vor allem durch seinen Entwurf für den Wiederaufbau der Berliner Gedächtniskirche.

El Lissitzky (1890 1941)
Führender Architekt und Designer des russischen Konstruktivismus; besonders berühmt wurde er durch seine Plakatentwürfe. Leitete von 1921 an die Wchutemas, das sowjetische Pendant zum Bauhaus. Er stand in engem Kontakt zu den Bauhaus-Designern, den Entwerfern des de-Stijl und den Dada-Künstlern.

Gehry, Frank Owen (*1930)
Die Designprofessur an den Universitäten Yale und Harvard war dem kanadischen Architekten, Designer und Künstler nicht genug. Nicht nur, daß er die Diskussion über neues Design maßgeblich beeinflußte, er setzte auch mit seinen Wellpappemöbeln (bekanntestes Objekt ist der Beaver) und seiner Reihe Easy Edges Chairs, begonnen 1972, neue Akzente.

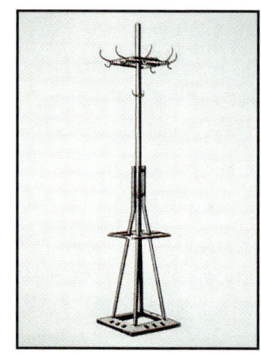

Eine weitere Spielwiese der Designer wurden Garderoben und Kleiderständer. Im Zuge der Entwicklung der Stahlrohrmöbel kamen hier besonders skurrile Formen auf den Markt.

AUSGEWÄHLTE Biografien

Gismondi, Ernesto (1931)
Der italienische Ingenieur gründete zusammen mit dem Designer Sergio Mazza die bedeutende Lampenfirma Artemide. Den Namen Örni Halloween benutzte er als Pseudonym.

Gray, Eileen (1879-1976)
Irische Designerin und Architektin, die heute zu den bedeutendsten Möbeldesignerinnen des 20. Jahrhunderts gerechnet wird. Zunächst Studium der Malerei an der Slade School of Fine Art in London, 1907 Übersiedlung nach Paris. Hier machte sie zunächst mit aufwendigen Lackarbeiten auf sich aufmerksam. In den 20er Jahren galt sie als herausragende Art-deco-Einrichterin, wandte sich aber später immer mehr dem avantgardistischen Internationalen Stil zu und versachlichte und reduzierte ihre Formen, die aber nie ihren spezifischen Reiz verloren. Extrem schüchtern und zurückhaltend, erhielt sie für ihre herausragenden Leistungen auch im Bereich der avantgardistischen Architektur nie die Anerkennung wie ihre männlichen Kollegen.

Gropius, Walter (1883-1969)
Nach dem Architekturstudium trat „Mister Bauhaus" Gropius in das Büro von Peter Behrens ein. 1910/11 errichtete er die Fagus-Werke. 1919 gründete er in Weimar das Bauhaus, an das er weltberühmte moderne Künstler berief und an dem er die Ausbildung des Designers im eigentlichen Sinne begründete. 1928 gab er die Leitung der Schule ab, 1934 emigrierte er zunächst nach England, 1937 in die USA, wo er als Architekt, Lehrer und Autor wirkte.

Haller, Fritz (*1924)
Schweizer Architekt, Designer und Städteplaner, der von 1949 bis 1966 in Solothurn ein Architektenbüro hatte; für die nächsten fünf Jahre war er als Gastdozent an der University of Southern California in Los Angeles tätig, um dann 1977 einen Lehrauftrag an der Karlsruher Universität anzunehmen. Hier entwickelte sich eine Zusammenarbeit mit der Metallfirma USM, die viele seiner Entwürfe, u.a. das Maxi- und das Mini-System, produzierte.

Halloween, Örni
Siehe Gismondi, Ernesto

Hein, Piet (*1905)
Der universell begabte Däne ist außer als Möbeldesigner vor allem als Dichter und Mathematiker tätig.

Henningsen, Paul (1894-1967)
Der bedeutende dänische Architekt und Lampendesigner gehört zu den Pionieren des modernen skandinavischen Designs und hat in den verschiedensten Medien seine Ideen nachdrücklich propagiert.

Hoffmann, Josef (1870-1956)
Bedeutender Wiener Architekt und Designer der Jahrhundertwende, Begründer und Leiter der Wiener Werkstätte. Als Schüler Otto Wagners wurde er 1899 zum Professor an die Wiener Kunstgewerbeschule berufen. Mitbegründer der Wiener Sezession 1897 und der Wiener Werkstätte 1903. Vor allem in den ersten Jahren der Wiener Werkstätte entstanden Entwürfe von strenger Vereinfachung und formaler Zurückhaltung.

Iosa Ghini, Massimo (*1959)
Italienischer Architekt, Designer und Künstler; er begann als Illustrator und Filmdesigner, bis er 1986 zum Möbeldesign fand. Darunter war die New Collection für „Memphis", ein Jahr später folgte die Dynamic für Moroso. 1989 gründete er u.a. mit Jasper Morrison die Gruppe „Rastlos".

Jacobsen, Arne (1902-1971)
Führender dänischer Architekt und Möbelentwerfer. Nach dem Studium der Architektur begann er unter starkem Einfluß der Moderne eine erfolgreiche Tätigkeit als Architekt und wurde rasch über die Grenzen des Landes hinaus bekannt. Funktional nüchterne Gebäude. Seine Geschäftsbeziehung mit Fritz Hansen begann 1932; für Hansen entwarf er u.a. 1951 die „Ameise".

Der spanische Designer Javier Mariscal war ursprünglich Cartoonzeichner, bevor er sich dem Design verschrieb. Eines seiner berühmtesten Stücke ist der Teewagen Hilton aus dem Jahr 1981 aus Glas und Metall.

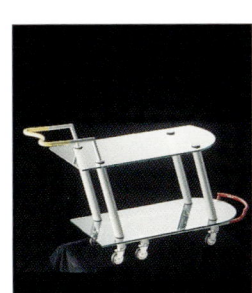

Biografien AUSGEWÄHLTE

Kita, Toshiyuki (*1942)
Inzwischen sehr bekannter japanischer Designer, der überwiegend in Italien arbeitet und mit dem Wink einen internationalen Hit landete. Studierte Design in Osaka, ging nach Mailand. Wink war sein erstes Projekt für Cassina. Arbeitete in verschiedenen Bereichen der industriellen Produktion. Möbel betrachtet er als spielerischen Ausgleich zum manchmal etwas monotonen Industriedesign.

Kuramata, Shiro (1934-1991)
Gilt als einer der führenden Designer der letzten Jahrzehnte, dem eine harmonische und intelligente Verbindung zwischen östlicher und westlicher Ästhetik gelang. Der gelernte Möbeltischler und Designer arbeitete zunächst als Innenarchitekt. 1965 Gründung des Kuramata Design Office in Tokio. Er entwarf geometrisch reduzierte und verspielte Objekte, stattete Läden, Nachtklubs und Appartements aus. Seine Formensprache war bei aller Reduktion stets phantasievoll und zur Kunst hin offen.

Le Corbusier (1887-1965)
Le Corbusier gilt als einer der berühmtesten und einflußreichsten Architekten, Möbelentwerfer und vor allem Theoretiker des 20. Jahrhunderts, ist aber als solcher nicht unumstritten. Ausbildung als Graveur und Ziseleur, Kontakt mit den bedeutendsten Architekten seiner Zeit, darunter August Perret und Peter Behrens. Mit seinem Buch „Vers une Architecture" von 1922 erarbeitete er die theoretische Grundlage für den sogenannten Internationalen Stil. Beschäftigung mit dem Problem des modularen Systems und den Möglichkeiten des Stahlbetons. Mitarbeit an der Weißenhofsiedlung. Entwarf zusammen mit Charlotte Perriand und Pierre Jeanneret Möbel mit Stahlrohrgestellen, die 1929 auf dem Salon d'automne in Paris ausgestellt wurden. Höhepunkt seiner architektonischen Laufbahn ist die Kapelle von Ronchamp von 1950/51.

Loos, Adolf (1870-1933)
Der bedeutende österreichische Architekt und Designer wurde durch seine Schriften bekannt, in denen er vor allem das Ornament bekämpfte.

Mackintosh, Charles Rennie (1868-1928)
Schottischer Architekt und Designer eines Jugendstils von geometrisch reduzierter Formausprägung. Ausbildung als Designer und Architekt. 1887 gewann er den Wettbewerb für den Erweiterungsbau der Glasgow School of Art. Mitglied der 1890 gegründeten Künstlergruppe „The Four" (Glasgower Schule). Seine Möbelentwürfe in streng geometrischer Form hatten großen Einfluß auf die Wiener Werkstätte. Zwischen 1887 und 1905 entwarf er über 400 Möbelstücke und entwickelte seinen Stil von dekorativen zu strengeren Formen hin.

Magistretti, Vico (*1920)
Italienischer Architekt und Designer. Architekturstudium, 1945 Eintritt ins väterliche Architekturbüro, in den 50er Jahren neben Bauaufgaben auch Entwürfe für Einrichtungen. Seit 1960 Zusammenarbeit mit Artemide und Cassina.

Mari, Enzo (*1932)
Italienischer Designer, Graphiker und Autor. Studierte an der Akademie der Brera in Mailand. Illustrierte u. a. phantasievolle Kinderbücher. Entwarf 1973 Day-night.

Martin, Charles (1848-1934)
Der französische Graphiker und Designer des Art deco schuf vor allem Ausstattungen von Revuen und Balletts, war aber auch als Entwerfer von Möbeln und Lampen erfolgreich.

Maurer, Ingo (*1932)
Seit den 70er Jahren einflußreicher Lichtgestalter. Ausbildung als Typograph, Graphikdesign in München, dreijähriger Aufenthalt in den USA, 1966 Gründung von Design M in München. Landete mit dem Niedervoltsystem Ya Ya Ho einen häufig nachgeahmten Bestseller.

McArthur, Warren (1885-1961)
Der amerikanische Designer ließ sich 1930 den Bau von Möbeln aus Aluminium patentieren und war in der Folgezeit mit seinen über 600 verschiedenen Entwürfen im ganzen Land erfolgreich. Nach dem

Seit der Glühbirne von Edison aus dem Jahr 1879 sind Beleuchtungen zu eigenständigen ästhetischen Objekten entwickelt worden. Hier die Berenice in Frontalansicht.

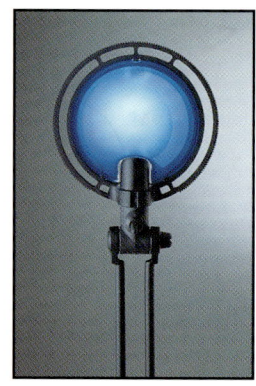

AUSGEWÄHLTE Biografien

Zweiten Weltkrieg allerdings geriet er völlig in Vergessenheit und wurde erst vor kurzer Zeit wiederentdeckt.

Meda, Alberto (*1945)
Der italienische Ingenieur und Designer zeichnet sich durch seine Vielseitigkeit aus. Die Lampe Titania entwickelte er in Zusammenarbeit mit Paolo Rizzato.

Mendini, Alessandro (*1931)
Als Architekt, Designer und Publizist prägte er sowohl theoretisch als auch durch seine Entwürfe entscheidend die Designszene der letzten Jahrzehnte. Von 1956 bis 1970 arbeitete er als Industriedesigner mit Nizzoli Associati in Mailand zusammen. Als Publizist war er von 1970 bis 1976 Chefredakteur bei der Zeitschrift „Casabella", wechselte dann zu „Modo" bis 1981 und war bei „Domus" von 1980 bis 1985 beschäftigt. Er war Mitglied vieler Akademien und Organisationen; und war für zahlreiche Ausstellungen verantwortlich. U.a. war er Designberater von Alessi.

Mies van der Rohe, Ludwig (1886-1969)
Bedeutendster und einflußreichster Architekt und Möbelentwerfer des Internationalen Stils. Nach Mitarbeit im Atelier von Peter Behrens betrieb Ludwig Mies, wie er eigentlich hieß, seit 1912 sein eigenes Architekturbüro. Zusammen mit Lilly Reich entwarf er in den 20er Jahren einige der formschönsten und berühmtesten Stahlrohrmöbel. Er leitete 1930 bis 1933 das Bauhaus, war maßgeblich an der Organisation der Weißenhofausstellung beteiligt und schuf den Barcelona-Pavillion. Nach seiner Emigration in die USA wurde Mies zu einem der führenden Architekten – vielleicht sogar der einflußreichste überhaupt –, der vor allem in Chicago eine Reihe von Inkunabeln des Internationalen Stils schuf. Heute wird der rigoristisch strenge und formal reduzierte Stil von Mies mit seiner Betonung der Kubusform für die Langeweile der modernen Architektur mitverantwortlich gemacht.

Mollino, Carlo (1905-1973)
Architekt und Designer in Turin; arbeitete im väterlichen Betrieb erst angestellt, dann freiberuflich. Seine weichen, eher skulpturalen Formen standen in den 40er Jahren im Gegensatz zu den sonst eher rationalen, kantigen Linien der Architektur. Diese Formensprache übertrug er auf seine welligen Schichtholz-Möbelentwürfe.

Morrison, Jasper (*1959)
Britischer Designer der jungen Generation, der sich durch originelle und espritvolle Entwürfe auszeichnet. Als einer der jüngsten Gastdozenten referierte er ab 1984 an der Berliner Akademie über die Theorie des Designs. 1988 nahm er an der Documenta 9 in Kassel teil; im gleichen Jahr entstand sein extrem minimalistisches Wohnraumensemble Some new items for the house. Zu seinen berühmtesten Möbelentwürfen gehörten der Flower-Pot-Table von 1983, der Thinking man's chair von 1988 sowie das Day Bed von 1987; alle werden von Cappellini produziert.

Muthesius, Eckart (1904-1989)
Der Sohn von Hermann Muthesius wurde selbst ein bedeutender Architekt und Designer, dem mit dem Palast für den Maharadscha von Indore sein großer Wurf gelang. Das Schloß gilt als eines der bedeutendsten Gesamtkunstweke des Art deco.

Natalini, Adolfo (*1941)
Der Gründer der Gruppe "Superstudio" beschäftigte sich anfangs überwiegend mit phantastisch-ironischen Projekten, die in der Folgezeit großen Einfluß ausübten.

Nouvel, Jean (*1945)
Einer der bekanntesten französischen Architekten und Designer. Schon 1970, kurz vor Abschluß seines Studiums, machte er sich mit dem Architekten Francois Seiguer selbständig. 1980 war er Mitbegründer der Pariser Architekturbiennale. Zu seinen Architekturarbeiten gehören u.a. das 1981 begonnene und 1987 beendete Institut du Monde Arabe, das Finanzgebäude und der Parc de la Vilette in Paris (1982), das Opernhaus in Tokio (1985) sowie der französische Pavillon auf der Biennale in Venedig (1990).

Der 1934 entwickelte Follia von Guiseppe Terragni: Extreme Orthogonalität steht gegen Rundformen und schiefe Winkel, kohlrabenschwarze Dunkelheit gegen glänzende, scheinbar körperlose Helligkeit, gerade Kanten gegen große Bögen, die eine Lehne mit einem tischartigen Gestell verbinden.

Biografien AUSGEWÄHLTE

Panton, Verner (*1926)
Dänischer Designer und Innenarchitekt. Studium in Kopenhagen, Mitarbeiter bei Arne Jacobsen, seit 1955 in der Schweiz. Berühmt für seinen Freischwinger aus Plastik. Seine Innenausstattungen im Spiegelgebäude sind typisch für den Stil um 1970.

Pap, Gyula (1899-1983)
Der in Budapest geborene Ungar studierte ab 1925 am Bauhaus und wurde einer seiner namhaftesten Metallkunsthandwerker.

Paul, Bruno (1874-1968)
Der deutsche Zeichner, Architekt und Möbeldesigner war auf allen seinen Gebieten gleichermaßen erfolgreich. Nach einer Karriere als Zeichner beim „Simplizissimus" entschied er sich für die Designerlaufbahn, in der er u. a. an der Entwicklung von Typenmöbeln arbeitete.

Perriand, Charlotte (*1903)
Französische Architektin und Designerin. Studierte Inneneinrichtung und nahm 1925 als ausgewählte Vertreterin ihrer Schule an der Art-deco-Ausstellung in Paris teil. Arbeitete 1927 bis 1937 mit Le Corbusier zusammen und entwickelte daneben eigene Möbelentwürfe, die sie auf verschiedenen Ausstellungen präsentierte. 1940 bis 1942 Reisen in Japan. Beteiligung an Designprojekten in der ganzen Welt und eigene, sehr funktionelle und formreduzierte Möbelentwürfe.

Piretti, Giancarlo (*1940)
Als Kunstlehrer war der italienische Designer von 1963 bis 1970 an der staatlichen Kunstakademie in Bologna tätig; parallel dazu arbeitete er selbständig als Designer und entwickelte den Stuhl Plia, für den er zahlreiche Auszeichnungen erhielt.

Ponti, Gio (1891-1979)
Italienischer Architekt, Designer und Journalist. Studium in Mailand, vielseitige architektonische Tätigkeit. Neben Lampen und Bestecken wurde vor allem sein Stuhl Superleggera berühmt. Ponti ist Gründer und Leiter der Zeitschriften „Domus" und „Stile".

Porsche, F.A. (*1935)
Der Enkel des berühmten Autokonstrukteurs wurde selbst ein bedeutender Designer, der anfangs noch Sportautos, später Gegenstände des täglichen Gebrauchs aller Art schuf.

Prouvé, Jean (1901-1984)
Bedeutender französischer Metalldesigner und Vorläufer des High-Tech. Sohn des bedeutenden Jugendstilkünstlers Victor Prouvé, der die Schule von Nancy begründet hatte. Erlernte das Kunstschmiedehandwerk und eröffnete 1923 eine eigene Werkstätte. Er ließ die Formenwelt des Jugendstils und des Art deco bald hinter sich und wurde zu einem Vorläufer der Formgebung der 50er Jahre, wobei der konstruktiv-technische Aspekt im Vordergrund stand. Sein Ziel war es, mit möglichst wenig Materialaufwand ein Maximum an Wirkung zu erzielen. Wichtig war für ihn die praktische Realisierung einer Idee, weshalb er eine eigene Werkstätte unterhielt.

Przyrembel, Hans (1900-1945)
Der deutsche Silberschmied erhielt seine Ausbildung bei Laszlo Moholy-Nagy am Bauhaus und machte sich danach in Leipzig als Entwerfer von Lampen selbständig.

Rietveld, Gerrit Thomas (1888-1964)
Holländischer Architekt und Möbelbauer. Ausbildung in der väterlichen Kunstschreinerwerkstatt. 1904 bis 1911 Zeichner beim Goldschmied Carel Begeer. Ab 1906 Schüler des Architekten P. J. C. Klaarhamer. Ab 1917 eigene Werkstatt als Schreiner. 1918 Anschluß an die ein Jahr zuvor gegründete De-Stijl-Bewegung. Ab 1919 eigenes Architekturbüro. 1921 Auftrag für das Schröderhaus, das bedeutendste Werk der De-Stijl-Architektur. Sein 1918/23 entstandener Rot-Blauer Stuhl ist sein bekanntestes Werk.

Rizzatto, Paulo (*1941)
Der italienische Lampendesigner arbeitete bis 1978 für Arteluce, bevor er die Firma Luce Plan gründete.

Lilli Schulz, eine der Frauen, die immer im Schatten der berühmten männlichen Kollegen standen. Ihre 1928 entworfene Vase lebt vom Mut zu Farbe und archaisch anmutender Ornamentik.

AUSGEWÄHLTE Biografien

Mit Alberto Meda zusammen entwarf er 1985 die Berenice und 1990 die Titania.

Saarinen, Eero (1910-1961)
Bedeutender amerikanischer Architekt und Möbeldesigner. Sohn von Eliel Saarinen. Studium der Bildhauerei und Architektur. Arbeitete im Büro seines Vaters mit und unterrichtete in Cranbrook. Ab 1943 Möbelentwürfe für Knoll. Experimente mit Fiberglas. Sein größter Erfolg war Womb Chair, eine Ikone der 50er Jahre. Mit der Tulpen-Serie (1953 bis 1956) nahm er den Futurismus der 60er Jahre vorweg. Vielbeachtete Architekturprojekte, darunter der 1948 entworfene und 1964 eingeweihte Gateway Arch und der John-F.-Kennedy-Flughafen.

Saarinen, Eliel Gottlieb (1873-1950)
Finnisch-amerikanischer Architekt, Städteplaner und Möbeldesigner. Begann mit dem Studium der Malerei und Architektur in Helsinki. Der Auftrag für den finnischen Pavillon auf der Weltausstellung von 1900 in Paris machte ihn international bekannt. 1922 2. Preis des Wettbewerbs für den Wolkenkratzer der „Chicago Tribune". 1923 übersiedelte er in die USA. Saarinen erbaute 1926 bis 1930 die Cranbrook School for Boys und zwischen 1926 und 1941 die Cranbrook Academy of Art, an der er auch als übermächtiger Patriarch lehrte.

Sapper, Richard (*1932)
Bedeutender Designer und Tüftler. Hat neben Volkswirtschaft auch Ingenieurwesen studiert. Begann als Designer bei Mercedes und ging 1958 zu Gio Ponti nach Italien. 1960 gewann er den Compasso d'oro für die Tischuhr Static. Zusammenarbeit mit Marco Zanuso, Rundfunk-Fernsehgerät, Telefon Grillo. Berater großer Firmen wie Artemide, Fiat, IBM und Pirelli. Seine Lampe Tizio von 1970 wurde ein internationaler Verkaufshit und Kultobjekt.

Schlagheck & Schultes
Die 1967 gegründete deutsche Designfirma ist sowohl im Industrial Design wie für Gebrauchsgüter tätig.

Shaker
Die amerikanische Glaubensgemeinschaft, die vor allem im 19. Jahrhundert regen Zulauf hatte, erhielt ihren Namen durch die schüttelnden Tänze bei ihren Gemeinschaftsveranstaltungen. Die Shaker lebten zölibatär und entwickelten einen eigenen Stil der Lebensführung, deren integraler Teil ihre einfachen, funktionalen Möbel wurden, die sie auch für den Verkauf herstellten.

Sottsass jr., Ettore (*1917)
Italienischer Architekt und Designerguru der 80er Jahre. Der Vater war Architekt und hatte zusammen mit Otto Wagner gearbeitet. Studium der Architektur in Turin, 1956 Reise in USA, dort Arbeit im Büro von George Nelson. 1958 zu Olivetti als Schreibmaschinen- und Computerdesigner, daneben auch Keramik- und Glasobjekte. Befaßt sich heute auch wieder verstärkt mit Architektur. Einer der großen Stars des neueren Designs (Pop-art) und entschiedener Gegner des Funktionalismus. Kopf der 1981 gegründeten Gruppe und Möbelfirma Memphis.

Stam, Mart (eigentlich Martinus Adrianus 1899-1986)
Der große niederländische Architekt und Designer; immer zwischen den Stilen des Bauhauses, Konstruktivismus und Rationalismus pendelnd und damit den Internationalen Stil kreierend. Als Entwerfer für die Firma Thonet entwickelte er 1926 einen der ersten Stahlrohrstühle: Ob nun tatsächlich er oder Marcel Breuer den ersten Freischwinger entwickelte, ist bis heute ein Streitpunkt geblieben. Als überzeugter Kommunist war er in den 10er Jahren in der UdSSR und später dann in der DDR tätig; enttäuscht von der politischen Entwicklung verließ er die DDR 1953 und hatte von 1956 bis 1966 ein eigenes Studio in Amsterdam.

Starck, Philippe (*1949)
Französischer Designstar der 80er Jahre. In Paris zum Designer ausgebildet, gründete er als 20jähriger eine Firma für aufblasbare Hütten. 1971 Artdirector bei Pierre Cardin. Wurde bekannt durch Einrichtungen von Lokalen und Cafés und den

Der Ball Chair aus dem Jahr 1963 ließ den Finnen Eero Aarnio weit über seine Landesgrenzen hinaus bekannt werden. Besonderheit dieser Fiberglashöhle ist das eingebaute Telefon oder die Stereohörer.

Biografien AUSGEWÄHLTE

Auftrag, den Amtssitz von Präsident Mitterrand auszustatten. Auch als phantasievoller Architekt tätig.

Superstudio
Siehe Adolfo Natalini

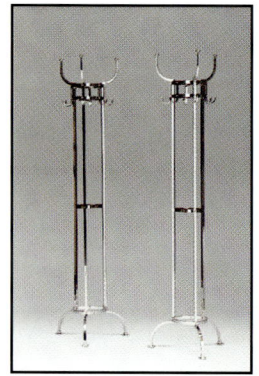

Otto Blümels Garderobeständer wurde aus vernickeltem Messing hergestellt. Seine reduzierte Form läßt ihn dezent in den Hintergrund treten.

Terragni, Guiseppe (1904-1943)
Italienischer Architekt und Designer. Studium der Architektur, Mitglied der „Gruppe 7". Zusammen mit seinem Bruder errichtete er Industriebauten und avantgardistische Wohnhäuser, die einigen Protest erregten. Berühmt wurde vor allem sein Haus der Faschistischen Partei in Como, für das er die Inneneinrichtung entwarf. Zahlreiche Schriften über Architekturtheorie und Gemälde.

Thun, Matheo (eigentlich Matthäus Graf Thun-Hohenstein, *1952)
Der in Bozen gebürtige Mitbegründer von „Memphis" arbeitete u. a. als Stylingberater für Swatch und entwirft neben Möbeln und Lampen Produkte aller Art.

Wagenfeld, Wilhelm (1900-1990)
Dem großen Mann des deutschen Glasdesigns gelang schon während seiner Studienzeit am Bauhaus seine berühmte Bauhaus-Lampe. Ab 1935 leitete er die Entwurfsabteilung der Vereinigten Oberlausitzer Glaswerke in Weißwasser.

Wagner, Otto (1841-1918)
Der Wiener Architekt und Designer darf als der eigentliche Begründer der Wiener Schule bezeichnet werden. Sein Schaffen bezeichnet die entschlossene Abkehr vom Historismus hin zu einer Vorform des Funktionalismus, etwa beim berühmten Postsparkassenamt.

Weber, Andreas (*1959)
Als Vertreter des High-Tech in Deutschland entwickelte er zahlreiche Möbel, ab 1981 in seiner eigenen Firma. Seit 1989 hat er sich hauptsächlich dem Design von Polstermöbeln zugewandt.

Wegner, Hans J. (*1914)
Der dänische Designer war von 1938 bis 1943 Assistent bei Arne Jacobsen und Erik Moller (mit durchgestrichenem 0), bevor er sich selbständig machte. Berühmtestes Produkt seiner Karriere ist The Chair, der von der Firma Hansen in Kopenhagen produziert wurde. Die meisten seiner Möbel sind aus Holz und werden heute noch hergestellt.

Wiener Werkstätte (1903-1939)
Die Wiener Werkstätte, die von Josef Hoffmann und Kolomann Moser gegründet worden war, gilt heute als die bedeutendste Kraft des geometrisch reduzierten Jugendstils und als Vorläufer des Art deco. Im Palais Stoclet kam man dem Ziel des vollkommen durchgestalteten Gesamtkunstwerks am nächsten.

Wright, Frank Lloyd (1867-1959)
Bedeutendster amerikanischer Architekt und Möbelentwerfer des 20. Jahrhunderts. Sohn eines Musikers und Wanderpredigers. Ausbildung als Ingenieur. 1889 Eintritt in das Büro des Architekten Louis Henry Sullivan. 1893 Eröffnung eines eigenen Büros in Chicago. Bau von ca. 50 Präriehäusern mit eigener, moderner Formensprache und teilweise eigens entworfener Ausstattung. Großen Einfluß erlangte er neben seinen Bauten auch durch Buch- und Zeitschriftenveröffentlichungen, die ihn in der ganzen Welt bekannt machten. Durch seine ständig neuen und originellen Architekturprojekte, darunter das 1959 fertiggestellte Salomon-Guggenheim-Museum, wurde er zur amerikanischen Architekturlegende.

Zanuso, Marco (*1916)
Einer der führenden italienischen Designer und Architekten, der auch über große organisatorische und publizistische Fähigkeiten verfügt. 1958 bis 1977 arbeitete er mit Richard Sapper zusammen.

DESIGNER Register

A
Alto, Alvar 15f., 34, 47, 68, 96, 101, 112, 125f.
Arad, Ron 53, 76
Astori, Antonia 130

B
Barbaglia, Mario 162
Bauhaus-Umkreis 142
Bedin, Martine 159
Bellini, Mario 119, 163
Berliner Messinglampen GmbH (Werkentwurf) 137
Bertoia, Harry 70
Bill, Max 49
Blomstedt, Paul E. 111
Botta, Mario 42
Brandt, Marianne 17f., 146f.
Breuer, Marcel 16, 18, 31f., 58, 60, 62, 93, 107, 111, 123f.
Buquets, Eduard-Wilfried 135

C
Cananzi, Mario 88
Carwardine, George 154
Castiglioni, Achille 116, 118, 159
Castiglioni-Brüder 50, 156
Colombo, Joe 51
Colombo, Marco 162
Coray, Hans 35

D
De-Sede Design Team 91
Dell, Christian 153
Desny, frz. Designfirma (Werkentwurf) 143f.
Dixon, Tom 46

E
Eames, Charles & Ray 36
Eames, Charles 16, 39, 69, 71
Eiermann, Egon 37, 154

F
Fassima, Giancarlo 164

G
Gatti, Paolini 73
Gehry, Frank 41, 75
Gray, Eileen 16, 18, 20, 48, 59, 64, 66, 85f., 93, 108ff., 148
Gropius, Walter 13, 16, 57, 85
Gugelot, Hans 49, 97

H
Haller, Fritz 127
Halloween, Örni 158
Hardoy, Jorge Ferrari 69
Heide, Rolf 97
Hein, Piet 115
Hennigsen, Poul 145
Hildinger, Paul 49
Hoffmann, Josef 11, 20, 26f., 55f., 81ff., 104f., 138ff.

I
Iosa Ghini, Massimo 89

J
Jacobsen, Arne 16, 38, 50, 72, 156
Jaspers Seating Company Inc. 33

K
Keler, Peter 92
Kinsman, Rondey 41
Kita, Toshiyuki 74
Kjaerholm, Poul 96
Kuramata, Shiro 76, 121, 127, 129

L
Laubersheimer, Wolfgang 132
Le Corbusier, Pierre (und Team) 14, 16f., 48f., 61ff., 86, 95, 110
Lera, Andrea 162
Lissitzky, El 28, 61
Loom, Lloyd 58
Loos, Adolf 140
Lucchi, Michele de 43, 164

M
Mackintosh, Charles R. 54
Magistretti, Vico 129, 158
Mari, Enzo 98
Martin, Charles 149
Maurer, Ingo 161
McArthur, Warren 20, 88, 113
Meda, Alberto 163, 165
Mendini, Alessandro 73
Mies van der Rohe, Ludwig 15ff., 20, 29f., 64, 94
Mollino, Carlo 70, 125
Morrison, Jasper 75, 99, 132
Muthesius, Eckart 67, 112

N
Natalini, Adolfo und Superstudio 118
Nouvel, Jean 77

P
Panton, Verner 40
Pap, Gyula 141
Paul, Bruno 106
Perriand, Charlotte 17, 110
Piretti, Giancarlo 40
Poltrona Frau (Werksentwurf) 66
Ponti, Gio 16, 39, 153
Porsche, F. A. 160, 164
Prouvé, Jean 65, 114
Przyrembel, Hans 147

R
Reich, Lilly 17
Rietveld, Gerrit 33, 57, 107, 141
Rizzatto, Paulo 163, 165

S
Saarinen, Eero 37, 114
Saarinen, Eliel 16, 23, 87
Sapper, Richard 157
Sarfatti, Gino 155
Schinkel, Friedrich 20, 80
Schlagheck & Schultes 165
Schwebel, Thomas 99
Shaker 102f., 122f.
Skov, Torben 98
Sottsass, Ettore 16, 117, 130, 160
Sottsass, Ettore jr. 133
Stam, Mart 18, 30f.
Starck, Philippe 14, 16, 44f., 119
Strinning, Nisse 126

Bauhaus-Zimmer in Dessau.

T
Teodoro, Sacco 73
Terragni, Giuseppe 20, 35, 79
Thonet, Michael 24f.
Thun, Matheo 162
Totzek, Winfried 91

U
Umeda, Masanori 77

W
Wagenfeld, Wilhelm 21, 145f., 150
Wagner, Otto 16, 25, 138
Weber, Andreas 131
Wiener Werkstätte, Umkreis 139
Witzmann, Carl 150
Wright, Frank Lloyd 28, 84, 106

Z
Zanuso, Marco 115

Register DESIGNOBJEKTE

A
AJ Tischlampe und Stehlampe 156
Alu Chair EA 107 39
Ambassador 88
Anglepoise 154
Arco 156
Armlehnstuhl Costes 44
Armlehnstuhl D 40 32
Art-deco-Lampe 151

B
Bank Alleegasse 9330 81
Bank Cabinett 83
Bank für das Fagus-Werk D 51/2 85
Bank Haus Koller 81
Bank Villa Gallia 82
Bar Stool No 1 48
Barcelona-Sessel 64
Bauhaus-Hängelampe 147
Bauhaus-Lampe Wa 24 Wg 24 145
Bauhaus-Stehlampe 141
Bauhaus-Vitrine 124
Bauhaus-Wiege 92
Bed 99
Beistelltisch E 1027 108
Beistelltisch Le strutture tremano 117
Beistelltisch Servomuto 118
Berenice 163
Berliner Eßtischleuchte 137
Berliner Messingstandleuchte 137
Birillo 51
Blue Sofa 87
Bolich Klassikleuchte 152
Bonaparte 66
Bookshelf 127

C
Catone 133
Chicago Tribune 162
China-Stuhl 36
Club-Klappstuhl D 4 60
Containerschrank 131

Couchtisch Sinclair 113
Counter (Sideboard) 123
Cupboard and Case of Drawers 122

D
Day Bed 93
Day Night (Couch-Bett) 98
Deckenlampe 146
Deckenlampe AEK/75 139
Deckenleuchter 2097/30 155
Deckenstrahler 154
Deckenstrahler Eclipse 163
Double Soft Big Easy 76
Dove 162
Drehhocker LC 8 48
Drehstuhl LC 7 61
Dreibeiniger Hocker Modell 60 47
Dreisitzige Bank Palais Stoclet 83
DS-142 (De-Sede) 91

E
Enfield Table 103
Eßstuhl Armliffel 27
Eßtisch 4568 114
Eßtisch 605 Allen 106

F
Fahrbare Liege F 41 93
Fauteuil de grand repos D 80 65
Fauteuil Haus Koller 56
Fauteuil Kubus 55
Fauteuil metallique D 81 65
Freischwinger 18
Freischwinger B 42 29
Freischwinger Brno 30
Freischwinger S 35 62
Frisbi 159
Futon-Bett 99

G
Garderobe 109 125
Gartenbank D 60/2 80

Gartenbank Oberwaltersdorf 84
Gewellter Schrank 128

H
Hängelampe 136
Hängelampe L 40 141
Hardoy Sessel 69
Hemdenkommode 131
Hocker 3170 50
Hocker 600 47
Hocker LC 9 49
Hocker Sarapis 45
How High The Moon 76

J
Jasper Stuhl 980 33

K
Kaffeehausstuhl Modell 214 24
Kartonstuhl Wiggle Side Chair 41
Kirschbaum-Sofa 84
Klappstuhl Plia 40
Klappstuhl SE 18 37
Klapptisch Cumano 116
Klapptisch Jean 110
Klapptisch Tippy Jackson 119
Kommode Carlino 125

L
Landi-Stuhl 35
Lariana 20, 35
Leuchte EB 27 135
Leuchte super 159
Liege 43 96
Liege LC 4 95
Liege Modell 258 94
Liege-Still-Leben 98
Liegesessel 24 96
Liegesessel 242 94
Little Beaver 75
Lola Mundo 45
Lota 85
Lounge Chair 71

Der SE18, diesmal zusammengeklappt.

DESIGNOBJEKTE Register

M
Macumba 158
Marcuso 254 115
Mehrzweckleuchte 150
Metallstuhl von Vogelsang 44
Mezzadro 50
Modell 0024 (Ponti) 153
Modell 209 (Thonet) 25
Modell 3107 38
Modell 421 (Bertoia) 70
Monte Carlo 86

N
Nonconformist 59

O
Occasional Table 109
Ohrensessel Wink 74
Oikos Regal- und Schrank-
  system 130
omk-stack 41
Orion 165

P
Panton-Stuhl 40
Petit Coiffeuse 109
PH Tischleuchte 145
Polstersessel Bibendum 64
Polstersessel LC 2 Fauteuil
  grand confort 63
Post Deco 8140/141 111
Postsparkassenstuhl 247 25
Proust 73
Purkersdorf-Stuhl 55

Q
Quaderna 283 118
Quinta 42

R
Red and Blue 57
Regal Carlton 130
Regal Nuvola Rossa 129
Regal S 44 124
Rosensessel mit Dornenfüßen
  77
Roter Sessel 67
Rückenlehnstuhl B 40 32
Runder Beistelltisch 102

S
S 285 Schreibtisch 111
S 32 (Breuer/Stam) 31
S 33 (Stam) 30
S. Chair 46
Satz Beistelltische 104
Scherenwandleuchte 152
Schichtholzsessel LCM 69
Schichtholzstuhl 34
Schrank 297 126
Schreibtischleuchte 153
Schubladenbett GB 97
Schubladencontainer S 41 E
  123
Seconda 42
Servierwagen 901 101
Sessel 406 68
Sessel 41 Paimio 68
Sessel D 62 61
Sessel Ei 72
Sessel Elémentaire 77
Sessel F 51 57
Sessel Fledermaus (Sprossen
  quer) 26
Sessel Gilda 70
Sessel mit hochgezogenen
  Armlehnen 58
Sessel mit Schaukellehne LC1
  62
Sessel Schwan 3320 72
Sessel Villa Gallia 56
Side Chair mit Dining Table 23
Sitzsack 73
Sofa (Le Corbusier) 86
Sofa Big Mama 89
Sofa Tatlin 88
Stahldrahtstuhl DKR 2 (Wire
  Chair) 36
Stapelliege 223/4 97
Stehlampe 142
Stehlampe AD 11 149
Stehlampe AD 5 143
Stehlampe Nr. Sch. 1 140
Stehlampe WSt L 30 146
Stehleuchte Callimaco 160
String 126
Stuhl 601 Robie 28
Stuhl Biach Interieur 26
Stuhl D 61 28
Stuhl First 43
Stuhl Purkersdorf 27
Superellipse B 4 115
Superleggera 39
System side 121

T
Thinking Man's Chair 75
Tisch 1907 105
Tisch 451 La Basilica 119
Tisch 82 112
Tisch bzw. Stuhl Laccio 107
Tisch Fledermaus 105
Tisch Holkar 112
Tisch LC6 110
Tisch mit Rollen 103
Tisch Purkersdorf 104
Tisch Schröder 1 107
Tischlampe 138
Tischlampe AD 10 143
Tischlampe AD 2 144
Tischlampe AD 9 148
Tischlampe Haus Henneberg
  139
Tischlampe Jazz 164
Tischleuchte Atollo 233 158
Tischleuchte Kandido 160
Tischleuchte mit Halbkugel 149
Titania 165
Tizio 157
Tolomeo 164
Tramway 138
Transat 59
Tube-Licht 148
Tulpenstuhl 37
Tulpentisch 114

U
Ulmer Hocker 49
Universal System 132
USM Haller Bürosystem 127

Eine Erweiterung des Shakermöbels Counter.

V
Vanity Fair 66
Verspanntes Regal 132
Villa Steiner LST 2

W
Wandlampe Apollo 150
Washington 106
Wassily-Stuhl 58
Well Tempered Chair 53
Willow 1 54

Y
YaYaHo 161

Z
Zig-Zag 33
Zweisitziges Sofa Kubus 82

Impressum

Wir danken allen angegebenen Firmen für die freundliche Unterstützung mit Bild- und Datenmaterial.

Dieter Weidmann studierte Kunsterziehung und freie Malerei an der Münchner Kunstakademie und promovierte in Kunstgeschichte. Neben Dozententätigkeiten an einer privaten Graphikschule und an der Münchner Akademie ist er als Maler und Autor tätig.

Bildnachweis
Die Möbelfotos sind, wenn nicht anders genannt, Eigentum der jeweiligen Firmen.
AKG Photo, Berlin: S. 10 (John Hias), 11 o., 12 u., 13 o. (Erich Lessing), 13 u., 19 u.; Alias Fotostudio, Italien: S. 42; Azzurro Fotostudio, Italien: S. 43, 166 u. li.; Ballo Fotostudio, Italien: S. 118 u., 130 u., 159 u., 171; Bauhaus Archiv, Berlin: S. 17 o.; Castiglioni A., Genua: S. 128; Das Fotoarchiv, Essen: S. 11 u. und 15 u. (Thomas Mayer); Fa. Adelta, Dinslaken: S. 22/23, 175; Fa. Artek, Dinslaken: S. 100/101; Fa. Cappellini, Arosio/Italien: S. 120/121; Fa. Cassina, Mailand: S. 166 o.re.; Fa. ClassiCon, München: S. 18, 176; Fa. Desede, Klingnau/Schweiz: S. 91/92; Fa. Die Gute Form, München: S. 97 u.; Fa. Driade, Fossadello di Caorso: S. 44 u., 45 und 130 o. (Tom Vacek); Fa. Ecart, Paris: S. 59 u. (v. Schaewen); Flos GmbH, Bonn: S. 155 (Gino Sarfatti); Fa. Jenaer Glaswerke Schott & Gen., Jena: S. 21; Fa. Knoll International, Murr: S. 167 o. re; Fa. Luce Plan, Mailand: S. 172; Fa. Lusty & Sons, Chipping Campden: S. 58 o.; Fa. Manufactum, Marl: S. 33 u. und 152 o. (Brands/Matull), S. 152 u. und 153 o. (Wens); Fa. Tecnolumen, Bremen: S. 134/135; Fa. Vitra, Weil am Rhein: S. 52/53, 36 u., 39 u., 40 und 41 o. (Hans Hansen); Fa. Wittmann, Etsdorf/Kamp: S. 81 o. und 105 o. (Weimann); Fa. Woka, Wien: S. 170; Fa. Zanotta, Nova Milanese: S. 173; 35, 73 o. und 133 (Masera); Gnamm S.R., München: S. 169, 174; IDPA, Barcelona: S. 78/79; IFA - Bilderteam, Taufkirchen: S. 12 o. (Tschanz); Interfoto, München: S. 17 u. (George Ksandr); Krämer Steffen, München: S. 14, 15 o., 16, 19 o., 20; Kriwanek Fotostudio, Stuttgart: S. 69 o.; Leeser Till, Hamburg: S. 24, 25, 30 o., 31, 62 o., 98 o., 111 o.; Piotr & Co. Fotografi, Kopenhagen: S. 36 o.; Ramazzotti Marino, Muggio`Mi: S. 70 u., 125 o., 167 u. li.; Studio Terranova, Mailand: S. 158 u.
Frontispiz (Seite 6) stellt den Schirmständer dar, der 1932 von Eckart Muthesius für den Maharadscha von Indore entworfen wurde.

Hinweis
Das vorliegende Buch ist sorgfältig erarbeitet worden. Dennoch erfolgen alle Angaben – vor allem bzgl. der Preise – ohne Gewähr, da sie von den jeweiligen konjunkturellen Schwankungen abhängig sind.

© 1996 Südwest Verlag GmbH & Co. KG, München
Alle Rechte vorbehalten. Nachdruck – auch auszugsweise – nur mit Genehmigung des Verlages.

Redaktion: Dr. Alex Klubertanz
Projektleitung: Stephanie Wenzel
Redaktionsleitung: Josef K. Pöllath
Bildredaktion: Sabine Kestler, Dr. Michael Corsten
Umschlag und Layout: Manuela Hutschenreiter
DTP/Satz: AVAK Publikationsdesign
Produktion: Manfred Metzger
Druck & Bindung: Gorenjski Tisk, Slowenien

Gedruckt auf chlor- und säurearmem Papier
ISBN 3-517-01852-X